法考精神体系

历年精粹　透视命题

民法 *326* 题

思路点拨　举一反三

张　翔◎编著｜厚大出品

中国政法大学出版社

2024年厚大社群服务清单

主题班会
每月一次，布置任务，总结问题

学情监督
记录学习数据，建立能力图谱，针对薄弱有的放矢

备考规划
学习规划，考场应急攻略，心理辅导策略

干货下载
大纲对比、图书勘误、营养资料、直播讲义等

同步小测
同步练习，当堂讲当堂练
即时检测听课效果

单科测试
全真模拟，摸底考试
考试排名，知己知彼

专业答疑
语音、图片、文字多方式提问
专业专科答疑

扫码获取专属服务

主观破冰
破译主观题的规律和奥秘，使学员
对主观题从一知半解到了如指掌

模拟机考
全真模拟，冲刺法考，进阶训练，突破瓶颈

高峰论坛
大纲解读，热点考点精析，热点案例分析等

法治思想素材
精编答题素材、传授答题套路，使考生对论述题
万能金句熟记于心

主观背诵金句
必背答题采分点，"浓缩"知识，择要记忆
法言法语，标准化答题

代总序

做法治之光

——致亲爱的考生朋友 ☆

　　如果问哪个群体会真正认真地学习法律，我想答案可能是备战法考的考生。

　　当厚大的老总力邀我们全力投入法考的培训事业，他最打动我们的一句话就是：这是一个远比象牙塔更大的舞台，我们可以向那些真正愿意去学习法律的同学普及法治的观念。

　　应试化的法律教育当然要帮助同学们以最便捷的方式通过法考，但它同时也可以承载法治信念的传承。

　　一直以来，人们习惯将应试化教育和大学教育对立开来，认为前者不登大雅之堂，充满填鸭与铜臭。然而，没有应试的导向，很少有人能够真正自律到系统地学习法律。在许多大学校园，田园牧歌式的自由放任也许能够培养出少数的精英，但不少学生却是在游戏、逃课、昏睡中浪费生命。人类所有的成就靠的其实都是艰辛的训练；法治建设所需的人才必须接受应试的锤炼。

　　应试化教育并不希望培养出类拔萃的精英，我们只希望为法治建设输送合格的人才，提升所有愿意学习法律的同学整体性的法律知识水平，培育真正的法治情怀。

　　厚大教育在全行业中率先推出了免费视频的教育模式，让优质的教育从此可以遍及每一个有网络的地方，经济问题不会再成为学生享受这些教育资源的壁垒。

　　最好的东西其实都是免费的，阳光、空气、无私的爱，越是弥足珍贵，越是免费的。我们希望厚大的免费课堂能够提供最优质的法律教育，一如阳光遍洒四方，带给每一位同学以法律的温暖。

没有哪一种职业资格考试像法考一样，科目之多、强度之大令人咋舌，这也是为什么通过法律职业资格考试是每一个法律人的梦想。

法考之路，并不好走。有沮丧、有压力、有疲倦，但愿你能坚持。

坚持就是胜利，法律职业资格考试如此，法治道路更是如此。

当你成为法官、检察官、律师或者其他法律工作者，你一定会面对更多的挑战、更多的压力，但是我们请你持守当初的梦想，永远不要放弃。

人生短暂，不过区区三万多天。我们每天都在走向人生的终点，对于每个人而言，我们最宝贵的财富就是时间。

感谢所有参加法考的朋友，感谢你愿意用你宝贵的时间去助力中国的法治建设。

我们都在借来的时间中生活。无论你是基于何种目的参加法考，你都被一只无形的大手抛进了法治的熔炉，要成为中国法治建设的血液，要让这个国家在法治中走向复兴。

数以万计的法条，盈千累万的试题，反反复复的训练。我们相信，这种貌似枯燥机械的复习正是对你性格的锤炼，让你迎接法治使命中更大的挑战。

亲爱的朋友，愿你在考试的复习中能够加倍地细心。因为将来的法律生涯，需要你心思格外的缜密，你要在纷繁芜杂的证据中不断搜索，发现疑点，去制止冤案。

亲爱的朋友，愿你在考试的复习中懂得放弃。你不可能学会所有的知识，抓住大头即可。将来的法律生涯，同样需要你在坚持原则的前提下有所为、有所不为。

亲爱的朋友，愿你在考试的复习中沉着冷静。不要为难题乱了阵脚，实在不会，那就绕道而行。法律生涯，道阻且长，唯有怀抱从容淡定的心才能笑到最后。

法律职业资格考试不仅仅是一次考试，它更是你法律生涯的一次预表。

我们祝你顺利地通过考试。

不仅仅在考试中，也在今后的法治使命中——

不悲伤、不犹豫、不彷徨。

但求理解。

厚大®全体老师　谨识

缩略语对照表 ABBREVIATION

合同编通则解释	最高人民法院关于适用《中华人民共和国民法典》合同编通则若干问题的解释
婚姻家庭编解释（一）	最高人民法院关于适用《中华人民共和国民法典》婚姻家庭编的解释（一）
继承编解释（一）	最高人民法院关于适用《中华人民共和国民法典》继承编的解释（一）
担保制度解释	最高人民法院关于适用《中华人民共和国民法典》有关担保制度的解释
买卖合同解释	最高人民法院关于审理买卖合同纠纷案件适用法律问题的解释
商品房买卖合同解释	最高人民法院关于审理商品房买卖合同纠纷案件适用法律若干问题的解释
城镇房屋租赁合同解释	最高人民法院关于审理城镇房屋租赁合同纠纷案件具体应用法律若干问题的解释
建设工程施工合同解释（一）	最高人民法院关于审理建设工程施工合同纠纷案件适用法律问题的解释（一）
人身损害赔偿解释	最高人民法院关于审理人身损害赔偿案件适用法律若干问题的解释
九民纪要	全国法院民商事审判工作会议纪要

目 录
CONTENTS

第 4 编　担 保 法

第 5 编　人 格 权 法

民法的基本原则、民事法律关系与民事权利 第1讲

1. 甲、乙二人同村，宅基地毗邻。甲的宅基地倚山、地势较低，乙的宅基地在上将其环绕。乙因琐事与甲多次争吵而郁闷难解，便沿二人宅基地的边界线靠己方一侧，建起高 5 米围墙，使甲在自家院内却有身处监牢之感。乙的行为违背民法的下列哪一基本原则？（2017/3/1-单）

A. 自愿原则

B. 公平原则

C. 平等原则

D. 诚信原则

考点 民法的基本原则

解析 自愿原则是针对意思表示行为而言的，即要求当事人作出意思表示必须出于自愿，本题中不涉及意思表示。故 A 项不选。

公平原则是针对权利义务的再次配置而言的，是司法对于一项民事活动结果的调控。本题中不涉及民事活动，不涉及权利和义务的再次配置。故 B 项不选。

平等原则是针对当事人彼此的法律地位而言的，以反对特权为内容，本题中不涉及特权与不平等问题。故 C 项不选。

诚信原则具有两个含义：①遵约守信；②与人为善。本题中，乙基于私怨建造围墙，目的在于让对方难受，违背与人为善的诚信原则要求。故 D 项选。

答案 D

评 论

本题是考试中首次考查民法的基本原则，要求考生确切地把握民法的各基本原则的含义。

2. 甲、乙为夫妻关系。后甲与秦某发生婚外情，双方签订协议，约定甲将夫妻共有财产分给秦某一半，秦某不得要求甲离婚，以后某一方丧失行为能力时另一方为监护人。关于该协议，下列说法正确的有：（2020-回忆版-多）

A. 该协议构成无权处分

B. 该协议监护部分有效

C. 该协议违反公序良俗原则

D. 甲与秦某构成了事实重婚

考点 共有的概念、事先协商监护、公序良俗原则

解析 本题中，甲将共有财产处分给他人，构成共有人擅自处分共有物，性质为无权处分。故 A 项选。

该协议是因婚外情赠与财产，违背公序良俗原则。故 C 项选。

在本题中，甲与秦某关于实现协商监护的约定，不仅违背公序良俗原则，且挑战一夫一

妻原则，应属无效。故 B 项不选。

事实重婚，是指已婚者与他人以夫妻名义公开、持续地共同生活，本题中并无这一事实。故 D 项不选。

答案 AC

评 论

本题对考生关于共有、公序良俗概念的把握要求较高，具有一定难度。

关于本题 A 项，需要说明一个问题：

甲将"夫妻共有财产中的一半"给秦某，能否理解为甲将自己的财产给秦某，进而不构成无权处分？回答是否定的。首先，夫妻共有为共同共有，不存在共有份额的概念；其次，在共有财产尚未分割之际，共有人的共有权及于共有物的全部。这意味着甲赠送给秦某的每一项财产，均为甲与乙的共有财产。

02 专题 民事法律关系

3. 甲、乙两公司约定：甲公司向乙公司支付 5 万元研发费用，乙公司完成某专用设备的研发生产后双方订立买卖合同，将该设备出售给甲公司，价格暂定为 100 万元，具体条款另行商定。乙公司完成研发生产后，却将该设备以 120 万元卖给丙公司，甲公司得知后提出异议。下列哪一选项是正确的？（2017/3/13-单）

A. 甲、乙两公司之间的协议系承揽合同

B. 甲、乙两公司之间的协议系附条件的买卖合同

C. 乙、丙两公司之间的买卖合同无效

D. 甲公司可请求乙公司承担违约责任

考点 法律关系的性质辨析

解析 在本题中，甲、乙两公司的约定分为两部分：①甲公司委托乙公司完成技术开发，为委托开发合同；②甲、乙两公司应于未来订立设备的买卖合同，为买卖合同的预约。在《民法典》中，"委托开发合同"为有名合同，与承揽合同为并列关系。故 A 项不选。

甲、乙两公司的约定不具备买卖合同的完整内容，买卖合同尚未成立。故 B 项不选。

乙公司将设备出卖给丙公司，未违反任何合同的效力要件，其合同有效。故 C 项不选。

从买卖合同预约角度看，乙公司将设备出卖给丙公司，导致无法与甲公司订立买卖合同，构成预约合同的违约；从委托开发合同角度看，《民法典》第 861 条规定，委托开发的研究开发人不得在向委托人交付研究开发成果之前，将研究开发成果转让给第三人。故乙公司在向甲公司交付成果之前，将其转让给丙公司，构成委托开发合同的违约。故 D 项选。

答案 D

评 论

本题考查考生对法律关系性质的分析能力。

解答法律关系性质的辨析题，要点在于"从事实到法律"，即先明确当事人之间所发生的事实有哪些，再确定该事实所导向的法律关系是什么。

民事权利 专题 03

一、请求权

(一) 返还原物请求权

4. 张三在步行街拾得一翡翠挂件，在准备交往失物认领处时遇好友李四，张三虚荣心作祟，遂向李四展示翡翠挂件并谎称己有，李四央求张三将翡翠挂件借自己把玩，张三遂借给李四。后王五从李四处盗得该翡翠挂件。失主麻二在王五卖出时认出了自己的翡翠挂件。关于本案，下列哪些选项是正确的？（2020-回忆版-多）

A. 张三是无权占有

B. 李四可以请求王五返还原物

C. 李四是恶意占有

D. 麻二可请求王五返还原物

考点 占有的分类、返还原物请求权

解析 张三拾得遗失物，其并不享有占有该翡翠挂件的任何民事权利，所以构成无权占有。故 A 项选。

王五从李四处盗得挂件，其并不享有占有该翡翠挂件的任何民事权利，构成无权占有。李四可凭占有请求王五返还原物。故 B 项选。

李四从张三处借用挂件，与张三之间具有借用之债关系。因而李四凭借用债权，可对相对人张三主张有权占有。但是，因李四的借用债权不得对所有权人麻二主张，所以相对于麻二，李四为无权占有。进而，因李四不知该挂件非属张三所有，所以李四构成善意占有。故 C 项不选。

因王五不享有占有该翡翠挂件的任何民事权利，构成无权占有。麻二可基于所有权，请求王五返还原物。故 D 项选。

答案 ABD

✎ 评 论

本题属于对返还原物请求权的基础知识的考查，难度不大。

本题的启迪意义在于，拾得遗失物并具有返还的意思的，拾得人既构成无因管理，也构成无权占有。故本题张三"准备交往失物认领处"的表述，并不影响 A 项的选择。

(二) 排除妨害、消除危险请求权

5. 叶某将自有房屋卖给沈某，在交房和过户之前，沈某擅自撬门装修，施工导致邻居赵某经常失眠。下列哪些表述是正确的？（2013/3/55-多）

A. 赵某有权要求叶某排除妨碍

B. 赵某有权要求沈某排除妨碍

C. 赵某请求排除妨碍不受诉讼时效的限制

D. 赵某可主张精神损害赔偿

考点 排除妨害请求权、诉讼时效、精神损害赔偿

解析 在民法理论上，排除妨害、消除危险请求权的对象，既包括行为妨害人，即实施了妨害行为的人，也包括状态妨害人，即能够对行为妨害人加以约束的人。本题中，沈某为行为妨害人，叶某为状态妨害人。故 A、B 项正确，选。

停止侵害、排除妨碍、消除危险请求权不适用诉讼时效的规定。故 C 项正确，选。

侵害他人人身权益，造成他人严重精神损害的，被侵权人可以请求精神损害赔偿。本题中，"赵某经常失眠"的事实并未表明其遭受了精神损害。故 D 项错误，不选。

答案 ABC

✎ 评 论

本题将三个考点合并考查，跨度较大，具有一定的综合性。但其所采取的是直接考查的方式，所以较为简单。

6. 老赵在老家的房子的一面墙因罕见的台风而倒塌，砸到了老李家，还砸坏了老李的摩托车。老李雇人清理了院子里的淤泥（但是并未清理完成）并修理了摩托车。同时，老李发现老赵家房子的另一面墙也快要倒了。关于本案，下列说法正确的有：（2021-回忆版-多）

A. 老李可以要求老赵赔偿摩托车修理费
B. 老李可以要求老赵修补另外一面未坍塌的墙
C. 老李可以要求老赵清理尚未清理的淤泥
D. 老李可以要求老赵赔偿已经清理部分的费用

考点 排除妨害请求权、消除危险请求权、损害赔偿请求权

解析 本案中，老赵的墙倒塌砸坏了老李的摩托车，构成建筑物倒塌致人损害，老赵对此应承担过错责任。由题目中"罕见台风"之表述可知，老赵对此并无过错，故无需承担赔偿责任，A 项不选。

在民法中，返还原物、排除妨害、消除危险请求权的成立，均不以过错为条件。老李要求老赵修补快要坍塌的墙，属于主张消除危险请求权，故尽管老赵没有过错，依然需承担消除危险的责任，B 项选。

因墙坍塌所造成的淤泥对老李构成妨害，故尽管老赵没有过错，老李依然可主张排除妨害请求权，即要求老赵清理淤泥，C 项选。

老李自行清理淤泥并支付了费用，属于排除妨害的一种具体表现，故老赵承担该笔费用也属于其承担排除妨害责任的一种表现，D 项选。

答案 BCD

✏️ 评 论

本题将物权之保护的两大类方式——物权请求权和损害赔偿请求权合并考查，具有一定综合性。同时，本题对考生考点掌握的精准性具有较高要求，故具有一定难度。

本题的启迪意义在于，物权请求权的成立，不问侵害人的过错，而损害赔偿请求权的成立，则要考虑归责原则问题。

二、抗辩权

7. 甲被乙家的狗咬伤，要求乙赔偿医药费，乙认为甲被狗咬与自己无关拒绝赔偿。下列哪一选项是正确的？（2009/3/1-单）

A. 甲乙之间的赔偿关系属于民法所调整的人身关系
B. 甲请求乙赔偿的权利属于绝对权
C. 甲请求乙赔偿的权利适用诉讼时效
D. 乙拒绝赔偿是行使抗辩权

考点 民事法律关系、请求权、诉讼时效、抗辩权

解析 赔偿关系以请求赔偿和支付金钱为内容，为财产关系。故 A 项错误，不选。

请求赔偿的权利为请求权，而请求权为相对权。故 B 项错误，不选。

请求赔偿的权利为请求他人支付金钱的权利，属于债权请求权，适用诉讼时效。故 C 项正确，选。

乙拒绝赔偿的主张，依据是甲被狗咬与自己无关，即否定甲的请求权，性质为否认，而非抗辩。故 D 项错误，不选。

答案 C

✏️ 评 论

本题将四个考点合并考查，具有一定的综合性。但是，每个考点均采用直接考查的方式，难度不大。

本题的启迪意义如 D 项所示：抗辩与否认的区分点在于逻辑不同——抗辩权的逻辑是"我承认你有权请求，但我基于其他理由拒绝"；而否认的逻辑是"我认为你无权请求"。本题中，"乙认为甲被狗咬与自己无关拒绝赔偿"之表述说明乙的逻辑是否认，而非抗辩。

三、形成权

8. 在行为人进行的下列行为中，哪些属于行使形成权的行为？（2003/3/34-多）

A. 被代理人对越权代理进行追认

B. 监护人对限制民事行为能力人纯获利益的合同进行追认

C. 受遗赠人于知道受赠的期限内未作受赠的意思表示

D. 承租人擅自转租，出租人作出解除合同的意思表示

考点 形成权的原理

解析 形成权是权利人以单方意志决定特定法律关系的产生、变更与消灭的权利。在越权代理中，被代理人可以单方决定对越权代理行为的追认或者拒绝，因而追认权为形成权。故 A 项选。

限制行为能力人纯获利益的行为不受民事行为能力的限制，可以独立实施而无需追认。故 B 项不选。

根据《民法典》第 1124 条第 2 款的规定，受遗赠人应当在知道受遗赠后 60 日内，作出接受或者放弃受遗赠的表示；到期没有表示的，视为放弃受遗赠。故而受遗赠人未作出接受遗赠的意思表示，推定为以默示方式决定放弃遗赠，决定权为形成权。故 C 项选。

根据《民法典》第 716 条第 2 款的规定，承租人未经出租人同意转租的，出租人可以解除合同。合同解除权意味着权利人可以单方意志决定终止合同关系，解除权为形成权。故 D 项选。

答案 ACD

✎ 评论

　　本题将两个考点合并考查，但是问题较为简单，且采用直接考查的方法，难度不大。

9. 甲将其父去世时留下的毕业纪念册赠与

其父之母校，赠与合同中约定该纪念册只能用于收藏和陈列，不得转让。但该大学在接受乙的捐款时，将该纪念册馈赠给乙。下列哪一选项是正确的？（2007/3/11-单）

A. 该大学对乙的赠与无效，乙不能取得纪念册的所有权

B. 该大学对乙的赠与无效，但乙已取得纪念册的所有权

C. 只有经甲同意后，乙才能取得纪念册的所有权

D. 该大学对乙的赠与有效，乙已取得纪念册的所有权

考点 赠与合同、形成权

解析 甲与大学的赠与合同中"不得转让"的约定，意味着该赠与合同为附义务的赠与合同。根据《民法典》第 663 条第 1 款第 3 项的规定，受赠人不履行赠与合同约定的义务的，赠与人有权撤销赠与。大学将纪念册转赠给乙的行为表明受赠人大学违反了其与甲的赠与合同所约定的义务，甲依法享有撤销权。然而，享有撤销权的事实并不能自动导致赠与合同无效，行使撤销权的行为才是赠与合同无效的事实。由于题目中并不存在甲行使撤销权的行为，故而甲与大学之间的赠与合同并未被撤销，其依然有效。进而，大学依然是纪念册的所有权人，其对乙的赠与行为属有权处分。不仅大学与乙的赠与合同有效，而且乙取得纪念册的所有权也无需以甲的同意为条件。因此，A、B、C 项错误，不选；D 项正确，选。

答案 D

✎ 评论

　　本题将两个考点合并考查，且横跨《民法典》总则编与合同编两个领域，综合性较强。但是，本题采取直接考查的方式，难度并不大。

　　本题的启迪意义在于，形成权要达到形成权的结果，必须通过"行使形成权"的方式进行。

四、权利的自助保护

(一) 自助

10. 甲在乙经营的酒店进餐时饮酒过度，离去时拒付餐费，乙不知甲的身份和去向。甲酒醒后回酒店欲取回遗忘的外衣，乙以甲未付餐费为由拒绝交还。对乙的行为应如何定性？（2005/3/6-单）

A. 是行使同时履行抗辩权
B. 是行使不安抗辩权
C. 是自助行为
D. 是侵权行为

考点 自助

解析 甲在乙经营的酒店进餐，与乙形成餐饮合同。这一合同为双务合同，甲承担交付餐费的义务，乙承担提供餐饮的义务。乙向甲返还外衣并不是该双务合同中的义务，不能与甲的餐费交付义务形成对待给付关系，不能形成双务合同抗辩。故 A、B 项不选。

甲就餐后拒付餐费，侵害了乙的权利。因乙不知甲的身份和去向，所以乙扣留甲的外衣是必要的，也未超过合理的限度。需要说明的是，题目中虽然没有设计类似"打电话报警"的情节，但从逻辑上讲，"尽快纳入公力救济"的要求，应当为构成自助后问题应如何处理的法律要求，而不是自助行为本身的构成条件，不影响乙行为的自助性质。故 C 项选，D 项不选。

答案 C

✎ 评论
本题只考查一个考点，为单一考查题，且采用直接考查的方式，故较为简单。

本题的启迪意义在于，自助的构成，无需以"尽快报警、起诉"为要件。

(二) 紧急避险

11. 何某被恶狗咬，马某用吕某的雨伞打狗，伞坏人伤。经查，恶狗为赵某豢养。关于本案，下列哪些说法是正确的？（2018-回忆版-多）

A. 马某的医疗费应由何某赔偿
B. 马某的医疗费应由赵某赔偿
C. 吕某的雨伞损害应由马某赔偿
D. 吕某的雨伞损害应由赵某赔偿

考点 见义勇为与紧急避险

解析 本题中，马某的行为属于见义勇为。《民法典》第 183 条规定："因保护他人民事权益使自己受到损害的，由侵权人承担民事责任，受益人可以给予适当补偿。没有侵权人、侵权人逃逸或者无力承担民事责任，受害人请求补偿的，受益人应当给予适当补偿。"据此，何某作为受益人，其责任为适当补偿责任，而非赔偿责任。故 A 项不选，B 项选。

马某用吕某的雨伞打狗，相对于雨伞的损害，构成紧急避险。根据《民法典》第 182 条第 1 款的规定，因紧急避险造成损害的，由引起险情发生的人承担民事责任。因此，吕某的损失也应由赵某赔偿。故 C 项不选，D 项选。

答案 BD

✎ 评论
本题将两个考点合并考查，具有一定的综合性。本题对于考点的考查建立在法律关系分析的基础之上，对考生的分析能力具有一定要求。

民事权利能力与民事行为能力　专题 ④

一、自然人的民事权利能力

12. 林某在国外定居，回国探亲受到好友刁某的热情招待，林某承诺赠与刁某妻子腹中胎儿小飞 2 万元。小飞出生后林某后悔，未给付赠款。关于本案，下列哪些说法是正确的？（2019−回忆版−多）

A. 赠与合同生效
B. 受赠人为刁某
C. 受赠人为小飞
D. 赠与合同未生效

考点 胎儿的民事权利能力

解析 本题中，林某明确表示赠与胎儿小飞，因而受赠人是小飞，而不是刁某。故 B 项不选，C 项选。

事关胎儿利益保护的法律关系发生于胎儿出生之前的，胎儿出生后，溯及法律关系发生时，胎儿即具有民事权利能力。因小飞已经出生，所以赠与合同生效。故 A 项选，D 项不选。

答案 AC

✐ 评论

　　胎儿的权利能力问题，涉及继承、合同、侵权三个领域。本题为合同领域的胎儿民事权利能力问题的典型案情，难度不大。

13. 医院的主治医生给孕妇开药，由于用药过猛，导致胎儿受损，但挽救及时，孩子保住未流产，但生下来后发现畸形，孕妇身体也因此受伤。关于本案的侵权损害赔偿，下列哪一说法是正确的？（2020−回忆版−单）

A. 孕妇和胎儿都无权请求医院赔偿
B. 胎儿和孕妇都有权请求医院赔偿
C. 胎儿有权请求医院赔偿
D. 孕妇有权请求医院赔偿

考点 胎儿的民事权利能力

解析 对于孕妇来讲，医院对孕妇构成侵权，孕妇有权主张索赔自不待言。对于胎儿而言，事关胎儿利益保护的法律关系发生于胎儿出生之前的，胎儿出生后，溯及法律关系发生时，胎儿即具有民事权利能力。本题中，医院的侵权行为发生于胎儿出生之前，但胎儿出生后为活体，所以溯及损害发生时，胎儿即具有民事权利能力，构成侵权损害赔偿请求权的主体，有权主张索赔。故 B 项选。

答案 B

✐ 评论

　　胎儿的权利能力问题，涉及继承、合同、侵权三个领域。本题为侵权领域的胎儿民事权利能力问题的典型案情，难度不大。

二、自然人的民事行为能力

14. 甲17岁，以个人积蓄1000元在慈善拍卖会拍得明星乙表演用过的道具，市价约100元。事后，甲觉得道具价值与其价格很不相称，颇为后悔。关于这一买卖，下列哪一说法是正确的？（2010/3/2-单）

A. 买卖显失公平，甲有权要求撤销
B. 买卖存在重大误解，甲有权要求撤销
C. 买卖无效，甲为限制行为能力人
D. 买卖有效

考点 自然人的民事行为能力与法律行为的效力

解析 显失公平以一方利用自己的优势或对方的危难为构成要件，本题不具有相关事实。故A项不选。

在本题中，甲对于标的物的性质并无误解，即甲要购买的就是明星乙用过的道具，所以没有重大误解的案情。故B项不选。

限制行为能力人独立实施的民事法律行为，未超越其行为能力范围的，有效；超越其行为能力范围的，效力待定。所以无论如何，该买卖合同不可能因行为能力问题而无效。故C项不选。

甲17岁，为限制民事行为能力的年龄最上限，且其所花之钱为"个人储蓄"。以上分析表明，甲购买道具的行为并未超越民事行为能力的范围，所以有效。故D项选。

答案 D

评论

本题将民事行为能力与法律行为的效力两个领域合并考查，具有综合性，但难度不大。

本题的启迪意义在于，限制民事行为能力人所独立实施的民事法律行为是否超越了其民事行为能力的范围，并无一个固定的标准，因而需从题目的表述中加以领会、作出判断。

05 专题 自然人的监护

一、监护人的设立

15. 关于监护，下列哪一表述是正确的？（2013/3/2-单）

A. 甲委托医院照料其患精神病的配偶乙，医院是委托监护人
B. 甲的幼子乙在寄宿制幼儿园期间，甲的监护职责全部转移给幼儿园
C. 甲丧夫后携幼子乙改嫁，乙的爷爷有权要求法院确定自己为乙的法定监护人
D. 市民甲、乙之子丙5周岁，甲乙离婚后对谁担任丙的监护人发生争议，丙住所地的居民委员会有权指定

考点 监护人的设立、监护职责

解析 学校、精神病院不是监护人，但可基于与监护人之间的委托关系，承担监护职责，其为委托监护人，而非监护人。故A项正确，选。

委托监护人只在其工作范围内承担相应的监护职责，而不可能承担全部的监护职责。故B项错误，不选。

在未成年人的父母能够担任监护人的情况下，因当然监护并未缺位，所以不涉及协商监护、指定监护、机关监护的问题。故C、D项错误，不选。

答案 A

评论

本题将监护制度中的两个考点合并考查，具有一定的综合性，但是跨度不大，较为简单。

本题的启迪意义在于，不具备完全民

事行为能力人的监护人的确定方式存在"顺序性"规则，即遵循"当然监护——遗嘱监护、协商监护——顺序监护——指定监护——机关监护"的顺序关系。前顺序不能够解决问题时，方需要后顺序。

需要说明的是，父母离婚后，双方仍为子女的监护人，故离婚争孩子所争的并非监护权，而是抚养权，故本题D项中"对谁担任丙的监护人发生争议"之表述，并不准确。

16. 甲过继了哥哥的女儿乙。甲因精神状态不佳，遂与丙达成协议，约定等自己没有民事行为能力的时候由丙做自己的监护人（丙和乙是姐妹）。后甲精神崩溃，丧失辨认能力，生活也不能自理。于是，乙向法院申请确认甲为无民事行为能力人，法院确认并指定乙为甲的监护人。丙得知后，拿着协议去法院主张自己才是甲的监护人。关于本案，下列说法正确的是：（2022-回忆版-单）

A. 法院应撤销乙的监护人资格，指定丙为甲的监护人
B. 法院已经确定乙为甲的监护人，不再变更
C. 法院可以确定乙、丙两人均为甲的监护人
D. 法院不应指定乙为甲的监护人

考点 监护人的设立、监护人资格的撤销

解析《民法典》第36条第1款规定："监护人有下列情形之一的，人民法院根据有关个人或者组织的申请，撤销其监护人资格，安排必要的临时监护措施，并按照最有利于被监护人的原则依法指定监护人：①实施严重损害被监护人身心健康的行为；②怠于履行监护职责，或者无法履行监护职责且拒绝将监护职责部分或者全部委托给他人，导致被监护人处于危困状态；③实施严重侵害被监护人合法权益的其他行为。"在本题中，若认定乙具有监护人资格，则因乙并无监护人资格的撤销事由，法院

无权撤销其监护人资格。故A项不选。

《民法典》第31条第1款规定："对监护人的确定有争议的，由被监护人住所地的居民委员会、村民委员会或者民政部门指定监护人，有关当事人对指定不服的，可以向人民法院申请指定监护人；有关当事人也可以直接向人民法院申请指定监护人。"据此可知，法院指定监护人，需以存在"监护争议"为前提。本题中，法院在并无"监护争议"的情况下，在行为能力宣告案件中，指定乙作为甲的监护人，其做法错误。退言之，纵然乙、丙均主张由自己担任甲的监护人，因甲、丙间已经订立了协商监护的协议，且该协议并无无效事由，法院也应指定丙担任甲的监护人。故B项不选，D项选。

《最高人民法院关于适用〈中华人民共和国民法典〉总则编若干问题的解释》第9条第2款规定："人民法院依法指定的监护人一般应当是一人，由数人共同担任监护人更有利于保护被监护人利益的，也可以是数人。"据此可知，法院指定多人共同担任监护人，需以"更有利于保护被监护人利益"为前提，而该前提在本题中并未涉及。故C项不选。

答案 D

评论

本题将两个考点合并考查，且对知识点把握的精确性要求较高，具有一定难度。

本题的启迪意义有三：①在不能适用当然监护的情况下（被监护人的父母不能担任监护人，或被监护人为成年人），遗嘱监护与协商监护因体现了当事人的意思，故具有高于顺序监护、指定监护的效力；②指定监护的适用，需以存在"监护争议"为前提，否则，没有法院通过指定确定监护人的问题；③监护人资格的撤销，需以"现在已有监护人"且"现有监护人不履行或不能履行监护职责"为前提。

二、监护人资格的撤销

17. 甲、乙婚后生子丙，乙死亡。在丙 12 岁时，甲因吸毒被撤销监护人资格。对此，下列哪些说法是正确的？（2018-回忆版-多）

A. 甲的监护资格被撤销后，无需再承担对丙的抚养费义务

B. 甲的监护资格被撤销后，可通过遗嘱指定其母在其死后成为丙的监护人

C. 甲戒毒成功后可以申请重新担任丙的监护人

D. 甲能否重新担任丙的监护人需尊重丙的意愿

考点 监护人资格的撤销

解析《民法典》第 37 条规定："依法负担被监护人抚养费、赡养费、扶养费的父母、子女、配偶等，被人民法院撤销监护人资格后，应当继续履行负担的义务。"故 A 项不选。

《民法典》第 29 条规定："被监护人的父母担任监护人的，可以通过遗嘱指定监护人。"甲的监护人资格被撤销后，即丧失了遗嘱监护的能力。故 B 项不选。

根据《民法典》第 38 条的规定，被监护人的父母或者子女被人民法院撤销监护人资格后，除对被监护人实施故意犯罪的外，确有悔改表现的，经其申请，人民法院可以在尊重被监护人真实意愿的前提下，视情况恢复其监护人资格。故 C、D 项选。

答案 CD

评论
　　本题将四个考点合并考查，具有一定的综合性，但均属于监护资格撤销的领域，故跨度不大。本题采用直接考查的方式，无需分析推演，较为直观、简单。

18. 小倩（9 岁）的父亲因坐牢与小倩母亲离婚，小倩母亲再婚生子后虐待小倩，小倩

的祖父母想要成为其监护人。对此，下列哪一说法是正确的？（2019-回忆版-单）

A. 祖父母想要成为其监护人，需要向法院申请

B. 因小倩母亲的虐待行为，祖父母自动成为监护人

C. 祖父母想要成为其监护人，需要经小倩的父亲同意

D. 祖父母想要成为其监护人，需要经民政部门同意

考点 监护人资格的撤销

解析 根据《民法典》第 36 条第 1 款第 1 项的规定，监护人实施严重损害被监护人身心健康的行为的，有关个人或者组织应向法院申请撤销、更换监护人。故 A 项选。

监护人资格的撤销，采取不告不理的原则，所以未经提起监护人资格撤销之诉，监护人资格不可能自动撤销。相应地，他人不能自动成为监护人。故 B 项不选。

在被监护人父母不能担任监护人的情况下，其他人担任监护人，无需其父母同意。故 C 项不选。

祖父母属于近亲属，其担任监护人，无需民政部门、居委会或村委会的同意。故 D 项不选。

答案 A

评论
　　本题将监护人资格的撤销与"其他亲友、有关组织担任监护人"规则合并考查，具有一定综合性，要求考生对法律知识精确掌握。
　　本题需要进一步说明的是 D 项。在监护人资格撤销之诉中，纵然法院指定近亲属以外的其他个人、单位担任监护人，如将 D 项中的"祖父母"改成"舅舅"，因法院已经予以把关，故依然无需征得居委会或村委会、民政部门的同意。

宣告失踪与宣告死亡 专题 06

一、宣告失踪

19. 甲被法院宣告失踪，其妻乙被指定为甲的财产代管人。3 个月后，乙将登记在自己名下的夫妻共有房屋出售给丙，交付并办理了过户登记。在此过程中，乙向丙出示了甲被宣告失踪的判决书，并将房屋属于夫妻二人共有的事实告知丙。1 年后，甲重新出现，并经法院撤销了失踪宣告。现甲要求丙返还房屋。对此，下列哪一说法是正确的？（2016/3/6-单）

A. 丙善意取得房屋所有权，甲无权请求返还

B. 丙不能善意取得房屋所有权，甲有权请求返还

C. 乙出售夫妻共有房屋构成家事代理，丙继受取得房屋所有权

D. 乙出售夫妻共有房屋属于有权处分，丙继受取得房屋所有权

考点 夫妻共同财产的处分与善意取得

解析 本题并未表明乙出卖房屋给丙的行为系出于财产代管人职责的需要，如变卖房屋系出于为甲还债的需要，所以不考虑乙的财产代管职责的问题。在此基础上，甲被宣告失踪后，房屋仍归甲、乙夫妻共同共有。根据《民法典》第 301 条的规定，处分共同共有的不动产或者动产的，应当经全体共同共有人同意，但共有人之间另有约定的除外。据此，乙出卖房屋给丙，构成共有人擅自处分共有物，即无权处分。故 D 项错误，不选。

在无权处分情况下，受让人要发生善意取得，需以善意为条件。而善意的构成要件有二：①不知情；②信赖公示。本题中，丙对所购房屋为甲、乙共有的事实知情，所以不构成善意，其不能善意取得房屋所有权。故 A 项错误，不选；B 项正确，选。

《民法典》第 1060 条第 1 款规定："夫妻一方因家庭日常生活需要而实施的民事法律行为，对夫妻双方发生效力，但是夫妻一方与相对人另有约定的除外。"据此可知，夫妻间的家事代理权仅适用于为日常生活需要所为的财产处分，卖房不在此限。故 C 项错误，不选。

答案 B

评论

本题将《民法典》物权编与婚姻家庭编的考点结合考查，具有综合性。同时，本题的考查角度在于辨析相近概念的区别，如宣告失踪能否如宣告死亡那样变更财产权利的归属，要求考生熟练掌握考点，并且精确把握、理解到位。

本题的启迪意义在于，在宣告失踪的情况下，财产代管人处分代管财产行为的性质，存在两种可能性：①为履行财产代管职责的需要，此时其行为构成有权处分，受让人可以继受取得；②无权处分，受让人或基于被宣告人的同意继受取得，或善意取得。题目中未明确何种性质的，推定为后者。

20. 甲与乙离婚，甲乙的子女均已成年，与乙一起生活。甲与丙再婚后购买了一套房屋，登记在甲的名下。后甲因中风不能自理，常年卧床。丙见状离家出走达 3 年之久。甲乙的子女和乙想要回房屋，进行法律咨询。下列哪些意见是错误的？（2011/3/52-多）

A. 因房屋登记在甲的名下，故属于甲个人房产

B. 丙在甲中风后未尽妻子责任和义务，不能主张房产份额

C. 甲乙的子女可以申请宣告丙失踪

D. 甲本人向法院提交书面意见后，甲乙的子女可代理甲参与甲与丙的离婚诉讼

考点 夫妻财产、宣告失踪的申请、离婚

解析 甲所购买的房屋是与丙婚后所购买，所

以属于夫妻共有财产。故 A 项错误，选。

既然房屋为甲、丙夫妻共有，夫妻共有为共同共有，就不存在"份额"问题。此外，如果甲、丙离婚，该房屋应予分割，丙主张自己作为共有人的利益不以对甲尽到扶养义务为前提。故 B 项错误，选。

《民法典》第 40 条规定："自然人下落不明满 2 年的，利害关系人可以向人民法院申请宣告该自然人为失踪人。"条文中所称的"利害关系人"，为与失踪人具有身份上或财产上利害关系的人。本题中，甲的子女并未与丙共同生活，未形成继父母子女关系，所以不是利害关系人，无权提出丙的失踪宣告申请。故 C 项错误，选。

离婚诉讼可以代理，甲的子女担任甲的代理人在法律上没有任何障碍。故 D 项正确，不选。

答案 ABC

评论

本题将夫妻共有财产归属、性质，宣告失踪的申请人，离婚诉讼的代理等问题合并考查，具有一定的综合性。其中，对于"甲的子女是否为丙的利害关系人"这一问题，又涉及继父母子女关系的知识点，综合性较为明显。故本题对于考生对知识点的掌握能力和运用能力，均有较高要求。

本题的启迪意义在于，本题中，丙对甲构成遗弃，而遗弃的法律后果是丧失继承权，即若甲死亡，丙不得继承甲的遗产。这意味着：①丙的遗弃行为与丙的房屋共有人地位没有关系；②丙的遗弃行为也与若甲、丙离婚，丙对共有财产的分割份额没有关系，因为根据《民法典》第 1092 条的规定，一方隐藏、转移、变卖、毁损、挥霍夫妻共同财产，或者伪造夫妻共同债务企图侵占另一方财产的行为，才是离婚分割夫妻共同财产时少分或不分的原因。

二、宣告死亡

21. 甲出境经商下落不明，2015 年 9 月经其妻乙请求被 K 县法院宣告死亡，其后乙未再婚，乙是甲唯一的继承人。2016 年 3 月，乙将家里的一辆轿车赠送给了弟弟丙，交付并办理了过户登记。2016 年 10 月，经商失败的甲返回 K 县，为还债将登记于自己名下的一套夫妻共有住房私自卖给知情的丁；同年 12 月，甲的死亡宣告被撤销。下列哪些选项是正确的？（2017/3/52-多）

A. 甲、乙的婚姻关系自撤销死亡宣告之日起自行恢复

B. 乙有权赠与该轿车

C. 丙可不返还该轿车

D. 甲出卖房屋的行为无效

考点 撤销死亡宣告的法律后果

解析 根据《民法典》第 51 条的规定，死亡宣告被撤销的，婚姻关系自撤销死亡宣告之日起自行恢复。但是，其配偶再婚或者向婚姻登记机关书面声明不愿意恢复的除外。据此，死亡宣告被撤销后，婚姻关系不恢复的情形有二：①配偶再婚；②配偶向婚姻登记机关书面声明不愿意恢复。本题中，上述两种情形均不具备，所以婚姻关系恢复。故 A 项正确，选。

甲被宣告死亡后，乙作为唯一的继承人，取得轿车的所有权。所以乙将轿车赠与丙，系有权处分。故 B 项正确，选。

《民法典》第 53 条第 1 款规定："被撤销死亡宣告的人有权请求依照本法第六编取得其财产的民事主体返还财产；无法返还的，应当给予适当补偿。"据此，非基于继承编取得财产的人，不问其善意恶意、有偿无偿，均不负返还义务。故 C 项正确，选。

甲在死亡宣告被撤销之前出卖房屋的行为，系出卖乙的房屋，属于无权处分。但是，无权处分也不影响买卖合同的债权效力。故 D 项错误，不选。

答案 ABC

✏ **评 论**

　　本题所考查的知识点，为条文中的细节问题，考法是正面考查。对于考生而言，在对条文所涉及的考点准确把握的情况下，本题没有难度。

　　本题的启迪意义在于，本题只明确了乙未再婚，但并未明确乙是否向婚姻登记机关书面声明不愿恢复婚姻关系。做题时，题目中未出现的案情，推定为不存在这一事实。

22. 甲被法院宣告死亡，甲父乙、甲妻丙、甲子丁分割了其遗产。后乙病故，丁代位继承了乙的部分遗产。丙与戊再婚后因车祸遇难，丁、戊又分割了丙的遗产。现甲重新出现，法院撤销死亡宣告。下列哪种说法是正确的？（2006/3/2-单）

A. 丁应将其从甲、乙、丙处继承的全部财产返还给甲

B. 丁只应将其从甲、乙处继承的全部财产返还给甲

C. 戊从丙处继承的全部财产都应返还给甲

D. 丁、戊应将从丙处继承的而丙从甲处继承

的财产返还给甲

考点 撤销死亡宣告的法律后果

解析 死亡宣告被撤销后应予返还的财产，为宣告死亡时被宣告人的财产。本题中，丁从甲处继承的财产，应当返还给甲。丁从乙、丙处继承的财产，如果此财产是乙、丙从甲处继承的，丁应返还给甲；反之，则此财产并非甲死亡宣告时的财产范围，丁无需返还。故 A、B 项错误，不选。

　　同理，戊从丙处继承的财产，如果此财产是丙从甲处继承的，戊应返还给甲；反之，则此财产并非甲死亡宣告时的财产范围，戊无需返还。故 C 项错误，不选；D 项正确，选。

答案 D

✏ **评 论**

　　本题只考查一个考点，为单一考查题。但是本题需要以法律关系的分析为基础，故具有一定的难度。

　　本题的启迪意义在于，死亡宣告被撤销后的财产返还，只需把握两个要素即可：①返还义务人，即依照继承编取得财产的人；②应予返还的财产，即被宣告人的遗产。

法 人 专题 **07**

一、法人的独立性

23. 甲以自己的名义，用家庭共有财产捐资设立以资助治疗麻风病为目的的基金会法人，由乙任理事长。后因对该病的防治工作卓有成效使其几乎绝迹，为实现基金会的公益性，现欲改变宗旨和目的。下列哪一选项是正确的？（2015/3/1-单）

A. 甲作出决定即可，因甲是创始人和出资人

B. 乙作出决定即可，因乙是法定代表人

C. 应由甲的家庭成员共同决定，因甲是用家庭共有财产捐资的

D. 应由基金会法人按照程序申请，经过上级主管部门批准

考点 法人的独立性

解析 作为法人，基金会法人也具有独立法律人格，所以基金会法人的事项应当由法人自己根据法定及章程规定的程序来决定。故 D 项选，其他项不选。

答案 D

本题为理论题，难度不大。法人独立性原理属于民法中的基础知识，并不生僻。

二、法人与分支机构

24. 植根农业是北方省份一家从事农产品加工的公司。为拓宽市场，该公司在南方某省分别设立甲分公司与乙分公司。关于分公司的法律地位与责任，下列哪一选项是错误的？（2017/3/25-单）

A. 甲分公司的负责人在分公司经营范围内，当然享有以植根公司名义对外签订合同的权利

B. 植根公司的债权人在植根公司直接管理的财产不能清偿债务时，可主张强制执行各分公司的财产

C. 甲分公司的债权人在甲分公司直接管理的财产不能清偿债务时，可主张强制执行植根公司的财产

D. 乙分公司的债权人在乙分公司直接管理的财产不能清偿债务时，不得主张强制执行甲分公司直接管理的财产

考点 法人与其分支机构之间的关系

解析 法人分支机构为法人的派出营业机构，有权以法人的名义从事包括订立合同在内的经营活动，而分支机构的负责人就是分支机构的代表人。故 A 项正确，不选。

法人的分支机构不享有民事权利能力，不具有法人资格。这意味着分支机构的财产、权利、义务、责任均归属于法人。分支机构负债不能清偿，就是法人负债不能清偿。由于法人总部、其他分支机构的财产均属于法人的财产，所以均应承担清偿责任。故 B、C 项正确，不选；D 项错误，选。

答案 D

📝 评 论

本题为理论考查题，要求考生对法人

与其分支机构之间的财产关系做准确把握。把握这一问题的关键就是牢记"分支机构的一切，都是法人的"。

25. 张某从甲银行分支机构乙支行借款 20 万元，李某提供保证担保。李某和甲银行又特别约定，如保证人不履行保证责任，债权人有权直接从保证人在甲银行及其支行处开立的任何账户内扣收。届期，张某、李某均未还款，甲银行直接从李某在甲银行下属的丙支行账户内扣划了 18 万元存款用于偿还张某的借款。下列哪一表述是正确的？（2014/3/15-单）

A. 李某与甲银行关于直接在账户内扣划款项的约定无效

B. 李某无须承担保证责任

C. 乙支行收回 20 万元全部借款本金和利息之前，李某不得向张某追偿

D. 乙支行应以自己的名义向张某行使追索权

考点 法人与其分支机构之间的关系

解析 乙支行作为甲银行的分支机构，没有法人资格，所以张某从乙支行借款，甲银行为债权人。同样，李某所提供的保证责任中的保证权人也是甲银行。因此，甲银行可以与李某约定保证权的实现方式。故 A、B 项错误，不选。

保证人对债务人的追偿权，不以债权人的债权全部受偿为条件。故 C 项错误，不选。

尽管乙支行没有法人资格，但是其作为法人的分支机构，可以自己的名义从事民事活动、行使民事权利。本题中，张某既然从乙支行借款，那么乙支行请求张某还本付息，自然应以其自己的名义。故 D 项正确，选。

答案 D

📝 评 论

本题为理论题，涉及法律关系的分析，具有一定难度。

本题需要总结的是法人与其分支机构

之间的关系：

　　(1) 法人的分支机构拥有自己的名称，可以自己的名称从事民事活动。法人的分支机构以自己名义订立的合同，其权利的行使、义务的履行，也应以自己的名义进行。

　　(2) 法人的分支机构不具有法人资格，法人分支机构的财产，以及其以自己名义所从事的民事活动的法律后果，均归属于法人。因此，法人分支机构与他人订立的合同和法人与他人订立的合同在效果上等价。

　　(3) 法人对其分支机构的债务承担无限责任。因此，当一个分支机构名下的财产不足以清偿其所负债务时，法人需以其总部及其他分支机构的财产继续承担债务清偿责任。

三、法人设立行为的责任承担

26. 黄逢、黄现和金耘共同出资，拟设立名为"黄金黄研究会"的社会团体法人。设立过程中，黄逢等三人以黄金黄研究会名义与某科技园签署了为期 3 年的商铺租赁协议，月租金 5 万元，押三付一。此外，金耘为设立黄金黄研究会，以个人名义向某印刷厂租赁了一台高级印刷机。关于某科技园和某印刷厂的债权，下列哪些选项是正确的？（2017/3/53-多）

A. 如黄金黄研究会未成立，则某科技园的租赁债权消灭

B. 即便黄金黄研究会未成立，某科技园就租赁债权，仍可向黄逢等三人主张

C. 如黄金黄研究会未成立，则就某科技园的租赁债务，由黄逢等三人承担连带责任

D. 黄金黄研究会成立后，某印刷厂就租赁债权，既可向黄金黄研究会主张，也可向金耘主张

考点 设立人为设立法人订立合同的效力

解析 《民法典》第 75 条第 1 款规定："设立人为设立法人从事的民事活动，其法律后果由

法人承受；法人未成立的，其法律后果由设立人承受，设立人为 2 人以上的，享有连带债权，承担连带债务。"据此，A 项错误，不选；B、C 项正确，选。

　　《民法典》第 75 条第 2 款规定："设立人为设立法人以自己的名义从事民事活动产生的民事责任，第三人有权选择请求法人或者设立人承担。"据此，D 项正确，选。

答案 BCD

📝 评论

　　本题直接考查《民法典》的基本规定，不涉及法律关系的分析，比较简单。

四、有限责任与无限责任

27. 甲企业是由自然人安琚与乙企业（个人独资）各出资 50% 设立的普通合伙企业，欠丙企业货款 50 万元，由于经营不善，甲企业全部资产仅剩 20 万元。现所欠货款到期，相关各方因货款清偿发生纠纷。对此，下列哪一表述是正确的？（2016/3/2-单）

A. 丙企业只能要求安琚与乙企业各自承担 15 万元的清偿责任

B. 丙企业只能要求甲企业承担清偿责任

C. 欠款应先以甲企业的财产偿还，不足部分由安琚与乙企业承担无限连带责任

D. 就乙企业对丙企业的应偿债务，乙企业投资人不承担责任

考点 合伙企业债务的承担、合伙人的无限责任

解析 本题中，甲合伙企业的合伙人为自然人安琚与乙企业。因合伙企业没有法人资格，所以合伙企业的债务应先以其全部财产进行清偿。合伙企业财产不能清偿到期债务的，合伙人承担无限连带责任。据此，合伙人对合伙企业的债务所承担的是连带责任，而非按份责任。故 A 项不选。

　　合伙人对合伙企业的债务承担的是无限责任，而非有限责任。故 B 项不选。

合伙人对合伙企业无限连带责任的承担，需以合伙企业财产不足以偿还债务为前提。故C项选。

本题中，乙企业为个人独资企业，因个人独资企业也没有法人资格，所以个人独资企业的债务应先以其全部财产进行清偿。个人独资企业财产不能清偿到期债务的，企业主承担无限责任。故D项不选。

答案 C

✎ 评 论

> 本题以法律基本概念及其界定为考查对象，考点单一，无需分析法律关系，较为简单。

五、法人超越经营范围订立合同的效力

28. 装修公司甲在完成一项工程后，将剩余的木地板、厨卫用具等卖给了物业管理公司乙。但甲营业执照上的核准经营范围并无销售木地板、厨卫用具等业务。甲乙的买卖行为法律效力如何？（2002/3/15-单）

A. 属于有效法律行为

B. 属于无效民事行为

C. 属于可撤销民事行为

D. 属于效力待定民事行为

考 点 法人超越经营范围订立合同的效力

解 析 《民法典》第505条规定："当事人超越经营范围订立的合同的效力，应当依照本法第一编第六章第三节和本编的有关规定确定，不得仅以超越经营范围确认合同无效。"据此，本题中，甲超过经营范围销售木地板、厨卫用具的行为不属于违反法律、行政法规禁止经营规定的行为，所以有效。故A项选，其他项不选。

答案 A

✎ 评 论

> 本题只考查一个考点，且采取直接考查的方法，较为简单。

六、法定代表人的行为

（一）代表行为的效力

29. 王某是甲公司的法定代表人，以甲公司名义向乙公司发出书面要约，愿以10万元价格出售甲公司的一块清代翡翠。王某在函件发出后2小时意外死亡，乙公司回函表示愿意以该价格购买。甲公司新任法定代表人以王某死亡，且未经董事会同意为由拒绝。关于该要约，下列哪一表述是正确的？（2011/3/3-单）

A. 无效

B. 效力待定

C. 可撤销

D. 有效

考 点 法定代表人代表行为的效力、越权代表

解 析 甲公司新任法定代表人表示拒绝的理由有二：①王某死亡；②王某的要约未经董事会同意，即王某的行为属越权代表。对于第一个理由，王某的代表行为的法律后果系由甲公司承受，与王某的存亡去留无关，该理由不能成立。《民法典》第504条规定："法人的法定代表人或者非法人组织的负责人超越权限订立的合同，除相对人知道或者应当知道其超越权限外，该代表行为有效，订立的合同对法人或者非法人组织发生效力。"据此，对于第二个理由，本题中并未显示乙公司知道或应该知道王某越权代表的事实，故可以理解为其不知情。甲公司仍应承担王某越权代表行为的法律后果，故该理由也不成立。因此，王某的代表行为有效。

答案 D

✎ 评 论

> 本题将两个考点合并考查，但是跨度不大，且采用直接考查的方式，较为简单。
>
> 本题的启迪意义在于，公司的法定代表人越权代表，不属于《公司法》第15条第1款所规定的公司股东或者实际控制人擅自对外提供担保的，相对人是否善意由法人负举证责任的情形。这意味着题目

中未明确相对人为善意或恶意时，推定为相对人为善意。

（二）代表行为与代表人个人行为

30. 甲公司和乙公司在前者印制的标准格式《货运代理合同》上盖章。《货运代理合同》第 4 条约定："乙公司法定代表人对乙公司支付货运代理费承担连带责任。"乙公司法定代表人李红在合同尾部签字。后双方发生纠纷，甲公司起诉乙公司，并要求此时乙公司的法定代表人李蓝承担连带责任。关于李蓝拒绝承担连带责任的抗辩事由，下列哪一表述能够成立？（2014/3/3-单）

A. 第 4 条为无效格式条款

B. 乙公司法定代表人未在第 4 条处签字

C. 乙公司法定代表人的签字仅代表乙公司的行为

D. 李蓝并未在合同上签字

考点 法定代表人行为的法律效力

解析《货运代理合同》第 4 条"乙公司法定代表人对乙公司支付货运代理费承担连带责任"的约定并无无效事由。故 A 项错误，不选。

合同的订立，并不要求缔约人在每一个条款上均签字盖章。故 B 项错误，不选。

乙公司前任法定代表人的签字行为会引起两重后果：①乙公司对甲公司承担债务；②自己对甲公司承担连带债务。其中，前者为代表行为，后者为个人行为。故 C 项错误，不选。

乙公司现任法定代表人李蓝在未同意（签字）的情况下，并不承担前任法定代表人个人行为的法律后果。故 D 项正确，选。

答案 D

✎ 评 论

本题只考查一个考点，属于单一考查题。但是，本题对法律关系的分析能力的要求较高，故仍然具有较大难度。

本题的启迪意义在于，法人的法定代

表人的行为可能是代表行为，也可能是个人行为。二者区分的关键是看该行为是为法人设立权利义务，还是为自己设立权利义务。在此基础上，代表行为的后果由法人承受，对新的法定代表人具有约束力；个人行为的后果不由法人承受，且对新的法定代表人没有约束力。

31. 下列哪些情形下，甲公司应承担民事责任？（2013/3/52-多）

A. 甲公司董事乙与丙公司签订保证合同，乙擅自在合同上加盖甲公司公章和法定代表人丁的印章

B. 甲公司与乙公司签订借款合同，甲公司未盖公章，但乙公司已付款，且该款用于甲公司项目建设

C. 甲公司法定代表人乙委托员工丙与丁签订合同，借用丁的存款单办理质押贷款用于经营

D. 甲公司与乙约定，乙向甲公司交纳保证金，甲公司为乙贷款购买设备提供担保。甲公司法定代表人丙以个人名义收取该保证金并转交甲公司出纳员入账

考点 代理、代表、要式合同

解析《民法典》第 172 条规定："行为人没有代理权、超越代理权或者代理权终止后，仍然实施代理行为，相对人有理由相信行为人有代理权的，代理行为有效。"然而，在此基础上，根据《担保制度解释》第 7 条第 1、3 款的规定，公司的法定代表人违反《公司法》关于公司对外担保决议程序的规定，超越权限代表公司与相对人订立担保合同，人民法院应当依照《民法典》第 61 条和第 504 条等规定处理：①相对人善意的，担保合同对公司发生效力；相对人请求公司承担担保责任的，人民法院应予支持。……第 1 款所称善意，是指相对人在订立担保合同时不知道且不应当知道法定代表人超越权限。相对人有证据证明已对公司决议

进行了合理审查，人民法院应当认定其构成善意，但是公司有证据证明相对人知道或者应当知道决议系伪造、变造的除外。换言之，法定代表人或者其授权之人擅自违反《公司法》第15条第1款（公司向其他企业投资或者为他人提供担保需经公司程序决议）之规定，相对人不能证明自己善意的，推定为其恶意，公司不承担法律后果。故A项错误，不选。

《民法典》第490条第2款规定："法律、行政法规规定或者当事人约定合同应当采用书面形式订立，当事人未采用书面形式但是一方已经履行主要义务，对方接受时，该合同成立。"故B项正确，选。

《民法典》第61条第2款规定："法定代表人以法人名义从事的民事活动，其法律后果由法人承受。"故C项正确，选。

法人的法定代表人所实施的行为是否为代表行为，判断标准在于该行为是否以法人名义实施。据此，在D项中，"乙向甲公司交纳保证金"的表述足以说明代表人的行为是代表行为。故D项正确，选。

答案 BCD

✑ 评 论

本题将四个考点合并考查，且涉及表见代理、要式合同、代表行为与个人行为的区分，跨度较大，综合性较强。

需要指出的是，法人的代表人超越权限与他人订立合同，或无权代理人凭借表见事由（如公章等）以法人名义与他人订立合同，原则上，相对人不知情的，构成"表见代表"或"表见代理"，法人应承担其行为的后果。但是，根据《九民纪要》的规定，代表人、代理人超越权限，与他人订立公司投资、公司担保的合同，相对人不能证明自己是善意的，公司法人不承担后果。因此，本题的原答案是ABCD，但是《担保制度解释》颁布之后，A项应予排除。

七、法人分立时的债权、债务的承受

32. 甲公司分立为乙丙两公司，约定由乙公司承担甲公司全部债务的清偿责任，丙公司继受甲公司全部债权。关于该协议的效力，下列哪一选项是正确的？（2009/3/3-单）

A. 该协议仅对乙丙两公司具有约束力，对甲公司的债权人并非当然有效

B. 该协议无效，应当由乙丙两公司对甲公司的债务承担连带清偿责任

C. 该协议有效，甲公司的债权人只能请求乙公司对甲公司的债务承担清偿责任

D. 该协议效力待定，应当由甲公司的债权人选择分立后的公司清偿债务

考点 法人分立时的债权、债务的承受

解析 本题中"由乙公司承担甲公司全部债务的清偿责任，丙公司继受甲公司全部债权"的约定，为分立的各个法人之间的约定，即内部约定。因此，其仅具有内部效力，未经外部债权人、债务人同意，不得对外主张。故A项选。

分立的法人内部关于原法人债权、债务享有与承担的协议，依然具有内部效力，即有效。故B项不选。

分立的法人内部关于原法人债权、债务享有与承担的协议，并不具有约束外部的原法人的债权人、债务人的效力。故C项不选。

效力待定的合同，以限制行为能力人超越行为能力独立实施民事法律行为、狭义无权代理、无权处分、免责的债务承担等为成因，本题与此无关，不构成效力待定。故D项不选。

答案 A

✑ 评 论

本题只考查一个考点，为单一考查题，且采取直接考查的方法，较为简单。

一、好意施惠

33. 某大学宿舍有甲、乙、丙、丁四个人。当年约定：我们毕业之后，按照奖学金数额多少来付餐费。毕业之际，只有甲、乙拿了奖学金。后来在吃完饭之后，四人因为谁付钱发生争执，甲甩手离去，乙、丙也相继离去。对此，下列哪一说法是正确的？（2018-回忆版-单）

A. 老板可请求四人承担连带责任

B. 该约定有一定的情感意义，无效

C. 因为当时已经这样约定，可以按照约定承担责任

D. 丁支付餐费后，可以向甲、乙追偿，但不得向丙追偿

考点 好意施惠、多数人之债

解析 在本题中，四人"按奖学金请客"的约定，性质为好意施惠，没有法律意义。但是，四人下馆子吃饭，则与老板形成多数人之债，具有法律意义。在此基础上，《民法典》第178条第3款规定："连带责任，由法律规定或者当事人约定。"具体到四人共同吃饭的情形，每个人均应承担连带责任，是为交易习惯，因而可理解为四人与老板之间存在默示约定。故 A 项选。

本题中，四人"按奖学金请客"的约定，性质为好意施惠、情谊行为，没有法律意义，不是民事法律行为，进而没有效力问题可言。故 B 项不选。

既然请客的约定没有法律意义，按照该约定承担责任即无依据。故 C 项不选。

D 项中，"丁支付全部餐费后，可以向甲、乙追偿，但不得向丙追偿"的表述，仍是以四人请客约定为基础的，因该约定没有法律意义，不能作为追偿的基础。故 D 项不选。事实上，根据《民法典》第519条第2款的规定，实际承担债务超过自己份额的连带债务人，有权就超出部分在其他连带债务人未履行的份额范围内向其追偿。故丁可向甲、乙、丙追偿，甲、乙、丙应与丁均摊餐费。

答案 A

✎ 评论

　　本题将两个考点合并考查，具有一定的综合性，对于考生的法律逻辑分析能力具有一定的要求。

　　本题的启迪意义在于，好意施惠的约定没有法律意义，并不意味着好意施惠的履行便没有法律意义。在本题中，四人间的"请客约定"与四人与老板间的"就餐合同"是两码事：前者为好意施惠，没有法律意义；后者是好意施惠的履行，具有法律意义。两者不可混淆。

34. 甲和乙是同事，乙每次下班都乘坐甲的车顺路回家。某日，甲因开车时低头玩手机而发生车祸，同车的乙面部受伤，精神萎靡，住院3个月。下列说法正确的有：(2021-回忆版-多)

A. 甲无需向乙赔偿，而是由保险公司赔偿

B. 甲需要向乙赔偿

C. 甲需要承担责任，但可酌情减少赔偿金

D. 甲应向乙赔偿实际损失和精神损失费

考点 好意搭乘中的侵权责任、侵权损害赔偿的范围

解析 本题中，车辆有保险的，由保险金先行向乙赔付，但保险金不足以赔付的部分，甲仍需承担赔偿责任，故A项不选，B项选。

《民法典》第1217条规定："非营运机动车发生交通事故造成无偿搭乘人损害，属于该机动车一方责任的，应当减轻其赔偿责任，但是机动车使用人有故意或者重大过失的除外。"据此，在本题中，甲开车玩手机，属于重大过失，故不可基于好意施惠主张减轻赔偿责任，C项不选。

甲驾车致乙损害，所应承担的侵权责任包括乙为此已经支付的医疗费等实际损失，自不待言。与此同时，甲致乙人身损害且造成乙精神严重痛苦，符合《民法典》第1183条第1款（侵害自然人人身权益造成严重精神损害的，被侵权人有权请求精神损害赔偿）规定的精神损害赔偿要件，故甲也应对乙承担精神损害赔偿责任，D项选。

答案 BD

评论 本题将两个考点合并考查，具有一定的复合性。但本题所设计的案情直接对应条文，指向明确，无需分析法律关系，故较为简单。

二、先行行为导致的义务

35. 兹有四个事例：①张某驾车违章发生交

通事故致搭车的李某残疾；②唐某参加王某组织的自助登山活动因雪崩死亡；③吴某与人打赌举重物因用力过猛致残；④何某心情不好邀好友郑某喝酒，郑某畅饮后驾车撞树致死。根据公平正义的法治理念和民法有关规定，下列哪一观点可以成立？(2013/3/1-单)

A. ①张某与李某未形成民事法律关系合意，如让张某承担赔偿责任，是惩善扬恶，显属不当

B. ②唐某应自担风险，如让王某承担赔偿责任，有违公平

C. ③吴某有完整意思能力，其自担损失，是非清楚

D. ④何某虽有召集但未劝酒，无需承担责任，方能兼顾法理与情理

考点 法律事实与法律关系

解析 "搭车"构成好意施惠，其没有合同上的责任，但是不影响侵权责任的承担。故A项错误，不选。需要指出的是，《民法典》第1217条"非营运机动车发生交通事故造成无偿搭乘人损害，属于该机动车一方责任的，应当减轻其赔偿责任，但是机动车使用人有故意或者重大过失的除外"之规定，并不影响A项"张某应承担侵权责任"之判断。

"组织登山活动"构成先行行为，王某应承担安全保障义务。题目中"因雪崩"的案情表明王某并未违反此项义务。故B项正确，选。

"打赌举重物"不属于文体活动，所以不构成《民法典》第1176条第1款所规定的自甘冒险。"打赌举重物因用力过猛致残"属意外事件，双方均无过错。但是打赌与损害之间，存在因果关系。《民法典》第1186条规定："受害人和行为人对损害的发生都没有过错的，依照法律的规定由双方分担损失。"故C项错误，不选。

"邀好友郑某喝酒"构成先行行为，何某应承担安全保障义务。题目中并未明确郑某的损害系由其他原因所致，所以界定为系何某未

尽安全保障义务所致。故 D 项错误，不选。

答案 B

评论

　　本题考查四个小案例，将三个考点合并考查，具有综合性。但是，每一考点均采取直接考查的方法，难度较低。

　　本题的启迪意义有二：

　　（1）安全保障义务人的范围，根据《民法典》第 1198 条第 1 款的规定，首先包括"经营场所、公共场所的经营者、管理者"和"群众性活动的组织者"这两种法定类型。此外，根据本题 B、D 项，安保义务人还应包括"先行行为人"。

　　（2）案情中明确受害人的损害系基于非违反安保义务的其他原因所致时，如本题②中的"因雪崩"，可认定损害的发生与安保义务人无关；否则，推定安保义务人违反了安保义务，如根据本题④中"郑某畅饮后驾车撞树致死"的表述，因为未说明存在其他原因，故可推定郑某的死亡系何某未尽安保义务所致。

三、预约与本约

36. 甲公司未取得商铺预售许可证，便与李某签订了《商铺认购书》，约定李某支付认购金即可取得商铺优先认购权，商铺正式认购时甲公司应优先通知李某选购。双方还约定了认购面积和房价，但对楼号、房型未作约定。李某依约支付了认购金。甲公司取得预售许可后，未通知李某前来认购，将商铺售罄。关于《商铺认购书》，下列哪一表述是正确的？（2012/3/10-单）

A. 无效，因甲公司未取得预售许可证即对外销售

B. 不成立，因合同内容不完整

C. 甲公司未履行通知义务，构成根本违约

D. 甲公司须承担继续履行的违约责任

考点 预约与本约

解析 根据《民法典》第 495 条第 1 款"当事人约定在将来一定期限内订立合同的认购书、订购书、预订书等，构成预约合同"的规定，结合《商品房买卖合同解释》第 5 条的规定，即认购书不具有商品房买卖合同主要条款的，为商品房买卖合同的预约，可知本题中的《商铺认购书》为预约，《商品房买卖合同》为本约。尽管《商品房买卖合同解释》第 2 条规定："出卖人未取得商品房预售许可证明，与买受人订立的商品房预售合同，应当认定无效，但是在起诉前取得商品房预售许可证明的，可以认定有效。"但是由于预约与本约是两个合同，所以未取得预售许可证并不会导致作为预约的《商铺认购书》无效。故 A 项错误，不选。

　　在《商铺认购书》中，当事人没有约定楼号、房型的事实，并不影响预约合同的完整性，《商铺认购书》有效成立。故 B 项错误，不选。

　　甲公司取得预售许可后，未通知李某前来认购的事实，意味着甲公司违反了《商铺认购书》中的约定，构成根本违约。故 C 项正确，选。

　　由于甲公司已经将商铺售罄，不可能再与李某订立《商品房买卖合同》，即《商铺认购书》已经履行不能，李某不能请求甲公司承担《商铺认购书》上的继续履行责任。故 D 项错误，不选。

答案 C

评论

　　本题只考查一个考点，为单一考查题，且采取直接考查的方式，较为简单。

四、婚姻约定

37. 下列哪一情形下，乙的请求依法应得到支持？（2010/3/1-单）

A. 甲应允乙同看演出，但迟到半小时。乙要求甲赔偿损失

B. 甲听说某公司股票可能大涨，便告诉乙，

乙信以为真大量购进，事后该只股票大跌。乙要求甲赔偿损失

C. 甲与其妻乙约定，如因甲出轨导致离婚，甲应补偿乙50万元，后二人果然因此离婚。乙要求甲依约赔偿

D. 甲对乙承诺，如乙比赛夺冠，乙出国旅游时甲将陪同，后乙果然夺冠，甲失约。乙要求甲承担赔偿责任

考点 法律事实与非法律事实的区分

解析 根据民法理论，陪同的约定属好意施惠，没有法律意义，并非民事法律行为，所以该约定的违背不会导致违约责任的产生。故A、D项不选。

预言及对他人预言的传达，同样没有法律意义，并非民事法律行为，所以预言不准确不会产生违约责任。故B项不选。

因《民法典》第1091条规定了离婚损害赔偿制度，所以允许当事人协商赔偿数额，且C项中夫妻双方的约定也未违背婚姻自由原则或公序良俗原则，所以有效。故C项选。

答案 C

评论

本题将三个考点合并考查，具有一定的综合性。但是本题采取直接考查的方法，问题较为简单，故难度不大。

本题的启迪意义在于，夫妻间的约定是否有效，应从两个角度综合判断：

(1) 该项约定是否违反婚姻自由原则或公序良俗原则；

(2) 该项约定是否属于法律允许夫妻间约定的事项。

五、运气

38. 甲去购买彩票，其友乙给甲10元钱让其顺便代购彩票，同时告知购买号码，并一再嘱咐甲不要改变。甲预测乙提供的号码不能中奖，便擅自更换号码为乙购买了彩票并替乙保管。开奖时，甲为乙购买的彩票中了奖，二人为奖项归属发生纠纷。下列哪一分析是正确的？(2015/3/9-单)

A. 甲应获得该奖项，因按乙的号码无法中奖，甲、乙之间应类推适用借贷关系，由甲偿还乙10元

B. 甲、乙应平分该奖项，因乙出了钱，而甲更换了号码

C. 甲的贡献大，应获得该奖项之大部，同时按比例承担彩票购买款

D. 乙应获得该奖项，因乙是委托人

考点 法律事实与委托

解析 在民法上，"运气"没有法律意义，并非法律事实。所以本题中不考虑甲的"运气"对于中奖的作用。在此基础上，根据甲、乙之间的委托关系，甲受乙之托购买彩票，擅自改变乙所指定的号码，性质为擅自变更委托权限。从题干"二人为奖项归属发生纠纷"的表述可知，因乙对甲擅自变更号码的行为已经表示追认，所以中奖的后果由委托人乙承担。故D项选，其他项不选。

答案 D

评论

本题为法律知识的运用题，将"委托合同"中受托人擅自变更委托权限的后果、委托行为的后果归属及法律事实的界定合并考查，具有综合性。

本题的启迪意义在于，基于委托事实所产生的法律行为的后果，直接归属于委托人。

民事法律行为 专题 **09**

一、民事法律行为的分类

39. 关于民事法律行为，下列哪些选项是错误的？（2008 延/3/51-多）

A. 某演员将其演出收入捐赠给慈善机构的行为是单方行为

B. 陈某去世前设立遗嘱的行为是身份行为

C. 王某以自己的房屋为他人设立抵押权的行为是负担行为

D. 李某受领赵某错误交付标的物的行为是实践行为

考点 民事法律行为的分类

解析 在我国民法上，"捐赠"和"赠与"未加区分，均视为"赠与"，即双方法律行为。故 A 项错误，选。

身份行为是产生、变更、消灭身份法律关系的行为，如婚姻行为、收养行为。订立遗嘱的行为并无变动身份法律关系的意义，所以不属于身份行为。故 B 项错误，选。

负担行为是"债权行为"，即产生债权债务的行为。"设立抵押权"的行为是变动物权的行为，系属处分行为，而非负担行为。故 C 项错误，选。

实践行为，是指当事人之间达成合意后，还需交付标的物才能成立的法律行为，属于订立合同的行为。本题中，"接受交付"并非订立合同的行为，而是履行合同的行为，所以与实践行为无关。故 D 项错误，选。

答案 ABCD

✏️ 评 论

本题对于法律行为分类的考查，涉及"赠与"和"捐赠"的区分、"负担行为"和"处分行为"的区分，理论性较强。

40. 甲公司于 6 月 5 日以传真方式向乙公司求购一台机床，要求"立即回复"。乙公司当日回复"收到传真"。6 月 10 日，甲公司电话催问，乙公司表示同意按甲公司报价出售，要其于 6 月 15 日来人签订合同书。6 月 15 日，甲公司前往签约，乙公司要求加价，未获同意，乙公司遂拒绝签约。对此，下列哪一种说法是正确的？（2005/3/11-单）

A. 买卖合同于 6 月 5 日成立

B. 买卖合同于 6 月 10 日成立

C. 买卖合同于 6 月 15 日成立

D. 甲公司有权要求乙公司承担缔约过失责任

考点 合同成立的认定、缔约过失责任的承担

解析 本题中，甲、乙两公司达成的"签订合同书"的约定，意味着他们之间的买卖合同为要式合同。由于乙公司拒绝签字，要式合同的形式要件并未具备，所以甲、乙两公司间的合同并未成立。故 A、B、C 项不选。

乙公司与甲公司达成合意后又反悔，属于缔约中的不诚信行为，违反了先合同义务，应承担缔约过失责任。故 D 项选。

答案 D

✏️ 评 论

本题所考查的知识较为简单，难度在于从案件事实中将所考查的知识抽丝剥茧，分析出来。

其中，两个辨认至关重要：

（1）"甲公司电话催问，乙公司表示同意按甲公司报价出售"表明甲、乙两公司达成了合意；

（2）"要其于 6 月 15 日来人签订合同书"表明甲、乙两公司达成了要式约定。

需要注意的是，根据《民法典》第 490 条第 1 款的规定，当事人采用合同书形式订立合同的，自当事人均签名、盖章或者按指印时合同成立。在签名、盖章或

者按指印之前，当事人一方已经履行主要义务，对方接受时，该合同成立。本题中，倘若甲公司依然按照口头约定的价格向乙公司支付价金，乙公司也表示接受，则甲、乙两公司之间的买卖合同成立，乙公司需承担交货义务。

41. 甲、乙约定：甲将 100 吨汽油卖给乙，合同签订后 3 天交货，交货后 10 天内付货款。还约定，合同签订后乙应向甲支付 10 万元定金，合同在支付定金时生效。合同订立后，乙未交付定金，甲按期向乙交付了货物，乙到期未付款。对此，下列哪一表述是正确的？（2010/3/14-单）

A. 甲可请求乙支付定金

B. 乙未支付定金不影响买卖合同的效力

C. 甲交付汽油使得定金合同生效

D. 甲无权请求乙支付价款

考点 成约定金的效力

解析 定金合同为实践合同，在当事人达成合意后、交付定金前，该合同不生效。故当事人一方不得请求对方交付定金。故 A、C 项不选。

当事人约定以交付定金作为主合同成立或者生效要件的，给付定金的一方未支付定金，但主合同已经履行或者已经履行主要部分的，不影响主合同的成立或者生效。本题中，"甲按期向乙交付了货物"的事实，表明买卖合同已经履行，所以尽管当事人没有交付定金，也不影响买卖合同的成立。故 B 项选。

进而，既然买卖合同成立，甲已经向乙交付了货物，就有权请求乙付款。故 D 项不选。

答案 B

✎ 评 论

本题只考查一个考点，且采取直接考查的方式，考点较为简单。只不过本题对于"主合同的成立"与"定金合同的成立"两个问题交织考查，对考生的分析能

力要求较高。

需要指出的是，当主合同已经履行或者已经履行主要部分的，定金未支付，亦不影响主合同的成立或者生效，是《民法典》第 490 条第 1 款的规定："当事人采用合同书形式订立合同的，自当事人均签名、盖章或者按指印时合同成立。在签名、盖章或者按指印之前，当事人一方已经履行主要义务，对方接受时，该合同成立。"

二、意思表示与合意

（一）意思表示

42. 教授甲举办学术讲座时，在礼堂外的张贴栏中公告其一部新著的书名及价格，告知有意购买者在门口的签字簿上签名。学生乙未留意该公告，以为签字簿是为签到而设，遂在上面签名。对乙的行为应如何认定？（2005/3/1-单）

A. 乙的行为可推定为购买甲新著的意思表示

B. 乙的行为构成重大误解，在此基础上成立的买卖合同可撤销

C. 甲的行为属于要约，乙的行为属于附条件承诺，二者之间成立买卖合同，但需乙最后确认

D. 乙的行为并非意思表示，在甲乙之间并未成立买卖合同

考点 意思表示的含义

解析 以推定方式进行意思表示，以法律已经作出推定性规定为条件。本题中，法律并无任何推定性规定，所以乙是否作出购买甲的新著的意思表示不能推定。故 A 项不选。

乙的签字行为没有任何附条件的意思，直接排除。故 C 项不选。

在 B、D 两个选项中，B 项认为，乙的行为是意思表示，只是意思表示不真实，所以民事

行为成立，但可撤销；D 项则认为，乙的行为不是意思表示，民事行为不成立，所以没有撤销的问题。可见，对乙的签字是否为意思表示的判断，为本题的核心问题。由于乙的签字行为意在"签到"，在民法上没有任何意义，即没有"民法法效意思"，所以应认定该行为非意思表示。故 B 项不选，D 项选。

答案 D

📝 **评论**

　　本题只考查一个考点，为单一考查题。本题的难度在于考点本身。

　　本题的启迪意义在于，并非任何的主观愿望的对外表达都叫意思表示，意思表示必须以"民法法效意思"为内容。无"民法法效意思"，即没有意思表示，没有合意，没有合同的成立。

43. 甲做旋转瓶很厉害。电视台对甲进行专访，甲说："如果近 5 年有人能做出四层旋转瓶，我把我所有的作品全部都赠与他，请全国人民监督。"后与主持人击掌为誓。过了 2 年，有个人做了个五层旋转瓶。对此，下列哪一说法是正确的？（2018-回忆版-单）

A. 甲属于单方允诺，故应当赠与

B. 甲属于戏谑行为，故无需赠与

C. 因甲的行为显失公平，甲可诉请法院撤销之

D. 甲属于虚假意思表示，故行为无效

考点 意思表示

解析 甲在电视专访中公开作出表示，且与主持人击掌为誓，表明甲的表示是真实的。故 B、D 项不选。

　　由于甲的表示中存在"有人完成指定行为，给予其赏金"的内容，因而构成悬赏广告，其性质为单方允诺。故 A 项选。

　　显失公平以"利用自己优势"或"利用对方危难"为特征。故 C 项不选。

答案 A

📝 **评论**

　　本题只考查一个考点，为单一考查题。本题的考点内容在于理论。

　　本题的启迪意义在于，一个人具有民法效果意思的表达，是否为戏谑或虚假意思表示，需要从外观即相对人的角度来加以认定。

44. 甲与乙签订租赁合同，约定甲以 100 万元的价格购买乙的一套房屋，再由乙向甲回租该房屋，租期 11 个月，月租金 10 万元，丙为此承担连带责任保证。经查，该套房屋根本不存在。甲和乙对此知情，而丙不知情。对此，下列哪些说法是正确的？（2021-回忆版-多）

A. 租赁有效，借款无效

B. 租赁无效，借款有效

C. 借款有效，担保有效

D. 借款有效，担保无效

考点 虚假意思表示、隐藏意思表示

解析 本题中，因甲、乙双方均知道房屋并不存在，故房屋买卖合同、租赁合同均为虚假意思表示。《民法典》第 146 条第 1 款规定："行为人与相对人以虚假的意思表示实施的民事法律行为无效。"据此，A 项不选。

　　本题中，甲、乙双方隐藏在买卖、租赁意思表示之下的是借款关系，即隐藏意思表示。《民法典》第 146 条第 2 款规定："以虚假的意思表示隐藏的民事法律行为的效力，依照有关法律规定处理。"甲、乙的借款合同并无无效事由，故依法有效，B 项选。

　　在本题中，因丙不知情，故丙所提供的连带责任保证是以甲、乙间的租赁合同为主合同的，既然租赁合同无效，担保则随之无效，故 C 项不选，D 项选。

答案 BD

📝 **评论**

　　本题所考查的虚假意思表示与隐藏意

思表示为一般性考点，难度不大。但本题将虚假意思表示、隐藏意思表示与担保责任相联系，增加了一定难度。

在本题中，要搞清楚担保是针对租赁而非借款，其以租赁而非借款为主合同，这是作答的关键。

（二）合意

45. 某酒店客房内备有零食、酒水供房客选用，价格明显高于市场同类商品。房客关某缺乏住店经验，又未留意标价单，误认为系酒店免费提供而饮用了一瓶洋酒。结账时酒店欲按标价收费，关某拒付。下列哪一选项是正确的？（2007/3/1-单）

A. 关某应按标价付款
B. 关某应按市价付款
C. 关某不应付款
D. 关某应按标价的一半付款

考点 合意的含义、意思表示不真实的撤销权

解析 酒店房间的标价单为格式条款。关某饮用洋酒的事实，意味着关某具有"民法法效意思"，且已经与酒店达成了有偿接受服务的合意。关某未留意标价单的事实，则意味着关某的意思表示不真实，有偿接受服务的合意属重大误解，为可撤销的合同。如果关某行使了撤销权，则有偿接受服务的合意自始无效，关某按照市价返还不当得利即可；而如果关某未行使撤销权，则关某就应当按照标价支付价款。由于可撤销民事行为的撤销权行使方式为诉讼或者仲裁，所以本题中"关某拒付"的事实不构成行使撤销权，即关某并未撤销该有偿接受服务的合意。故A项选。

答案 A

✏️评 论

本题将两个考点合并考查，具有一定的综合性，但是跨度不大。

本题的启迪意义在于，不真实的意思

表示也是意思表示，并不影响合意的达成，只会影响所达成的合意的效力，即导致合同可撤销。

三、意思表示的生效

46. 一火锅店经营火爆，提供了二维码供顾客扫码支付，顾客小黄去消费了一次，觉得不错。第二次消费时，小黄用事先准备好的二维码替换了餐桌上的二维码。后顾客小白请客吃饭，消费后扫码支付了1000元，小黄悉数收下。下列选项正确的是：（2021-回忆版-单）

A. 小白的行为构成无权处分
B. 小白消费的意思表示还未生效
C. 小黄对火锅店构成无权代理
D. 小黄应对火锅店承担侵权责任

考点 意思表示的生效、无权处分、无权代理、侵权责任

解析 本题中，小白以自有财产扫码消费，并未处分他人财产，不构成无权处分，A项不选。

从交易习惯上看，消费意思表示为口头作出，属于对话方式的意思表示，对方了解即告生效，而无需以支付价款为生效要件。本题中，小白已经完成消费，可见其消费意思表示早已为火锅店所知晓，故已经生效，B项不选。

小黄并未以火锅店名义与他人订立消费合同，更未以代理人的身份出现在小白面前，故不构成代理，更不涉及无权代理，C项不选。

小黄替换火锅店的二维码，本质是截取火锅店应收取的款项，与盗窃无异，故构成侵权，应负损害赔偿责任，D项选。

答案 D

✏️评 论

本题构思精巧，将四个考点合并考查，且跨度较大。同时，题目要求考生分析法律关系，对考生的案件分析能力具有较高要求。故本题具有一定难度。

四、意思表示不真实

(一)欺诈、重大误解

47. 陈老伯考察郊区某新楼盘时,听销售经理介绍周边有轨道交通 19 号线,出行方便,便与开发商订立了商品房预售合同。后经了解,轨道交通 19 号线属市域铁路,并非地铁,无法使用老年卡,出行成本较高;此外,铁路房的升值空间小于地铁房。陈老伯深感懊悔。关于陈老伯可否反悔,下列哪一说法是正确的?(2017/3/10-单)

A. 属认识错误,可主张撤销该预售合同

B. 属重大误解,可主张撤销该预售合同

C. 该预售合同显失公平,陈老伯可主张撤销该合同

D. 开发商并未欺诈陈老伯,该预售合同不能被撤销

考点 欺诈、重大误解、显失公平的概念

解析 《民法典》中并未专门规定"认识错误",所以在我国民法上,认识错误归入重大误解。在概念上,重大误解、欺诈的对象仅限于"交易事项",即交易的性质、交易的标的等。交易事项以外的事项,包括交易背景、交易资格、行为人的行为能力、处分权、代理权上的判断失误或欺骗,不构成重大误解或欺诈。在此基础上,重大误解的对象进而仅限于"交易事项"中的"交易性质""交易对方""交易标的"三项。本题中,"轨道交通 19 号线能否使用老年卡"不属于重大误解的对象范围。故 A、B 项不选,D 项选。

显失公平是指基于当事人的事实地位的不对等所导致的权利义务的失衡,包括利用自己优势与利用对方危难两种情形,本题中并无相关情节,所以不构成显失公平。故 C 项不选。

答案 D

评论

本题是概念辨析题,要求考生对相关

的法律概念掌握精确、到位。

本题需要总结的知识是:由于重大误解是因意思表示不真实一方自己的原因所致,故其对象的范围要小于欺诈,而仅限于"交易事项"中的"交易性质""交易对方""交易标的"三项。故在本题中,如果开发商欺骗陈老伯"轨道交通 19 号线能使用老年卡",则构成欺诈;而陈老伯误以为"轨道交通 19 号线能使用老年卡",则不构成重大误解。

48. 知名中医谭某与有夫之妇兰某有染,被兰某丈夫白某发现。白某胁迫谭某为其宣传保健品,但该保健品的主要成分为芝麻、红糖,一盒 1000 元,半年为一疗程。富商买了两疗程的保健品,使用后无疗效,欲诉诸法院请求撤销该买卖合同。富商撤销该买卖合同的理由是:(2019-回忆版-单)

A. 重大误解　　　　B. 白某胁迫

C. 白某欺诈　　　　D. 谭某欺诈

考点 第三人欺诈情况下被欺诈人的撤销权

解析 本题中,富商的错误认识是因为谭某的虚假宣传所致,而非富商自行导致,因而不构成重大误解。故 A 项不选。

白某的胁迫对象并非富商,因而富商不得以胁迫为由撤销合同。故 B 项不选。

"保健品"买卖合同的双方是白某和富商,白某并未对富商实施欺诈。故 C 项不选。

谭某构成第三人欺诈,且相对人白某知情,因而富商可以第三人欺诈为由请求撤销该买卖合同。故 D 项选。

答案 D

评论

本题只考查一个考点,为单一考查题。本题的难度在于分析法律关系,关键是锁定"白某与富商之间存在买卖合同",进而剥离与此无关的案件事实,对考生的分析能力要求较高。

49. 甲有一幅祖传名画，市值百万元。乙欲以低价购入，遂联合艺术品鉴定家丙欺骗甲说这是赝品，价值不超 10 万元。甲信以为真，但并未将画卖给乙，而是以 15 万元的价格卖给了不知情的丁。对此，下列哪一说法是正确的？（2019-回忆版-单）

A. 因丁乘人之危，甲可以请求撤销与丁的买卖合同

B. 因遭受丙欺诈，甲可以请求撤销与丁的买卖合同

C. 属于重大误解，甲可以请求撤销与丁的买卖合同

D. 属于显失公平，甲可以请求撤销与丁的买卖合同

考点 第三人欺诈与重大误解的界定

解析 本题中，并无丁利用自己优势或甲的危难的事实，所以不构成乘人之危或显失公平。故 A、D 项不选。

鉴定家丙对甲实施欺诈，但丁不知情，所以甲不得基于欺诈请求撤销与丁的买卖合同。故 B 项不选。

甲因遭受丙的欺诈对名画的价格产生错误认识，即对标的物产生误解，所以构成重大误解。故 C 项选。

答案 C

评论

本题将第三人欺诈与重大误解合并考查，具有较强的综合性，要求考生从不同角度对案件事实进行分析，有一定难度。

本题的启迪意义在于，在第三人欺诈而相对人不知情的情况下，如果该第三人欺诈的事实导致被欺诈人在交易性质、交易标的、交易对象上发生了错误认识，即导致被欺诈人产生重大误解，受欺诈人虽不得以欺诈为由主张撤销合同，但可以重大误解为由主张撤销合同。

50. 某公司的董事长甲在宴会上醉酒，看有人递来一个东西，以为是酒水单而签字，实际上该文本是一份红酒买卖商务合同。关于该行为的效力，下列哪一选项是正确的？（2020-回忆版-单）

A. 因无权代理效力待定

B. 因重大误解可撤销

C. 因显失公平可撤销

D. 因意思表示不真实而无效

考点 意思表示不真实

解析 董事长为公司的法定代表人而非代理人，且案情中也没有甲超越公司授权的事实，故不涉及无权代理问题。故 A 项不选。

本题中，甲将买卖合同误认为酒水单，属于对交易性质的理解错误，构成重大误解。故 B 项选。

显失公平需有两个方面的构成要件：①一方利用自己的优势或对方的危难；②合同的权利义务内容显著失衡，对对方明显不利。本题中并无致公司明显不利的表述，所以不构成显失公平。故 C 项不选。

在我国民法上，意思表示不真实的后果在于法律行为可撤销，而非无效。故 D 项不选。

答案 B

评论

本题是考试的常见考法，即对若干意思表示不真实情形的辨认，对考生的概念把握的精确性有一定的要求。

此外，"醉酒"订立合同是重大误解还是显失公平，需通过个案具体判断。

（二）胁迫

51. 下列哪一情形下，甲对乙不构成胁迫？（2013/3/3-单）

A. 甲说，如不出借 1 万元，则举报乙犯罪。乙照办，后查实乙构成犯罪

B. 甲说，如不将藏獒卖给甲，则举报乙犯

罪。乙照办，后查实乙不构成犯罪

C. 甲说，如不购甲即将报废的汽车，将公开乙的个人隐私。乙照办

D. 甲说，如不赔偿乙撞伤甲的医疗费，则举报乙醉酒驾车。乙照办，甲取得医疗费和慰问金

考点 胁迫的含义

解析 胁迫作为迫使对方作出不真实意思表示的一种手段，具有"强制成交"的本质。故而，胁迫的构成，逻辑上以相对人拥有"不成交自由"为前提。故 D 项选，其他项不选。

答案 D

✍ 评论

　　本题为理论题，且只考查一个考点，对考生的法律概念的掌握要求较高。但是，掌握到位后，本题并无难度。

（三）显失公平

52. 甲公司法定代表人胡某被灌醉后，订立了一份无益于公司的合同。关于该合同的性质，下列表述正确的是：（2019-回忆版-单）

A. 恶意串通　　　　B. 乘人之危

C. 无权代理　　　　D. 显失公平

考点 恶意串通、乘人之危、无权代理和显失公平的含义

解析 本题中，胡某与相对人订立合同，不存在胡某与相对人通谋损害甲公司利益的事实，不构成恶意串通。故 A 项不选。

　　胡某醉酒并非危难，所以本合同不构成乘人之危。故 B 项不选。

　　胡某为代表人，其为甲公司订立合同，并不构成代理，更无所谓无权代理。故 C 项不选。

　　在胡某醉酒的情况下，相对人在意识上比胡某清醒，且相对人利用了这一优势，所以本合同构成显失公平。故 D 项选。

答案 D

✍ 评论

　　本题将四个概念合并考查，对考生的概念掌握的精确性要求较高。本题中，对"醉酒订立合同构成显失公平"的判断，需要分析才能得出结论，故对考生的案件分析能力要求较高。

53. 甲公司在城市公园旁开发预售期房，乙、丙等近百人一次性支付了购房款，总额近 8000 万元。但甲公司迟迟未开工，按期交房无望。乙、丙等购房人多次集体去甲公司交涉无果，险些引发群体性事件。面对疯涨房价，乙、丙等购房人为另行购房，无奈与甲公司签订《退款协议书》，承诺放弃数额巨大利息、违约金的支付要求，领回原购房款。经咨询，乙、丙等购房人起诉甲公司。下列哪一说法准确体现了公平正义的有关要求？（2011/3/1-单）

A. 《退款协议书》虽是当事人真实意思表示，但为兼顾情理，法院应当依据购房人的要求变更该协议，由甲公司支付利息和违约金

B. 《退款协议书》是甲公司胁迫乙、丙等人订立的，为确保合法合理，法院应当依据购房人的要求宣告该协议无效，由甲公司支付利息和违约金

C. 《退款协议书》的订立显失公平，为保护购房人的利益，法院应当依据购房人的要求撤销该协议，由甲公司支付利息和违约金

D. 《退款协议书》损害社会公共利益，为确保利益均衡，法院应当依据购房人的要求撤销该协议，由甲公司支付利息和违约金

考点 意思表示不真实

解析 题目中已经明确乙、丙等购房人"无奈"与甲公司签订《退款协议书》，其意思表示并不真实。故 A 项不选。

题目中并不存在甲公司对乙、丙等购房人心理威胁、身体强制的情节。故 B 项不选。

对于《退款协议书》的订立,甲公司利用了房价疯涨所带来的经济地位优势,且《退款协议书》中权利、义务显著失衡,构成显失公平。故 C 项选。

乙、丙等近百人的合同利益,具有特定性与特殊性,不构成社会公共利益。故 D 项不选。

答案 C

评论

本题将四个考点合并考查,但是这四个考点均属于法律行为效力的制度范畴,且采取直接考查的方式,无需分析法律关系,故难度不大。

本题的启迪意义在于,"显失公平"并不是"明显不公平",而是"因双方地位不对等所导致的明显的不公平"。

需要注意的是,本题的考查方式是社会主义法治理念在民事案件中的适用,思考方法是将其理解为"选对题",即"以下说法何者正确"。

五、法律行为的无效

(一)法律行为的无效事由

54. 甲把自家的传家玉石卖给乙,合同约定,甲有权在 2 年内以原价的 120% 买回,如果乙将玉石出质或出卖,合同失效。后乙在 1 年后将玉石高价卖给了丙,丙对甲、乙的上述约定知情。对此,下列说法正确的是:(2021-回忆版-单)

A. 乙、丙的合同严重损害了甲的利益,合同无效

B. 乙、丙的合同效力待定

C. 乙、丙的合同有效

D. 丙取得玉石所有权

考点 恶意串通的认定、善意取得的构成

解析 构成恶意串通的要件有二:①交易双方都知道或应当知道其交易会损害第三人的利益;②交易的过程具有有不正常性。在本题中,乙将甲让与担保的财产转卖给知情的丙,构成了恶意串通的第一个要件,但本题却没有恶意串通的"交易不正常"的表述,故不构成恶意串通,A 项不选。

甲、乙的交易为让与担保,故玉石真正的所有权人是甲。相应地,乙出卖玉石给丙的行为属于无权处分。无权处分中效力待定的是交付、登记行为,债权合同依然有效,故 B 项不选,C 项选。

因丙对甲、乙让与担保之事知情,故不能善意取得,D 项不选。

答案 C

评论

本题将两个考点合并考查,具有一定的综合性,但这两个考点密切联系,故跨度不大,本题的难度也不大。

55. 甲公司欠乙、丙公司借款到期未还,甲公司有房和古董花瓶可抵押。一天,乙公司的法定代表人拿着礼物找到甲公司,对其说:"贵公司的东西只够偿还我公司的借款,不如我们签订抵押合同。"于是甲公司与乙公司签订了抵押合同,但未办理抵押登记。对此,下列说法正确的有:(2019-回忆版-多)

A. 丙公司可主张抵押合同无效

B. 乙公司不享有抵押权

C. 丙公司可以主张撤销抵押合同

D. 抵押合同不成立

考点 恶意串通订立的合同

解析 本题中,在甲公司的财产不足以偿还乙、丙公司债务的情况下,乙公司与甲公司订立抵押合同的行为旨在使乙公司获得优先于丙公司的受偿地位,即乙公司、甲公司通谋损害丙公司的利益,构成恶意串通,抵押合同无效。故 A 项选。

在我国民法中，抵押合同无效的，无论抵押权是否登记，抵押权均不设立。故 B 项选。

恶意串通是无效事由，而非可撤销事由。故 C 项不选。

合同的有效、无效均以合同的成立为前提。故 D 项不选。

答案 AB

评论

　　本题只考查恶意串通的认定一个考点，但是要求考生从案件法律关系中对概念加以认定，对考生的概念掌握的精确性和法律关系的分析能力均有较高要求，具有一定难度。

（二）法律行为无效的后果

56. 甲隐瞒了其所购别墅内曾发生恶性刑事案件的事实，以明显低于市场价的价格将其转卖给乙；乙在不知情的情况下，放弃他人以市场价出售的别墅，购买了甲的别墅。几个月后乙获悉实情，向法院申请撤销合同。关于本案，下列哪些说法是正确的？（2016/3/59-多）

A. 乙须在得知实情后 1 年内申请法院撤销合同

B. 如合同被撤销，甲须赔偿乙在订立及履行合同过程当中支付的各种必要费用

C. 如合同被撤销，乙有权要求甲赔偿主张撤销时别墅价格与此前订立合同时别墅价格的差价损失

D. 合同撤销后乙须向甲支付合同撤销前别墅的使用费

考点 可撤销合同及合同无效的后果

解析 甲对乙隐瞒房屋"凶宅"的事实，构成欺诈。根据《民法典》第 152 条第 1 款第 1 项的规定，乙有权在知道或应当知道实情之日起 1 年内，以起诉或仲裁的方式，撤销该合同。故 A 项正确，选。

合同被撤销后，乙的缔约费用即为"因合同无效而造成的损失"。根据《民法典》第 157 条的规定，合同无效或者被撤销后，有过错的一方应当赔偿对方因此所受到的损失。因甲对合同被撤销具有全部过错，所以应赔偿乙的损失。故 B 项正确，选。

合同被撤销后，乙另行购买别墅所支出的差价也为"因合同无效而造成的损失"，甲应予赔偿。故 C 项正确，选。

根据《民法典》第 157 条的规定，合同无效或者被撤销后，因该合同取得的财产，应当予以返还；不能返还或者没有必要返还的，应当折价补偿。据此，乙向甲支付使用费，即属于"折价补偿"。故 D 项正确，选。

答案 ABCD

评论

　　本题以一个考点为考查对象，具有单一性。本题的考查方法是"以案情考考点"，要求考生具备从案情联想考点、将考点运用于案情的双向法律思维能力。

　　本题需要说明的是 D 项。根据《九民纪要》第 34 点的规定，标的物与价款的相互返还，不计标的物的使用费，也不计价款的利息。换言之，一方的使用费与对方的利息相互抵销。但是，因本题 D 项只提及房屋使用费的返还问题，而未提及价金利息的返还问题，所以抵销无从谈起。故 D 项应当选。

57. 甲、乙双方签订买卖合同，合同约定甲出售给乙机器设备一台，价格为 1000 万元，机器设备交付后 3 个月付款。甲交付机器设备后，乙支付了价款。后该合同因甲的欺诈行为被撤销。对此，下列哪些说法是正确的？（2020-回忆版-多）

A. 甲因缔约过失责任而负有赔偿义务

B. 合同被撤销后，双方的返还请求可适用同

时履行抗辩权

C. 设备返还之前，毁损、灭失的风险由占有人乙承担

D. 若甲不向乙返还价金，乙可对设备行使留置权

考点 法律行为无效的后果

解析 根据《民法典》第157条的规定，民事法律行为无效后，有过错的一方应当赔偿对方因此所受到的损失。该项过错赔偿责任，在民法理论上属于缔约过失责任。故A项选。

根据《九民纪要》第34点的规定，双务合同不成立、无效或者被撤销时，标的物返还与价款返还互为对待给付，双方应当同时返还。故B项选。

本题C项是说，倘若在乙返还机器设备之前，该设备毁损、灭失，则乙无权请求甲返还价金。根据《九民纪要》第33点的规定，法律行为无效，且在标的物已经灭失、转售他人或者其他无法返还的情况下，当事人主张折价补偿的，人民法院依法予以支持。折价时，应当以当事人交易时约定的价款为基础，同时考虑当事人在标的物灭失或者转售时的获益情况综合确定补偿标准，在当事人之间合理分配或者分担。由此可见，在法律行为无效情况下，标的物发生风险的后果并非由一方承担损失，而是由双方分担损失。故C项不选。

在法律行为无效的情况下，纵然动产已经交付、不动产已经登记的，物权也不变动。故本题中，甲、乙之间的合同被撤销后，甲所交付给乙的机器设备是甲的，又由于价款的支付与标的物的返还具有对待给付性，即具有同一性，所以甲不返还价款，乙有权留置机器设备。故D项选。

答案 ABD

评论

本题以《九民纪要》为考查内容，主要针对法律行为无效之"财产返还"这一后果，在《九民纪要》"对待给付"规定的基础上推进式设问，对考生的基本知识、逻辑推演能力具有较高要求。

代　理

一、代理的含义

58. 下列哪一情形构成无权代理？（2009/3/4-单）

A. 甲冒用乙的姓名从某杂志社领取乙的论文稿酬据为己有

B. 某公司董事长超越权限以本公司名义为他人提供担保

C. 刘某受同学周某之托冒充丁某参加求职面试

D. 关某代收某推销员谎称关某的邻居李某订购的保健品并代为付款

考点 代理的概念与特征

解析 A 项中，甲冒用乙之名，不构成代理。在显名代理中，代理人以被代理人名义实施代理行为时，只是向相对人表明自己是为被代理人办事，而非冒称自己就是被代理人。故 A 项不选。

B 项中，董事长作为公司的法定代表人，以公司名义实施民事行为为代表行为，不构成代理。故 B 项不选。

C 项中，刘某冒用他人名义，不是代理，已如前述。同时，面试行为本身为具有人身专属性的行为，也不可能通过代理实施。故 C 项不选。

D 项中，邻居李某为被代理人，推销员为相对人，关某即为代理人，其并不享有代理权，构成无权代理。故 D 项选。

答案 D

评论
　　本题只考查一个考点，为单一考查题，故较为简单。
　　本题的启迪意义在于 A、C 项，即"以他人名义"构成代理，"冒用他人名义"则不构成代理。

二、代理权

（一）代理权的产生

59. 甲公司与 15 周岁的网络奇才陈某签订委托合同，授权陈某为甲公司购买价值不超过 50 万元的软件。陈某的父母知道后，明确表示反对。关于委托合同和代理权授予的效力，下列哪一表述是正确的？（2015/3/4-单）

A. 均无效，因陈某的父母拒绝追认

B. 均有效，因委托合同仅需简单智力投入，不会损害陈某的利益，其父母是否追认并不重要

C. 是否有效，需确认陈某的真实意思，其父母拒绝追认，甲公司可向法院起诉请求确认委托合同的效力

D. 委托合同因陈某的父母不追认而无效，但代理权授予是单方法律行为，无需追认即有效

考点 委托代理权的产生依据

解析 本题中，甲公司与陈某之间存在两个行为：①甲公司与陈某之间订立了委托合同，此为双方民事行为。因委托合同中存在陈某的意思表示，陈某的父母有权对其表示追认或者拒绝。②甲公司向陈某进行了代理授权，此为甲公司的单方行为。因授权行为中不存在陈某的意思表示，陈某的父母无权对其表示追认或者拒绝。故 A 项错误，不选；D 项正确，选。

委托合同并非使陈某纯获利益的合同，陈某订立该合同，需要有与之相适应的民事行为能力。购买 50 万元的软件超越了陈某的行为能力，所以该合同的效力需要陈某父母的追认。故 B 项错误，不选。

行为人超越民事行为能力，意味着行为人不具有作出意思表示的资格，所以讨论其意思表示是否真实没有意义。故 C 项错误，不选。

答案 D

评论
本题仅仅考查一个考点，且为理论题。在考法上，题目并未采取直接考查的方法，而是以"监护人追认的对象"为角度来考查考点，构思巧妙。因而，本题在考查考生的法律知识掌握程度的同时，也考查考生的法律思维能力。

（二）代理权的滥用

60. 甲委托乙出卖红木，乙同时联系了丙和丁。丙出价 500 万元，丁出价 400 万元，但约定给乙 50 万元回扣。乙告诉甲现在行情不好，应及时卖出红木，甲同意，乙与丁签订了价格为 350 万元的合同。甲后来得知此事。下列说法正确的有：（2021-回忆版-多）

A. 红木买卖合同有效

B. 红木买卖合同无效

C. 乙构成无权代理

D. 乙和丁对甲的损失承担连带责任

考点 恶意串通

解析 在本题中，乙为收取回扣将红木出卖给出价较低的丁，其行为构成恶意串通。根据《民法典》第 154 条的规定，行为人与相对人恶意串通，损害他人合法权益的民事法律行为无效。故 A 项不选，B 项选。

在本题中，乙以 350 万元的价格将红木出卖给丁，并未逾越代理权限，故不构成无权代理，C 项不选。

根据《民法典》第 164 条第 2 款的规定，代理人和相对人恶意串通，损害被代理人合法权益的，代理人和相对人应当承担连带责任。故 D 项选。

答案 BD

评论
本题将与恶意串通相联系的两个考点合并考查，具有一定的综合性，但上述考点均较为简单，故难度不大。

本题的启迪意义在于：

（1）恶意串通的构成，不仅需要以交易双方知道或应当知道其交易损害第三人利益为条件，而且要求该交易具有不正常性，如本题中的"回扣""与出价较低者成交"。

（2）在我国民法上，恶意串通所涉及的法律问题有两点：①恶意串通的法律行为无效；②恶意串通的代理行为，代理人和相对人需对被代理人损害承担连带赔偿责任。

三、无权代理

（一）无权代理的界定

61. 甲、乙两人为夫妻，结婚后买了一套房屋，但登记在甲的名下。后两人离婚，妻子乙欲提起析产之诉。甲与其情妇丙伪造结婚

证，欲将房屋卖给孙某，告知孙某该房为夫妻共有，且丙冒充乙表示同意卖房，并向孙某办理了过户登记手续。对此，下列哪一说法是正确的？（2019-回忆版-单）

A. 甲构成表见代理
B. 甲构成无权处分
C. 甲、丙与孙某的房屋买卖合同无效
D. 孙某可取得该房屋的所有权

考点 无权代理与无权处分

解析 本题中，甲以乙的名义将房屋出卖给孙某，即甲代乙向孙某表示同意卖房，构成无权代理。在此基础上，甲是否构成表见代理，要判断是否存在表见事由。因伪造的证书不可构成表见事由，甲不构成表见代理。故 A 项不选。

本题中，甲擅自处分甲、乙共有的房屋，构成无权处分。故 B 项选。

无论是无权代理，还是无权处分，均不影响买卖合同的债权效力。故 C 项不选。

善意取得以第三人善意为必要，而第三人构成善意的条件有二：①不知处分人为无权处分；②基于处分人占有动产、登记不动产的外观，相信处分人为有权处分。本题中，甲已经向孙某说明该房屋系夫妻共有，孙某不可能仅凭房屋登记在甲的名下即相信甲是有权处分，所以孙某不符合善意取得的条件，不能善意取得。在此基础上，又因为甲不构成表见代理，孙某也不能基于表见代理取得该房屋的所有权。故 D 项不选。

答案 B

评论

本题将无权代理与无权处分合并考查，具有较强的综合性，且对考生的法律关系分析能力要求较高。

本题的启迪意义在于，无权处分的判断角度是"无处分权，而擅自处分他人财产"；无权代理的判断角度是"无代理权，而擅自以他人名义"。在既构成无权处分、又构成无权代理，且权利人（被代理人）

未追认的情况下，受让人要取得财产权利，途径有二：或是基于善意取得，或是基于表见代理。

（二）狭义无权代理

62. 甲出差云南时正值松茸季，于是，甲以公司名义和乙商家以公司优惠价买到了松茸，准备卖给客户赚差价。但在写寄送地址时，甲不小心写成了公司地址，松茸寄到了公司。公司知晓实情后，准备将松茸拿来做福利发给员工，但甲不愿意。关于本案，下列哪些说法是正确的？（2022-回忆版-多）

A. 甲有权请求公司返还松茸
B. 甲有权请求公司支付松茸价款
C. 乙商家可以甲欺诈为由撤销松茸买卖合同
D. 甲属于无权代理，松茸买卖合同效力待定

考点 狭义无权代理的构成与效力

解析 本题中并无"公司委托甲购买松茸"的表述，故甲以公司名义与乙商家订立松茸买卖合同的行为的性质为无权代理。本题中亦未出现"可以使乙商家相信甲为有权代理"的表见事由，故甲构成狭义无权代理。《民法典》第171 条第 1 款规定："行为人没有代理权、超越代理权或者代理权终止后，仍然实施代理行为，未经被代理人追认的，对被代理人不发生效力。"据此，本题中"公司知晓实情后，准备将松茸拿来做福利发给员工"之表述，意味着公司对甲的狭义无权代理行为予以追认，故由公司承担该松茸买卖合同的法律后果，即取得松茸的所有权。相应地，甲无权请求公司返还松茸，A 项不选。

公司既然追认甲的狭义无权代理行为，则应支付购买松茸的价款。因甲已经将价款支付予乙商家，故甲有权请求公司向自己返还价款，B 项选。

从本题的案情可知，甲购买松茸时对乙商家谎称自己享有公司的代理权，即对乙商家实施了"代理权欺骗"，但是合同当事人一方对

他方就行为能力、处分权、代理权上的欺骗并不构成欺诈，也不会导致合同可撤销的后果，C项不选。

如上所述，甲以公司名义与乙商家订立松茸买卖合同的行为的性质为无权代理。根据"狭义无权代理，效力待定"的理论判断，D项选。

答案 BD

评论

> 本题将两个考点合并考查，具有一定的综合性，但两个考点均属于同一法律制度，故又较为简单。
>
> 本题需要注意的是，"狭义无权代理，效力待定"之理论判断精确的含义是"狭义无权代理约束谁，效力待定"，即若被代理人（公司）表示追认，约束被代理人（公司）与相对人（乙）；若被代理人（公司）表示拒绝，则约束行为人（甲）与相对人（乙）。因此，不可将"狭义无权代理，效力待定"理解为"狭义无权代理有无约束力，效力待定"。

63. 甲用伪造的乙公司公章，以乙公司名义与不知情的丙公司签订食用油买卖合同，以次充好，将劣质食用油卖给丙公司。合同没有约定仲裁条款。关于该合同，下列哪一表述是正确的？（2013/3/4-单）

A. 如乙公司追认，则丙公司有权通知乙公司撤销

B. 如乙公司追认，则丙公司有权请求法院撤销

C. 无论乙公司是否追认，丙公司均有权通知乙公司撤销

D. 无论乙公司是否追认，丙公司均有权要求乙公司履行

考点 狭义无权代理与欺诈

解析 本题中，甲的行为构成狭义无权代理，相对人丙公司享有催告权与撤销权。在此基础上，根据《民法典》第171条第2款的规定，

狭义无权代理的相对人的撤销权行使条件有二：①相对人无过错；②被代理人未追认。狭义无权代理的相对人的撤销权的行使方式为单方通知。据此，本题中，一旦被代理人乙公司追认，丙公司即不得再行使相对人的撤销权。故A、C项错误，不选。

本题中，甲的行为还构成对丙公司的欺诈，丙公司享有被欺诈人的撤销权。根据《民法典》第148条的规定，被欺诈人的撤销权的行使方式为提起诉讼或申请仲裁。故B项正确，选。

《民法典》第171条第1款规定："行为人没有代理权、超越代理权或者代理权终止后，仍然实施代理行为，未经被代理人追认的，对被代理人不发生效力。"据此，D项错误，不选。

答案 B

评论

> 本题将狭义无权代理中相对人的撤销权与被欺诈人的撤销权合并考查，具有较强的综合性，对于考生知识的掌握及逻辑思维能力有较高要求，故具有一定难度。

（三）表见代理

64. 甲是某个人独资企业的老板。企业成立后，甲聘用了秦某做管理人，双方约定秦某仅在50万元的交易额范围内有权签订合同。后秦某未经甲同意，与乙签订了一份80万元交易额的合同，且以该独资企业的厂房作抵押，并办理了登记手续。关于本案，以下说法正确的有：（2022-回忆版-多）

A. 买卖合同有效

B. 抵押合同无效

C. 甲可以解聘秦某

D. 若乙对厂房主张优先受偿，甲无权拒绝

考点 表见代理、委托合同、无权处分

解析 本题中，甲与秦某之间的关系为委托合同关系，秦某为甲的代理人。秦某与乙订立买卖合同、抵押合同的行为，因超越了甲对秦某

的授权权限，故构成无权代理。在此基础上，因秦某具有"企业管理人"的职务，该职务可使乙相信秦某具有订立相关合同的权限，故构成表见事由，进而秦某的行为构成表见代理。根据"表见代理有效"的理论判断，A 项选。

本题中，秦某将厂房抵押给乙的行为，具有双重性质：①构成表见代理；②构成无权处分。从表见代理以观，根据"表见代理有效"的理论判断，B 项不选；从无权处分以观，不动产抵押合同具有债权效力，根据"无权处分的债权合同有效"的理论判断，B 项也不选。

甲与秦某之间为委托合同关系，根据《民法典》第 933 条的规定，委托人或者受托人可以随时解除委托合同，C 项选。

如前所述，秦某将厂房抵押给乙的行为具有表见代理和无权处分的双重性质。从表见代理以观，秦某的抵押行为（包括订立抵押合同、办理抵押登记）的法律后果应由甲承担，故乙可基于秦某的表见代理取得抵押权。从无权处分以观，乙取得抵押权的途径有二：或是基于甲追认，或是基于善意取得。本题中，甲并未追认，而题目中也无"该厂房登记在秦某名下"之案情，故乙无法通过善意取得享有抵押权。综上，因乙可凭表见代理取得抵押权，D 项选。

答案 ACD

评论

本题将三个考点合并考查，综合性较强，且考查了法律关系的分析能力，具有一定难度。

本题的启迪意义有二：

（1）因不动产抵押合同、动产质押合同与买卖合同相同，均属于"债权合同"，故"无权处分的债权合同有效"之判断不仅可适用于买卖合同，也可适用于不动产抵押合同、动产质押合同等情形。

（2）在合同一方当事人既构成无权代理、又构成无权处分的情况下，相对人基

于无权代理取得物权的途径，包括①被代理人追认和②行为人构成表见代理两种；相对人基于无权处分取得物权的途径，包括①权利人追认和②善意取得两种。因此，相对人通过上述任一条途径，均可取得物权。

65. 甲原为某烟草公司的销售经理，但后被开除。后甲得到一些熊猫牌香烟，遂以烟草公司的名义将其出卖给乙，乙查看授权书后即与甲签订烟草买卖合同。后查明该授权书上的章为假章。关于本案，下列哪些说法是正确的？（2020-回忆版-多）

A. 如烟草公司拒绝追认，则该买卖合同无效

B. 烟草公司追认前，乙可以通知甲撤销该买卖合同

C. 烟草公司拒绝追认，则乙可以要求甲履行合同

D. 烟草公司无权拒绝追认，因为乙为善意

考点 狭义无权代理

解析 在本题中，甲所持的授权书系伪造，不构成表见事由，且本题中也不存在其他表见事由，所以甲的行为构成狭义无权代理。在狭义无权代理中，烟草公司拒绝的后果是烟草公司不承担法律后果，即"代理行为"无效，而非"买卖合同"无效。故 A 项不选。

在狭义无权代理中，被代理人未追认，且相对人无过错的，相对人有权以通知方式撤销其与无权代理人之间的合同。故 B 项选。

在狭义无权代理中，被代理人拒绝的，善意的相对人可请求无权代理行为人履行合同债务。故 C 项选。

在狭义无权代理中，被代理人的追认、拒绝权不以相对人善意与否为要件。反之，只有构成表见代理的，被代理人才无权拒绝。而要构成表见代理，仅凭相对人"不知无权代理"的心态是不够的，其还需相对人"相信有权代理"，而后者又需要以表见事由的存在为前提。

因本题中不存在表见事由，所以不构成表见代理。故 D 项不选。

答案 BC

✎ 评 论

　　本题立足于狭义无权代理与表见代理的区分，考查狭义无权代理的法律后果，

考查范围均属于基本考点，难度不大。

　　本题的启迪意义在于，业务经理辞职后与他人订立合同的，只有在相对人基于交易习惯相信业务经理仍有代理权的情况下，方才构成表见代理。

11 专题 诉讼时效

一、诉讼时效的适用范围

66. 甲将一辆油罐车擅自停在邻居乙的院子里，还把乙没上锁的自行车骑走了。3 年后，乙欲采取的下列措施中，哪些措施甲可以时效经过为由主张抗辩？（2020-回忆版-多）

A. 赔偿损害　　　　　B. 消除危险
C. 返还财物　　　　　D. 停止侵害

考点 诉讼时效的适用范围

解析 赔偿损失请求权为一般的债权请求权，适用诉讼时效的规定。故 A 项选。

　　根据《民法典》第 196 条第 1 项的规定，消除危险、停止侵害请求权不适用诉讼时效的规定。故 B、D 项不选。

　　根据《民法典》第 196 条第 2 项的规定，不动产物权和登记的动产物权的权利人的返还财产请求权，不适用诉讼时效的规定。对这一规定作相反解释，则未经登记的动产物权人的返还原物请求权应适用诉讼时效的规定。本题中，乙请求甲返还自行车，即在此列。故 C 项选。

答案 AC

✎ 评 论

　　本题只考查一个考点，为单一考查题，且采取直接考查的方式，知道考点即可作答，没有难度。

二、诉讼时效的起算

67. 2014 年 10 月 5 日，甲借给乙 30 万元，

约定乙应于 2015 年 10 月 5 日、2016 年 10 月 5 日、2017 年 10 月 5 日分三次还清借款。乙从未如约还款，甲也没有过问。及至 2020 年 10 月 1 日，甲请求乙履行第三期还款义务。2020 年 10 月 10 日，乙答复称现在已经届满诉讼时效。关于本案，下列哪一说法是正确的？（2020-回忆版-单）

A. 甲的第一笔债权已经届满诉讼时效
B. 甲的第二笔债权已经届满诉讼时效
C. 甲的第三笔债权已经届满诉讼时效
D. 甲的债权并未届满诉讼时效

考点 诉讼时效的起算与中断

解析《民法典》第 189 条规定："当事人约定同一债务分期履行的，诉讼时效期间自最后一期履行期限届满之日起计算。"据此，本题中，甲对乙的 30 万元债权的诉讼时效起算点为 2017 年 10 月 6 日。因本题适用普通诉讼时效，所以甲于 2020 年 10 月 1 日向乙提出请求时，诉讼时效尚未届满。进而，《最高人民法院关于审理民事案件适用诉讼时效制度若干问题的规定》第 9 条规定："权利人对同一债权中的部分债权主张权利，诉讼时效中断的效力及于剩余债权，但权利人明确表示放弃剩余债权的情形除外。"据此，尽管甲于 2020 年 10 月 1 日请求乙履行第三笔债务，但中断的效力及于前两笔债务。因此，甲的全部债权均于 2020 年 10 月 2 日重新计算，所以并未届满诉讼时效。故 D 项选，其他项不选。

答案 D

四、诉讼时效的中断

69. 关于诉讼时效中断的表述，下列哪一选项是正确的？（2011/3/5-单）

A. 甲欠乙 10 万元到期未还，乙要求甲先清偿 8 万元。乙的行为，仅导致 8 万元债务诉讼时效中断

B. 甲和乙对丙因共同侵权而需承担连带赔偿责任计 10 万元，丙要求甲承担 8 万元。丙的行为，导致甲和乙对丙负担的连带债务诉讼时效均中断

C. 乙欠甲 8 万元，丙欠乙 10 万元，甲对丙提起代位权诉讼。甲的行为，不会导致丙对乙的债务诉讼时效中断

D. 乙欠甲 10 万元，甲将该债权转让给丙。自甲与丙签订债权转让协议之日起，乙的 10 万元债务诉讼时效中断

考点 诉讼时效的中断

解析 权利人对部分债权主张权利，未明确表示放弃剩余债权的，诉讼时效中断的效力及于剩余债权。故 A 项不选。

对连带债务人中的一人发生中断效力的事由，对其他连带债务人也发生诉讼时效中断的效力。故 B 项选。

债权人提起代位权诉讼的，对债权人的债权和债务人的债权均发生中断效力。故 C 项不选。

债权转让的，诉讼时效从债权转让通知到达债务人之日起中断。故 D 项不选。

答案 B

📝 评 论

    本题将四个考点合并考查，具有一定的综合性。本题所考查的考点均属于诉讼时效中断制度的范畴，故跨度不大。本题采用直接考查的方式，难度也不大。

📝 评 论

    本题将两个考点合并考查，具有一定的综合性，但均属于诉讼时效范畴，跨度不大。本题对考生的逻辑分析能力具有一定的要求。

三、诉讼时效期间届满的法律后果

68. 某公司因合同纠纷的诉讼时效问题咨询律师。关于律师的答复，下列哪些选项是正确的？（2010/3/52-多）

A. 当事人不得违反法律规定，约定延长或者缩短诉讼时效期间、预先放弃诉讼时效利益

B. 当事人约定同一债务分期履行的，诉讼时效期间从最后一期履行期限届满之日起计算

C. 当事人在一审期间未提出诉讼时效抗辩的，二审期间不能提出该抗辩

D. 诉讼时效届满，当事人一方向对方当事人作出同意履行义务意思表示的，不得再以时效届满为由进行抗辩

考点 诉讼时效的起算与期间届满法律后果

解析 诉讼时效制度为强行法制度，当事人不得以约定排斥或变更这一制度的适用。故 A 项选。

分期履行的债务，自最后一期履行期限届满之日起计算诉讼时效。故 B 项选。

当事人在一审中未提出诉讼时效抗辩，在二审中提出的，原则上不予支持。但是二审中有新的证据证明诉讼时效期间已经届满的除外。故 C 项不选。

诉讼时效届满，债务人同意履行债务，或履行债务的，不得反悔。故 D 项选。

答案 ABD

📝 评 论

    本题将四个考点合并考查，具有一定综合性，但是所考查的考点均属于诉讼时效制度的范畴，故跨度不大。本题采用直

第5讲 无因管理与不当得利

一、无因管理的构成

70. 甲在某超市购物时遗失手机，乙拾得手机后，觉得甲此前反复捏水果的行为不道德，不愿直接将手机还给甲，而是将其放在了超市失物招领处。超市失物招领处的工作人员丙不小心把丁遗忘的鱼缸打翻了，泡坏了甲的手机。下列哪一选项是正确的？（2021-回忆版-单）

A. 乙构成无因管理

B. 乙构成拾得遗失物

C. 乙和丙构成共同侵权

D. 丙和丁构成共同侵权

[考点] 无因管理与拾得遗失物

[解析] 通常，拾得遗失物后，拾得人实施了返还遗失物之行为的，即构成无因管理。但是，本题中"不愿直接将手机还给甲，而是将其放在了超市失物招领处"的案情，则表明乙的行为与无因管理的要件不符。因为无因管理中的管理人需承担"适当管理义务"，即选择最有利于被管理人的方案实施管理。对于本题而言，"直接将手机还给甲"与"放在了超市失物招领处"二者之间，前者才是最有利于甲的方案。就此来看，本题不构成无因管理，但依然构成拾得遗失物，故A项不选，B项选。

在本题中，对于甲的手机被鱼缸泡坏所造成的损失，过错在于超市失物招领处工作人员丙，乙和丁均无过错，故不构成共同侵权，C、D项不选。

[答案] B

✍ 评论

　　本题需要分析法律关系，并要求考生对无因管理、拾得遗失物的要件精准把握，同时还突破了"拾得遗失物返还，即构成无因管理"的通常考法，具有一定难度。

71. 甲委托乙前往丙厂采购男装，乙觉得丙生产的女装市场看好，便自作主张以甲的名义向丙订购。丙未问乙的代理权限，便与之订立了买卖合同。对此，下列哪些说法是正确的？（2005/3/53-多）

A. 甲有追认权

B. 丙有催告权

C. 丙有撤销权

D. 构成表见代理

[考点] 无因管理与无权代理

[解析] 本题中，乙实施无权代理行为，从乙的角度来看，是为了甲的利益；但是从一般社会观念来看，"甲需要女装"这一利益不能得到认同。因此，乙的行为不构成无因管理，仍属于无权代理。由于本题不存在表见事由，不构

成表见代理。故 D 项不选。

根据狭义无权代理的权利配置，被代理人甲有权追认。故 A 项选。

又由于丙不知乙为无权代理，丙享有催告权与撤销权。故 B、C 项选。

答案 ABC

评论

　　本题只考查一个考点，为单一考查题。本题无需法律关系的分析，较为简单。

　　本题的启迪意义在于，为他人之利益对他人实施无权代理，除在特殊情况下可以看出该法律行为的确有利于本人外，根据私法自治原则，是否实施该法律行为均需由本人决定，故一般不能构成无因管理。

---

72. 甲正在市场卖鱼，突闻其父病危，急忙离去，邻摊菜贩乙见状遂自作主张代为叫卖，以比甲原每斤 10 元高出 5 元的价格卖出鲜鱼 200 斤，并将多卖的 1000 元收入自己囊中，后乙因急赴喜宴将余下的 100 斤鱼以每斤 3 元卖出。下列哪些选项是正确的？（2007/3/53-多）

A. 乙的行为构成无因管理

B. 乙收取多卖 1000 元构成不当得利

C. 乙低价销售 100 斤鱼构成不当管理，应承担赔偿责任

D. 乙可以要求甲支付一定报酬

考点 无因管理与无权代理

解析 乙自作主张代甲叫卖，在构成无权代理的同时具有为甲利益的考量，且甲的利益能够获得一般社会观念的认同，所以乙的行为构成无因管理。故 A 项选。

乙多收取的 1000 元为出卖甲的货物之所得，构成不当得利。故 B 项选。

乙管理甲的事务，应当选择有利于甲的管理方案。甲原先既然是以每斤 10 元的价格出卖，那么乙代甲叫卖的价格就不应低于甲原来

的卖价；否则，即违反适当管理义务，构成不当管理。故 C 项选。

无因管理之债中，不包括报酬请求权。故 D 项不选。

答案 ABC

评论

　　本题将四个考点合并考查，具有一定的综合性，且涉及无因管理和不当得利两个领域，有一定跨度，但是采取直接考查的方法，故难度不大。

　　本题的启迪意义在于，为他人之利益对他人实施无权代理，在特定情况下可以看出该法律行为的确有利于本人的，可以构成无因管理。

二、无因管理的后果

73. 刘某承包西瓜园，收获季节突然病故。好友刁某因联系不上刘某家人，便主动为刘某办理后事和照看西瓜园，并将西瓜卖出，获益 5 万元。其中，办理后事花费 1 万元、摘卖西瓜雇工费以及其他必要费用共 5000 元。刁某认为自己应得劳务费 5000 元。关于刁某的行为，下列哪一说法是正确的？（2011/3/20-单）

A. 5 万元属于不当得利

B. 应向刘某家人给付 3 万元

C. 应向刘某家人给付 4 万元

D. 应向刘某家人给付 3.5 万元

考点 无因管理与不当得利

解析 刁某出卖刘某西瓜所得的 5 万元，为出卖他人财产所得，构成不当得利，应予返还。故 A 项虽然正确，但是表述不够完整，不选。

刁某实施无因管理所支出的费用，可从应予返还的 5 万元不当得利中扣除，包括为刘某办理后事的 1 万元、摘卖西瓜雇工费以及其他必要费用 5000 元。至于刁某认为自己应得劳务费 5000 元，不属于无因管理之债的内容。综

上，刁某应向刘某的家人返还 3.5 万元。故 D 项选。

答案 D

评论

本题将两个考点合并考查，具有一定的综合性，且横跨无因管理和不当得利两个领域，需要分析法律关系，故具有一定的难度。

本题的启迪意义在于，无因管理中的行为有可能构成不当得利。此时，管理人（得利人）的费用返还请求权与不当得利返还义务相互抵销。

74. 3 岁的小明在三楼自家阳台玩耍，爬防护栏时不慎踩空，头卡在防护栏上。14 岁的小强正好路过，见状通过二楼空调围栏爬到三楼，为避免小明窒息，托举小明至其被解救。期间，小强手臂被划伤，二楼空调围栏被踩坏。关于本案，下列说法正确的是：(2022-回忆版-单)

A. 小强的救助行为应经过监护人同意

B. 小强的父母应对空调围栏所有人承担赔偿责任

C. 小明的父母未尽到监护职责，应对空调围栏所有人承担相应责任

D. 小明的父母应对小强进行合理补偿

考点 法定代理权的适用范围、紧急避险的法律后果、无因管理

解析《民法典》第 19 条规定："8 周岁以上的未成年人为限制民事行为能力人，实施民事法律行为由其法定代理人代理或者经其法定代理人同意、追认；但是，可以独立实施纯获利益的民事法律行为或者与其年龄、智力相适应的民事法律行为。"据此，只有限制民事行为能力人独立实施其不能理解的"民事法律行为"（如与他人订立较为重大的合同），方才需要监护人的同意。本题中，小强所实施的救助行为

属于"事实行为"，其之实施在法律上无需监护人同意，即可发生相应的法律后果，A 项不选。

本题中，小强所实施的救助行为导致他人空调围栏被破坏，构成紧急避险。《民法典》第 182 条第 1 款规定："因紧急避险造成损害的，由引起险情发生的人承担民事责任。"据此，围栏的损失应由小明的父母承担赔偿责任，B 项不选。

通过上述分析可知，小明的父母无论是否尽到监护职责，均应基于紧急避险规则对空调围栏损失承担全部赔偿责任，而非"相应责任"，C 项不选。

本题中，小强所实施的救助行为还构成无因管理，故小强手臂的划伤属于因无因管理所遭受的损失。根据《民法典》第 979 条第 1 款"管理人因管理事务受到损失的，可以请求受益人给予适当补偿"之规定，小明的父母应当给予小强适当补偿，D 项选。

答案 D

评论

本题将分属于不同法律制度的三个考点合并考查，且以"一个救助行为具有双重属性"为考法，涉及法律关系的分析，具有一定难度。

本题的启迪意义在于：

（1）"不具有完全民事行为能力人实施某种具有法律意义的行为，是否需要其监护人同意"的问题，本质是"该行为发生相应法律后果，是否以监护人的同意为要件"的问题，故不可将"生活层面"上的同意与"法律层面"上的同意相混淆。

（2）《民法典》第 1188 条所规定的被监护人承担责任的规则是：被监护人有财产的，以其财产承担责任；被监护人没有财产或财产不足以承担责任的，监护人根据自己的过错承担责任。在题目中未明确被监护人是否具有可赔偿的财产时，推定其没有财产，即由监护人承担责任。

75. 外卖员张某在送外卖的时候遇到李某跳江自杀，于是张某将自己的手机交给路人王某后奋不顾身跳入 10 米深的江里。在施救过程中，张某背部受伤，且因压制李某反抗导致李某手臂被拉伤。另外，王某围观时太过紧张，不慎将张某的手机屏幕摔坏。关于本案，下列哪一说法是正确的？（2023-回忆版-单）

A. 李某可就手臂受伤请求张某赔偿

B. 张某可就手机屏幕摔坏向王某主张赔偿

C. 张某可就背部受伤向李某主张补偿

D. 张某可就手机屏幕摔坏向李某主张补偿

[考点] 无因管理中管理人的赔偿责任及遭受损害的救济、无偿合同中的违约责任

[解析] 基于无因管理的无偿性，管理人因故意或重大过失致被管理人损害的，方承担赔偿责任。本题中，张某水中救人，情况紧急中将被救的李某手臂拉伤，并无重大过失，故不负赔偿责任。A 项不选。

张某与王某之间为无偿的手机保管合同关系，王某对所保管手机的毁损具有故意或重大过失的，才承担赔偿责任。本题中，"王某围观时太过紧张"的表述，表明王某并无故意或重大过失，故其对手机的损坏不负赔偿责任。B 项不选。

张某背部的伤为管理人实施无因管理所遭受的损失，其有权请求被管理人李某适当补偿。C 项选。

张某手机屏幕的损坏并非为实施无因管理所遭受的损失，故其不得请求被管理人李某适当补偿。D 项不选。

[答案] C

✏️ 评 论

本题将三个考点合并考查，具有综合

性。本题对考点的考查要求考生准确区分各当事人之间的法律关系，对案件分析能力有一定要求，故具有一定的难度。

76. 某深夜，乙擅自将自己的轿车停在甲的停车位。后甲驾车回来，无法联系到乙，也无其他停车位可供停车，遂致电拖车公司把乙的轿车拖走并支付拖车费 300 元。下列哪些说法是正确的？（2020-回忆版-多）

A. 甲有权请求乙承担缔约过失责任

B. 乙侵害了甲对车位享有的物权

C. 甲有权请求乙支付因拖车造成的损失

D. 乙构成不当得利

[考点] 缔约过失责任、侵权责任、不当得利的构成

[解析] 缔约过失责任需发生在缔约双方之间，而本题中，甲、乙并无缔约关系，所以没有缔约过失责任的产生基础。故 A 项不选。

乙侵占甲的车位，并造成妨害，对甲构成物权侵权。故 B 项选。

甲所支付的拖车费用为乙的侵权行为给甲造成的损失，乙应承担损害赔偿责任。故 C 项选。

乙将自己的轿车停在甲的车位上，乙获得停车利益的同时致甲无法停车，导致其利益受损，所以乙构成不当得利。故 D 项选。

[答案] BCD

✏️ 评 论

本题将《民法典》合同编、侵权责任编的内容合并考查，为综合考查题。但本题所考内容均为概念性考点，故难度不大。

77. 王某有王甲、王乙两个儿子。王某立下

遗嘱，全部财产归王乙所有。王某死后，王乙把继承的一幅名画出卖给张三，所获100万元赠送给王甲。几天后，王某的朋友李某向王乙索要名画，此时王乙才得知，该名画系李某委托王某保管。关于本案，下列哪一说法是正确的？(2023-回忆版-单)

A. 王乙可以适用善意取得制度

B. 李某可以向王甲索要100万元

C. 李某可以向王乙索要100万元

D. 李某可以起诉王乙，主张侵权责任

[考点] 善意取得、不当得利的返还义务人、侵权责任的构成要件

[解析] 善意取得是无权处分受让人的善意取得。本案中，王乙基于继承行为取得名画，不能发生善意取得。A项不选。

本案中，名画并非王某所有，王某死亡后，王乙占有该名画，构成无权占有。王乙将该画出卖后，所得价金构成不当得利。王乙将该不当得利无偿赠送给王甲后，王甲构成"无偿获得不当得利的人"。根据《民法典》第988条"得利人已经将取得的利益无偿转让给第三人的，受损失的人可以请求第三人在相应范围内承担返还义务"的规定，李某有权请求王甲返还该不当得利。B项选。

本案中，王乙出卖名画时不知名画是李某的，故出卖名画所得的价金构成善意不当得利。王乙将该价金赠送给王甲后，构成不当得利的灭失。因王乙为善意不当得利，故不负赔偿责任。C项不选。

在法律未规定适用无过错责任的情况下，侵权责任的承担要以侵权人具有过错为条件。本题中，王乙出卖名画时不知名画是李某的，故无过错，不承担侵权责任。D项不选。

[答案] B

[评论]

本题将四个考点合并考查，具有一定的综合性，也对考生的知识把握能力要求较高。但是，将本题案情与考点对应后，分析并得出结论的难度并不大。

物的分类 专题 14

78. 张某与李某共有一台机器，各占50%份额。双方共同将机器转卖获得10万元，约定张某和李某分别享有6万元和4万元。同时约定该10万元暂存李某账户，由其在3个月后返还给张某6万元。后该账户全部款项均被李某债权人王某申请法院查封并执行，致李某不能按期返还张某款项。下列哪一表述是正确的？（2014/3/6-单）

A. 李某构成违约，张某可请求李某返还5万元

B. 李某构成违约，张某可请求李某返还6万元

C. 李某构成侵权，张某可请求李某返还5万元

D. 李某构成侵权，张某可请求李某返还6万元

考点 共有关系、货币所有权

解析 张某与李某约定，李某3个月后将6万元价款转给张某。现李某不能如约转账，构成违约，张某可请求继续履行合同。故A项错误，不选；B项正确，选。

货币具有"占有即所有"的法律性质，所以李某账户上的10万元均归属于李某。因此，李某不能如约转账并未侵害张某的现金所有权，即不构成侵权。故C、D项错误，不选。

答案 B

✎ 评 论

本题将两个考点合并考查，具有一定的综合性。但是每个考点均为基本考点，故本题难度不大。

本题的启迪意义在于，在共有关系中，法律奉行"共有人约定优先"的原则，共有的形态（按份共有、共同共有）、共有人对共有物的支配方式、按份共有的份额比例及共有物的分割方式等，均可以由共有人约定。因此，本题中共有人完全可以基于约定，对共有物变价分割采取与其共有份额不同的比例。

物权变动 专题 15

一、基于合同引起物权变动

79. 甲将自己名下的一辆汽车卖给乙，价金10万元，甲立即完成了汽车的交付，但是一直未为乙办理过户登记。后来甲的债权人丙向法院起诉请求甲偿还9万元及利息，法院扣押了该汽车。关于本案，下列哪一选项是正确的？（2023-回忆版-单）

A. 乙自始未取得汽车的所有权

B. 乙的所有权可以对抗丙

C. 甲对汽车仍享有完整的所有权

D. 丙可就该汽车主张受偿

[考点] 交通运输工具所有权的变动

[解析] 交通运输工具买卖，交付完成时，所有权转移。本题中，甲已经将汽车交付给乙，乙即取得了该汽车的所有权。A、C项不选。

丙为甲的债权人，甲不履行债务时，丙只能请求法院对甲的财产采取强制措施。该汽车因交付的完成，已经归乙所有，不再是甲的财产，故丙不得请求法院对该汽车采取强制措施。B项选，D项不选。

[答案] B

[评论]

本题只考查一个考点，为单一考查题。但是本题的B项使用了"对抗"一词，要求考生对法律条文的确切含义精确把握，这就使本题具有了一定的难度。

本题的启迪意义也便在于此。《民法典》第225条规定："船舶、航空器和机动车等的物权的设立、变更、转让和消灭，未经登记，不得对抗善意第三人。"该条中所称的"善意第三人"，是指相信车辆的登记人为所有权人，并与之从事车辆交易的人。该条的含义是，乙的车辆登记在甲的名下，不知情的丙基于登记相信该车辆归甲所有而与甲交易，如购买此车，或接受此车抵押、质押等。此时，丙若符合善意取得条件，可受到善意取得之保护，而乙不得以自己未登记的所有权来对抗丙。比较而言，本题中的丙并非与甲从事汽车交易的人，故不属于《民法典》第225条所称的"善意第三人"。故本题中并不存在"乙的所有权未登记，不得对抗丙"的问题。

80. 郑某开办公司资金不足，其父将3间祖屋以25万元卖给即将回国定居的郭某，但其父还未来得及办理过户手续即去世。郑某不知其父卖房一事，继承了这笔房款及房屋，并办理了登记手续。随后，郑某以3间祖屋作抵押向陈某借款10万元，将房产证交给了陈某，但没有办理抵押登记。下列哪些选项是正确的？（2008延/3/57-多）

A. 郑某的父亲与郭某之间的房屋买卖合同有效

B. 郑某享有房屋的所有权

C. 郑某在其父亲去世后，有义务协助郭某办理房屋过户手续

D. 陈某对房屋不享有抵押权

[考点] 合同的效力、物权的变动

[解析] 本题中，郑某父亲与郭某订立的房屋买卖合同并无无效事由，应属有效。故A项选。

《民法典》第214条规定："不动产物权的设立、变更、转让和消灭，依照法律规定应当登记的，自记载于不动产登记簿时发生效力。"据此，尽管郑某父亲与郭某订立的房屋买卖合同有效，但由于未办理过户登记手续，郭某不能取得房屋的所有权。在此基础上，《民法典》第230条规定："因继承取得物权的，自继承开始时发生效力。"所以在郑某父亲死亡后，该房屋即为郑某所有。故B项选。

由于郑某父亲与郭某订立的房屋买卖合同有效，郑某父亲有协助郭某办理过户手续的合同债务。在郑某父亲死亡后，该项债务由郑某继承。故C项选。

根据《民法典》第402条的规定，以建筑物抵押的，应当办理抵押登记。抵押权自登记时设立。据此，由于郑某未向陈某办理抵押权登记手续，陈某不能取得抵押权。故D项选。

[答案] ABCD

[评论]

本题将基于合同所引起的物权变动与

基于继承所引起的物权变动合并考查，具有一定的综合性。

本题需要总结的问题有二：

（1）"合同是否具有债权效力"与"物权是否变动"是两个问题，不能混为一谈。本题中，郭某尚未取得房屋的所有权，并不影响其与郑某父亲之间买卖合同的有效；同理，陈某不能取得抵押权，也不影响其与郑某之间抵押合同的有效。

（2）继承的本质是"继承法律关系"，故郑某父亲对郭某的债务，在其死亡后，也应由郑某继承。

二、交付

（一）现实交付

81. 甲将自己收藏的一幅名画卖给乙，乙当场付款，约定 5 天后取画。丙听说后，表示愿出比乙高的价格购买此画，甲当即决定卖给丙，约定第二天交货。乙得知此事，诱使甲 8 岁的儿子从家中取出此画给自己。该画在由乙占有期间，被丁盗走。此时该名画的所有权属于下列哪个人？（2008/3/9-单）

A. 甲
B. 乙
C. 丙
D. 丁

考点 现实交付的成立要件

解析 要构成现实交付，需要具备两个要件：①交付一方须有物权变动的意思；②使对方取得直接占有。本题为普通动产买卖，属强制公示，买卖合同仅具有债权效力，交付才是所有权转移的要件。丁与甲之间没有买卖合同，丁偷走该画，没有任何取得所有权的原因。故 D 项不选。

丙与甲之间有买卖合同，但是甲并未向丙交付名画，丙不能取得所有权。故 C 项不选。

乙与甲之间有买卖合同，但是乙对该名画的占有并非基于甲的交付。其原因在于，乙取得占有并非甲物权变动意思的结果，不具备现实交付的主观要件。由于甲未向乙交付该名画，乙不能取得所有权。故 B 项不选。

综上所述，该名画的所有权并未发生转移，仍归甲所有。故 A 项选。

答案 A

评论

本题只考查一个考点，为单一考查题，且采取直接考查的方式，无需分析法律关系，较为简单。

82. 古某带着儿子小古去郊区游玩，小古对养殖场的鸽子甚是喜爱，于是古某找到村民李某购买鸽子，古某付款完以后，让李某将鸽子直接交付给小古。李某向小古交付时，小古由于害怕而缩手，未能接住，鸽子飞走了。关于本案，下列哪一说法是正确的？（2020-回忆版-单）

A. 鸽子所有权已属于古某
B. 鸽子所有权仍属于李某
C. 鸽子所有权已属于小古
D. 此案不适用物权相关规定

考点 现实交付的成立要件

解析 要构成现实交付，需要两个要件：①交付一方须有物权变动的意思；②使对方取得直接占有。本题中，古某与李某达成买卖合同时，因尚未交付，所以此时鸽子归属于李某。买卖合同达成后，古某令李某将鸽子交付予小古，李某也没有异议。故该买卖合同性质为利他合同。这意味着，只要李某向小古完成现实交付，小古即可取得该鸽子的所有权。进而，在李某向小古交付时，小古"未能接住"的事实表明小古并未取得对该鸽子的直接占有，因此现实交付并未完成，所以飞走的鸽子依然归属于李某。故 A、C 项不选，B 项选。

本案涉及基于合同引起物权变动的问题，当然应适用物权的相关规定。故 D 项不选。

答案 B

📝 **评 论**

本题为无法条依据的理论题，考点在于对"现实交付"的主观、客观构成要件的把握。

需要说明的是，本题所考查的并非指示交付。指示交付，是物权的让与人将其对第三人的返还原物请求权转移给受让人，从而导致物权变动的观念交付形式。在本题中，只有在古某已经取得该鸽子的所有权的前提下，古某指示李某将鸽子交予小古，方才构成指示交付。然而，在本题中，在古某指示李某向小古交付鸽子之前，案情中并无任何事实表明古某已经取得了该鸽子的所有权，故本题与指示交付无关。

（二）观念交付

83. 甲有一块价值1万元的玉石。甲与乙订立了买卖该玉石的合同，约定价金11 000元。由于乙没有带钱，甲未将该玉石交付予乙，约定3日后乙到甲的住处付钱取玉石。随后甲又向乙提出，再借用玉石把玩几天，乙表示同意。关于乙对该玉石所有权的取得和交付的表述，下列选项正确的是：（2009/3/91-任，缩写）

A. 甲、乙的买卖合同生效时，乙直接取得该玉石的所有权

B. 甲、乙的借用约定生效时，乙取得该玉石的所有权

C. 由于甲未将玉石交付给乙，所以乙一直未取得该玉石的所有权

D. 甲通过占有改定的方式将玉石交付给了乙

考点 观念交付

解析 本题中，甲与乙达成的"买卖该玉石的合同"的性质为"债权性合意"，仅能使甲、乙之间产生债权债务关系，而不能引起占有改定。故A项不选。

甲与乙达成的"借用玉石把玩几天"的合意，以借用形式表达了"物权性合意"的内容，发生占有改定，引起物权变动。故B、D项选。

占有改定作为一种观念交付，特点就是转让一方在保留动产直接占有的情况下向对方转移动产所有权，因此，占有改定的发生不以对方取得动产的直接占有为条件。故C项不选。

答案 BD

📝 **评 论**

本题只考查一个考点，为单一考查题，且采用直接考查的方法，较为简单。

本题的启迪意义在于，只有在当事人达成"物权变动的合意"的情况下，才能发生占有改定，引起物权变动。

84. 庞某有1辆名牌自行车，在借给黄某使用期间，达成转让协议，黄某以8000元的价格购买该自行车。次日，黄某又将该自行车以9000元的价格转卖给了洪某，但约定由黄某继续使用1个月。关于该自行车的归属，下列哪一选项是正确的？（2017/3/5-单）

A. 庞某未完成交付，该自行车仍归庞某所有

B. 黄某构成无权处分，洪某不能取得自行车所有权

C. 洪某在黄某继续使用1个月后，取得该自行车所有权

D. 庞某既不能向黄某，也不能向洪某主张原物返还请求权

考点 观念交付中的简易交付与占有改定

解析 简易交付，是指在动产的受让人已经先行占有动产的情况下，转让人与受让人达成处分该动产的协议之时，动产物权变动。本题中，借用人黄某已经占有自行车，庞某与黄某所订立的买卖合同生效时，发生简易交付，黄某取得了所借用的自行车的所有权。故A、B项不选。

占有改定，是指动产转让人在继续保留动产的直接占有的前提下，将动产的所有权转让给受让人。本题中，黄某将自行车转让给洪某，并继续使用 1 个月，构成了占有改定，所以洪某取得自行车的所有权。故 C 项不选，D 项选。

答案 D

评论

本题将"简易交付"与"占有改定"两个考点结合考查，形成逻辑连环的考法，主要考查考生综合运用法律知识的能力。

同时，题目中对"是否发生占有改定"的判断，则考查答题技巧：题目中采用"转卖给洪某，但约定由黄某继续使用 1 个月"的表述方式，而未采用"转卖给洪某，但约定 1 个月后交付"的表述，可以推断出黄某与洪某已经达成了"物权变动的合意"，构成了占有改定的物权变动要件。

三、非基于合同引起物权变动

（一）因继承引起物权变动

85. 甲继承了一套房屋，在办理产权登记前将房屋出卖并交付给乙，办理产权登记后又将该房屋出卖给丙并办理了所有权移转登记。丙受丁胁迫将房屋出卖给丁，并完成了移转登记。丁旋即将房屋出卖并移转登记于戊。关于甲、乙、丙三方的关系，下列选项正确的是：（2008/3/95-任）

A. 甲与乙之间的房屋买卖合同因未办理登记而无效

B. 乙对房屋的占有是合法占有

C. 乙可以诉请法院宣告甲与丙之间的房屋买卖合同无效

D. 丙已取得该房屋的所有权

考点 房屋买卖中的物权变动、占有的分类、合同无效

解析《民法典》第 215 条规定："当事人之间

订立有关设立、变更、转让和消灭不动产物权的合同，除法律另有规定或者当事人另有约定外，自合同成立时生效；未办理物权登记的，不影响合同效力。"据此可知，房屋买卖，未办理过户登记，所有权不转移，但是不影响买卖合同的债权效力。故 A 项错误，不选。

乙基于与甲的买卖合同占有标的物，其占有的取得系出于甲的自愿，所以乙构成合法占有。故 B 项正确，选。

基于债权的相容性，一房二卖的，每一个买卖合同均属有效。故 C 项错误，不选。

由于甲、丙之间的买卖合同有效，且甲为丙办理了过户登记手续，所以丙取得房屋的所有权。故 D 项正确，选。

答案 BD

评论

本题将若干考点合并考查，具有综合性。案件中的法律关系较为复杂，对考生的案件分析能力要求较高。

本题需要总结的知识有二：

（1）对"丙受丁胁迫将房屋出卖给丁，并完成了移转登记。丁旋即将房屋出卖并移转登记于戊"这一事实的认识。首先，丙受胁迫与丁订立买卖合同，该合同为可撤销性质。这意味着，如果丙没有行使撤销权，则买卖合同有效。其次，因丙为丁办理了过户登记手续，丁取得了所有权。这意味着，丁对戊的出卖为有权处分，戊可以继受取得房屋的所有权。最后，如果丙行使了撤销权，则买卖合同自始无效。此时，尽管丙为丁办理了过户登记手续，丁也不能取得所有权。这意味着，丁对戊的处分为无权处分，在丙未表示同意的情况下，戊只有符合善意取得的条件，才能取得所有权。因本题中并未言明丙行使了撤销权，故按照前一逻辑推演。

（2）本题 B 项中的"合法占有"，是

指基于前手的自愿而获得的占有。"合法占有"与"有权占有"含义不同,需注意区分:在本题中,乙必然构成合法占有,但只相对于甲构成有权占有。因为乙占有标的物的权利是债权,不能对丙、丁主张,故相对于丙、丁,乙构成无权占有。

(二)因法律文书引起物权变动

86. 吴某和李某共有一套房屋,所有权登记在吴某名下。2010 年 2 月 1 日,法院判决吴某和李某离婚,并且判决房屋归李某所有,但是并未办理房屋所有权变更登记。3 月 1 日,李某将该房屋出卖给张某,张某基于对判决书的信赖支付了 50 万元价款,并入住了该房屋。4 月 1 日,吴某又就该房屋和王某签订了买卖合同,王某在查阅了房屋登记簿确认房屋仍归吴某所有后,支付了 50 万元价款,并于 5 月 10 日办理了所有权变更登记手续。下列哪些选项是正确的?(2011/3/55 - 多)

A. 5 月 10 日前,吴某是房屋所有权人
B. 2 月 1 日至 5 月 10 日,李某是房屋所有权人
C. 3 月 1 日至 5 月 10 日,张某是房屋所有权人
D. 5 月 10 日后,王某是房屋所有权人

[考点] 基于法律文书引起的物权变动

[解析] 离婚分割共有财产的法律文书为具有变动物权效力的物权形成之诉法律文书。该法律文书生效,无需登记,物权即变动。所以,5 月 10 日前,李某基于生效法律文书,取得该房的所有权。故 A 项不选,B 项选。

虽然李某为房屋所有权人,但是在其将房屋过户到自己名下之前,不能将所有权让渡给他人,否则,因李某自己尚未登记,无法向受让人张某过户登记,所以张某不能取得该房屋所有权。故 C 项不选。

虽然李某为房屋所有权人,但是由于该房屋登记在吴某名下,吴某将该房屋无权处分给受让人王某,王某基于对登记的信赖,作为善意第三人,可以善意取得房屋的所有权。故 D 项选。此时,李某的所有权未经登记,不得对抗王某这一善意第三人。

[答案] BD

[✎ 评 论]

本题将两个考点合并考查,具有一定的综合性。但本题采取直接考查的方式,对法律关系的分析要求不高,故难度不大。

87. 张某因欠债不能偿还而致房屋被法院拍卖,该房屋被王五拍得,法院出具了拍卖成交裁定书。王五何时取得房屋的所有权?(2019-回忆版-单)

A. 作出拍卖成交裁定书时
B. 法院送达拍卖成交裁定书时
C. 房屋办理过户登记时
D. 房屋实际交付时

[考点] 基于法律文书引起的物权变动的时间

[解析] 法院在民事执行过程中作出的拍卖成交裁定书,具有变动物权的效力。所以王五基于拍卖成交裁定书取得房屋的所有权,无需以登记为条件。故 C 项不选。

房屋所有权的变动,从不以交付为要件。故 D 项不选。

《最高人民法院关于适用〈中华人民共和国民事诉讼法〉的解释》第 491 条规定:"拍卖成交或者依法定程序裁定以物抵债的,标的物所有权自拍卖成交裁定或者抵债裁定送达买受人或者接受抵债物的债权人时转移。"故 A 项不选,B 项选。

[答案] B

[✎ 评 论]

本题只考查一个考点,但将民法与民诉法合并考查,具有一定的综合性。但是,

本题对于考点的考查采用直接考查的方式，难度不大。

（三）基于合法建造行为引起物权变动

88. 中州公司依法取得某块土地建设用地使用权并办理报建审批手续后，开始了房屋建设并已经完成了外装修。对此，下列哪一选项是正确的？（2008/3/8-单）

A. 中州公司因为享有建设用地使用权而取得了房屋所有权

B. 中州公司因为事实行为而取得了房屋所有权

C. 中州公司因为法律行为而取得了房屋所有权

D. 中州公司尚未进行房屋登记，因此未取得房屋所有权

考点 基于合法建造行为引起的物权变动

解析 享有建设用地使用权，并不能当然获得地上房屋的所有权。故 A 项错误，不选。

建房行为属事实行为，该行为完成，发生物权变动，无需登记。故 B 项正确，选；C、D 项错误，不选。

答案 B

✍ 评论

本题只考查一个考点，且采取直接考查的方式，较为简单。

四、预告登记与异议登记

（一）买卖预告登记

89. 1月1日，甲和乙签订《房屋买卖合同》，约定甲将自有的一套商品房转让给乙，乙应于合同签订后1个月内付清全部房款，之后便可随时向甲要求办理不动产过户登记。1月2日，为保证乙的物权实现，甲和乙在登记机关办理了预告登记。1月15日，甲在该商品房上为其母亲设立了居住权，但未办理登记。1月16日，乙付清全部房款。5月5

日，甲又在该商品房上为其父亲设立了居住权，并办理了登记。而乙直至当年年底，也未要求甲办理不动产过户登记。对此，下列哪一说法是正确的？（2023-回忆版-单）

A. 甲的父亲未取得居住权

B. 5月5日，预告登记已失效

C. 甲的母亲取得了居住权

D. 乙取得了房屋所有权

考点 买卖预告登记的效力与失效

解析 不动产买卖预告登记后，自能够办理过户登记之日起 90 日内未申请办理过户登记的，预告登记失效。本题中，甲为其父办理居住权登记时，预告登记已经失效。故甲父不受预告登记的影响，可以取得该房屋上的居住权。A 项不选，B 项选。

居住权的设立，采取公示成立的物权变动原则，未办理居住权登记，居住权不成立。本题中，甲为其母设立的居住权并未登记，故其母不能取得居住权。退一步讲，甲为其母设立居住权时，乙的预告登记并未失效。不动产出卖人未经预告登记权利人同意，处分不动产的，物权不变动。因此，纵然甲已经为其母办理了居住权登记，因乙预告登记的存在，其母也不能取得居住权。C 项不选。

基于买卖引起不动产所有权的转移，采取公示成立的物权变动原则，未办理过户登记，所有权不转移。本题中，甲只为乙办理了预告登记，但并未为乙办理过户登记，乙不能取得所有权。D 项不选。

答案 B

✍ 评论

本题将两个考点合并考查，具有一定的综合性。但本题采取直接考查的方式，较为简单。

（二）异议登记

90. 某房屋登记的所有人为甲，乙认为自己是共有人，于是向登记机构申请更正登记。

甲不同意，乙又于 3 月 15 日进行了异议登记。3 月 20 日，丙打算买甲的房屋，但是到登记机构查询发现甲的房屋存有异议登记，遂放弃购买。乙申请异议登记后，发现自己的证据不足，遂对此事置之不理。下列哪些选项是正确的？（2008 延/3/59-多）

A. 异议登记后，未经乙同意，处分该房屋的，不发生物权效力
B. 异议登记于 3 月 31 日失效
C. 甲有权向乙请求赔偿损失
D. 甲有权向登记机构请求赔偿损失

【考点】异议登记的效力与失效

【解析】异议登记后，现登记人处分该不动产的，并非不发生物权效力，而是受让人所受让的物权为有异议的物权。一旦异议成立，受让人不得善意取得。故 A 项错误，不选。A 项所表述的，其实是预告登记效力。

根据《民法典》第 220 条第 2 款之规定，登记机构予以异议登记，申请人自异议登记之日起 15 日内不起诉的，异议登记失效。本题中，乙于 3 月 15 日办理异议登记，至 3 月 30 日乙未起诉确权，异议登记于 3 月 31 日失效。

故 B 项正确，选。

根据《民法典》第 220 条第 2 款之规定，异议登记不当，造成权利人损害的，权利人可以向申请人请求损害赔偿。本题中，"乙发现自己证据不足"的表述表明异议登记不当；"丙打算买甲的房屋，但是到登记机构查询发现甲的房屋存有异议登记，遂放弃购买"的表述表明因乙的不当异议登记给甲造成了损失，所以甲有权向乙请求赔偿损失。故 C 项正确，选。

《民法典》第 222 条第 2 款规定："因登记错误，造成他人损害的，登记机构应当承担赔偿责任。登记机构赔偿后，可以向造成登记错误的人追偿。"可知，登记机关予以赔偿的前提是因"登记错误"致权利人损害，与本题案情不符。故 D 项错误，不选。

【答案】BC

✎ 评论

本题将异议登记中的四个考点合并考查，具有一定的综合性，但是跨度不大。本题采用直接考查的方式，难度也不大。

不动产所有权 专题 16

一、房地关系

91. 甲、乙共同继承平房两间，一直由甲居住。甲未经乙同意，接该房右墙加盖一间房，并将三间房屋登记于自己名下，不久又将其一并卖给了丙。下列哪种说法是正确的？（2006/3/7-单）

A. 甲、乙是继承房屋的按份共有人

B. 加盖的房屋应归甲所有

C. 加盖的房屋应归甲、乙共有

D. 乙有权请求丙返还所购三间房屋

考点 "房地一体原则"的例外

解析 基于继承而在继承人之间所形成的共有，为共同共有。故 A 项错误，不选。

甲加盖的房屋系其单独出资修建，且建立在自己享有共有使用权的土地上，与甲、乙共同共有的房屋相互独立，未侵占他人土地，因此应归甲所有。故 B 项正确，选；C 项错误，不选。

由于甲对加盖的房屋享有所有权，所以甲将该房屋出卖给丙，系有权处分，丙构成继受取得；由于另外两间房屋为甲、乙共有，所以甲对另外两间房屋的处分为共有人擅自处分共有物，但丙构成善意取得。综上，丙可以基于继受取得、善意取得取得该三间房屋，所以无

需返还。故 D 项错误，不选。

答案 B

✎ 评 论

> 本题将三个考点合并考查，具有一定的综合性。本题采取直接考查的方式，难度并不大。
>
> 本题的启迪意义在于 B 项。物权法上"欲取得房权，先取得地权"的房地一体化原则存在例外的情形，即"在未构成土地侵占的情况下，建房人可以取得房屋所有权"。本题中，共有人在共有的土地上建房，未构成土地侵占。

二、业主的建筑物区分所有权

（一）专有部分的单独所有权

92. 某小区商户开了一家川菜馆，对辣椒过敏的楼上租户唐某因此经常受过敏的困扰。经查，该商户的排烟等标准都符合有关规定。下列说法正确的是：（2021-回忆版-单）

A. 唐某有权请求川菜馆装过滤措施

B. 唐某有权请求川菜馆不用辣椒

C. 唐某有权基于相邻关系就其过敏请求川菜馆赔偿

D. 唐某无权依据建筑物区分所有权制度起诉

考点 相邻关系、建筑物区分所有权业主的范围、侵权责任的归责原则

解析 在相邻关系中，一方支配其不动产妨害邻人正常生活的，受妨害一方享有排除妨害请求权。对于排除妨害的方法，A、B项之间，以A项为宜，故A项选，B项不选。

相邻关系中不涉及赔偿，故本案中的赔偿问题是侵权问题。由题干中"该商户的排烟等标准都符合有关规定"的表述可知，本案不属于环境污染，故适用过错责任。川菜馆排烟不能预见到唐某过敏之事，故没有过错，无需承担赔偿责任，C项不选。

《最高人民法院关于审理建筑物区分所有权纠纷案件适用法律若干问题的解释》第16条第2款规定："专有部分的承租人、借用人等物业使用人，根据法律、法规、管理规约、业主大会或者业主委员会依法作出的决定，以及其与业主的约定，享有相应权利，承担相应义务。"据此，承租人有权基于建筑物区分所有权主张排除妨害，D项不选。

答案 A

✏️评论

本题的问题，即对辣椒过敏的唐某对川菜馆有何权利，涉及相邻关系、区分所有权、侵权损害赔偿等问题，考查具有复合性，对考生的知识掌握的准确性要求较高，具有一定难度。

本题的启迪意义在于，侵权损害赔偿的承担，如本题中的川菜馆是否应承担赔偿责任，必须考虑归责原则，而在归责原则中，不属于法定的过错推定责任、无过错责任情形的，均属于过错认定责任。在过错认定责任中，题目中未明行为人具有过错的，应推定其没有过错。

（二）业主的共同部分共有权

93. 蒋某是C市某住宅小区6栋3单元502号业主。小区地下停车场设有车位500个，开发商销售了300个，另200个用于出租。蒋某购房时未买车位，现因购车需使用车位。下列选项正确的是：（2017/3/86-任）

A. 蒋某等业主对地下停车场享有业主共有权

B. 如小区其他业主出售车位，蒋某等无车位业主在同等条件下享有优先购买权

C. 开发商出租车位，应优先满足蒋某等无车位业主的需要

D. 小区业主如出售房屋，其所购车位应一同转让

考点 建筑物区分所有权中的小区车位问题

解析 根据《民法典》第274条的规定，小区内的道路、绿地、公共设施，可以构成业主的共有部分，但是并不包括规划用于停车的车位、车库。故A项错误，不选。

《民法典》第276条规定："建筑区划内，规划用于停放汽车的车位、车库应当首先满足业主的需要。"但该条文是对开发商所施加的约束，而非对小区其他业主的约束，且"首先满足业主的需要"与"业主享有优先购买权"含义截然不同。故B项错误，不选；C项正确，选。

《民法典》第275条第1款规定："建筑区划内，规划用于停放汽车的车位、车库的归属，由当事人通过出售、附赠或者出租等方式约定。"据此，房屋与车位系两个物，前者的买卖并不涉及后者。故D项错误，不选。

答案 C

✏️评论

本题以法律条文的内容为考查对象，但在考查方式上涉及较为细致的概念辨析，即"首先满足业主的需要"之规则的主体是谁、"首先满足业主的需要"与"业主享有优先购买权"的区分，要求考生对法律知识有精确的掌握。

一、原始取得与继受取得

94. 下列哪一选项属于所有权的继受取得？（2008/3/10-单）

A. 甲通过遗嘱继承其兄房屋一间

B. 乙的 3 万元存款得利息 1000 元

C. 丙购来木材后制成椅子一把

D. 丁拾得他人搬家时丢弃的旧电扇一台

考点 所有权的原始取得与继受取得

解析 通过继承取得，为继受取得。故 A 项选。

取得的利息为孳息，系原始取得，并非基于转让行为。故 B 项不选。

购来的木材为继受取得，但制作的椅子则非基于转让行为，系原始取得。故 C 项不选。

拾得他人的抛弃物，并非基于他人的转让，为原始取得。故 D 项不选。

答案 A

✎ 评论

　　本题只考查一个考点，为单一考查题，且采用直接考查的方式，故较为简单。

　　需要总结的是，原始取得与继受取得的区分方法和区分意义：

　　（1）通过"转让""继承"而取得，为继受取得；除此之外，一概为原始取得。

　　（2）在继受取得的情况下，无需考虑受让人是否善意、等价、有偿，但在原始取得的情况下，则需要依法考虑上述要件。

二、善意取得

95. 张某出国前把一幅齐白石画作真迹交给老李保管，后老李死亡，其在遗嘱中称其财产都由李某继承。王某在李某家看到这幅画疑为齐白石真迹，欲出价 3000 万元购买，李某以为是仿品，便以 3000 元的价格卖给王

某。2 年后，张某从国外回来。下列说法错误的有：（2021-回忆版-多）

A. 王某可善意取得

B. 李某可善意取得

C. 李某可以重大误解向法院请求撤销合同

D. 李某可以无权处分向法院请求撤销合同

考点 善意取得、重大误解的民事法律行为

解析 在本题中，张某将名画交由老李保管，该名画属于张某。老李死亡后，该名画仍属于张某。善意取得需以受让人"对价合理"为条件，而王某 3000 元的受让价格明显不合理，故王某不构成善意取得，A 项错误，选。

通过继承取得标的物不存在善意取得的问题，且该名画并非老李的遗产，李某也无法基于继承取得其所有权，故 B 项错误，选。

李某误认真迹为赝品，构成对交易标的的误解，构成重大误解，故可通过诉讼或仲裁的方式行使撤销权，C 项正确，不选。

李某将张某的名画出卖给王某，构成无权处分，但无权处分并不导致买卖合同可撤销，故 D 项错误，选。

答案 ABD

✎ 评论

　　本题将两个考点合并考查，具有一定的综合性。本题所考查的两个考点难度均不大，也无需分析法律关系，故较为简单。

96. 柳某把自己的一块名表借给谷某，借期 3 个月。在谷某使用过程中，该表又被翁某看中，借期 1 周。在翁某使用过程中，该表被汤某看中，汤某想以 10 万元的价格购买，翁某于是告知汤某，名表为谷某所有。在翁某的撮合下，谷某决定以 10 万元的价格将表卖给汤某，约定汤某先交付 10 万元，等翁某用完后直接向汤某交付。下列选项正确的有：

（2021-回忆版-多）

A. 翁某无权处分

B. 谷某无权处分

C. 汤某侵害柳某的物权

D. 汤某善意取得

【考点】间接占有下的善意取得

【解析】在本题中，是谷某与汤某订立的买卖合同，翁某只是从中"撮合"，故是谷某无权处分柳某的手表，而非翁某，A 项不选，B 项选。

因汤某并不知道谷某出卖给自己的手表是柳某的，故没有过错，未侵害柳某的所有权，C 项不选。

在本题中，谷某对借给翁某的手表构成间接占有，同样具有公示外观，且谷某通过指示交付的方式向汤某完成了标的物的交付，故汤某可善意取得该手表的所有权，D 项选。

【答案】BD

【评论】

本题只有一个考点，为单一考查题。标的物连环交易的案情为考试所常见，但本题所考查的间接占有下的善意取得却超越了通常的考法，故具有一定难度。

间接占有下的善意取得，要点有二：

（1）间接占有也具有可使第三人信赖的公示外观，如本题中汤某可相信出借手表的谷某为所有权人；

（2）间接占有的无权处分人可通过指示交付的方式使受让人善意取得动产所有权，如本题中谷某与汤某所达成的"等翁某用完后直接向汤某交付"的约定，本质即为谷某将对翁某的返还请求权转让给汤某，构成指示交付。

三、发现埋藏物

97. 文某的古宅被博物馆征用，后古宅拆迁，发现有文某祖父于 1920 年埋藏的古币，博物馆将古币以 50 万元的价格卖给收藏家吴

某，文某并不知情。关于本案，下列哪些说法是正确的？（2019-回忆版-多）

A. 文某对古币有权继承

B. 古币性质为埋藏物

C. 古币性质为无主物

D. 吴某善意取得古币

【考点】发现埋藏物、善意取得

【解析】本题中，古币是文某祖父所埋藏，因而古币是埋藏物，而非无主物。故 B 项选，C 项不选。

发现埋藏物，有继承人的，由继承人继承。故 A 项选。

博物馆将属于文某的古币出卖给收藏家吴某，在文某未同意的情况下，吴某只能善意取得。埋藏物、漂流物、失散动物的善意取得，适用遗失物的善意取得规则，即文某在知道或应当知道吴某之日起 2 年内，有权请求返还。这意味着，吴某在文某知道或应当知道其 2 年后，才能善意取得。本题中，因"文某不知情"，所以 2 年期间尚未起算，吴某不能善意取得。故 D 项不选。

【答案】AB

【评论】

本题将两个考点合并考查，具有一定的综合性，但是采用直接考查的方式，无需法律关系的分析，故难度不大。

本题的启迪意义在于，埋藏物、漂流物、失散动物的善意取得，适用遗失物的善意取得规则。

四、先占

98. 一个村子落下陨石，村民争相拾取，收益不菲。甲闻讯前往该村，在村民乙的承包地捡到一块陨石。下列哪一说法是正确的？（2018-回忆版-单）

A. 该陨石属于国家

B. 该陨石属于该村集体

C. 该陨石属于甲

D. 该陨石属于乙

考点 国家、集体所有权，无主物的先占

解析 国家、集体所有权的取得需以法律规定为前提，而在我国民法上，并无"陨石归属于国家/集体"的规定，所以陨石属于无主物。故 A、B 项不选。

由于占有的构成需要同时具备主观、客观两方面的要件，所以尽管陨石落入乙的承包地，乙并未构成先占，甲才是先占陨石并取得所有权的人。故 C 项选，D 项不选。

答案 C

评论

本题将两个考点合并考查，具有一定的综合性。

本题的启迪意义在于，归属于国家、集体的财产需要以法律规定作为依据。在我国民法理论中，存在"陨石是否应属于国家"的争论，见仁见智。但是这些争论是立法争论，即"是否应当规定陨石归属于国家"，而考试则必须严守现行法的规定。

99. 一知名作曲家在二手书店翻到了早年自己丢弃的笔记本，里面有自己青涩年华里写下的乐谱，遂提出要买回笔记本。书店店员报价 5000 元，作曲家认为价格太高。关于本案，下列说法正确的是：（2023-回忆版-单）

A. 作曲家对乐谱仍有著作权

B. 作曲家对笔记本仍享有所有权

C. 作曲家可以在买下笔记本后以胁迫为由主张撤销

D. 作曲家可以在买下笔记本后以显失公平为由主张撤销

考点 抛弃的后果

解析 抛弃标的物，是对标的物所有权的放弃。标的物上同时存在著作权的，抛弃标的物的行

为并不导致著作权的放弃。本题中，作曲家在笔记本中所记载的乐谱构成作品，作曲家享有著作权。丢弃笔记本后，作曲家对笔记本的所有权消灭，但依然对乐谱享有著作权。A 项选，B 项不选。

胁迫，是指以威胁、逼迫的方式，迫使对方作出不真实的意思表示。本题中并未出现胁迫的情节。C 项不选。

显失公平，是指一方利用自己的优势或对方的危难，迫使对方作出不真实的意思表示。本题中并无作曲家非买不可的案情，故不涉及显失公平问题。D 项不选。

答案 A

评论

本题具有复合性，将三个考点合并考查，且横跨民法总则与物权法两大范畴。其中，"物之抛弃"只导致所有权的消灭，并不导致著作权的消灭为理论判断，《民法典》并无规定。

本题的启迪意义在于需要区分"抛弃标的物"（"笔记本不要了"）的行为与"抛弃著作权"（"乐谱的著作权不要了"）的行为，后者才能导致著作权的消灭。

五、添附

100. 甲欲用邻居乙的材料盖房子，但一时无法联系到乙，就先用了材料，打算等乙回来后再付钱。乙回来之后，表示拒绝。下列说法正确的是：（2021-回忆版-单）

A. 乙享有返还原物请求权

B. 乙对材料依然享有所有权

C. 甲构成无因管理

D. 甲构成不当得利

考点 动产与不动产的附合、物权请求权、无因管理

解析 在民法原理中，一方的动产与他方的不动产发生附合的，动产归不动产人，故甲将乙

的材料用于自家房屋建设后，该材料归属于甲，乙丧失所有权。据此，乙不得对甲主张物权返还请求权，A、B 项不选。

甲将乙的材料用于自家房屋建设，不存在为乙的利益之考量的要素，故不构成无因管理，C 项不选。

尽管甲取得了乙材料的所有权，但其对乙构成了不当得利，依法应向乙返还相当于材料

的价值，D 项选。

答案 D

✎ 评论

> 本题将三个考点合并考查，具有一定的综合性，但所涉及的考点均较为简单，且考法直接，知道考点即可作答，无需分析法律关系，较为简单。

18 专题 共 有

101. 甲、乙、丙三人分别出资 5000 元、20 000 元、5000 元购买了一条名贵狗，约定三个人轮流照顾。轮到甲照顾时，甲以 36 000 元的价格将名贵狗卖给丁，乙、丙在收到甲给的 24 000 元时才知道此事。对此，下列说法正确的是：(2021-回忆版-单)

A. 甲的行为属于无权处分
B. 甲的行为属于转让份额
C. 乙有优先购买权
D. 丙有优先购买权

考点 按份共有人转让共有物与转让共有份额的区别

解析 在甲、乙、丙的按份共有关系中，狗是共有物，甲的 1/6 的份额为共有份额。(《民法典》第 309 条规定："按份共有人对共有的不动产或者动产享有的份额，没有约定或者约定不明确的，按照出资额确定；不能确定出资额的，视为等额享有。") 故甲转让狗给丁的行为，并非转让共有份额，而是转让共有物，B 项不选。

《民法典》第 301 条规定："处分共有的不动产或者动产以及对共有的不动产或者动产作重大修缮、变更性质或者用途的，应当经占份额 2/3 以上的按份共有人或者全体共同共有人同意，但是共有人之间另有约定的除外。"据此，甲未经乙、丙同意，将狗转让给丁的行为，

属于共有人擅自处分共有物，构成无权处分，A 项选。

《民法典》第 306 条第 1 款规定："按份共有人转让其享有的共有的不动产或者动产份额的，应当将转让条件及时通知其他共有人。其他共有人应当在合理期限内行使优先购买权。"据此可知，按份共有人的优先购买权是对其他按份共有人对外转让的"共有份额"（而非"共有物"）的优先购买权，C、D 项不选。

答案 A

✎ 评论

> 本题将按份共有的"共有物"与"共有份额"比较考查，对考生的知识掌握的精准性要求较高。
>
> 在按份共有中存在两种财产：共有物和共有份额，前者是"大家的"，后者是"自己的"。按份共有人将共有份额对外转让给他人，是对外转让"自己的"财产，其他按份共有人享有同等条件下的优先购买权；反之，按份共有人将共有物对外转让给他人，是对外转让"大家的"财产，因自己对自己的财产没有购买问题，故不存在其他按份共有人的优先购买权可言。

102. 甲、乙、丙、丁按份共有某商铺，各自份额均为 25%。因经营理念发生分歧，甲

与丙商定将其份额以 100 万元转让给丙，通知了乙、丁；乙与第三人戊约定将其份额以 120 万元转让给戊，未通知甲、丙、丁。下列哪些选项是正确的？（2017/3/54-多）

A. 乙、丁对甲的份额享有优先购买权
B. 甲、丙、丁对乙的份额享有优先购买权
C. 如甲、丙均对乙的份额主张优先购买权，双方可协商确定各自购买的份额
D. 丙、丁可仅请求认定乙与戊之间的份额转让合同无效

[考 点] 按份共有人的优先购买权

[解 析]《最高人民法院关于适用〈中华人民共和国民法典〉物权编的解释（一）》第 13 条规定："按份共有人之间转让共有份额，其他按份共有人主张依据民法典第 305 条规定优先购买的，不予支持，但按份共有人之间另有约定的除外。"据此，本题中，甲对丙转让共有份额，系共有人之间的内部转让，其他共有人不得主张优先购买权。故 A 项不选。

乙向戊转让份额，为对外转让，其他共有人可以主张优先购买权。故 B 项选。

我国民法并未禁止共有人约定优先购买权的行使方式。故 C 项选。

根据《最高人民法院关于适用〈中华人民共和国民法典〉物权编的解释（一）》第 12 条第 2 项的规定，按份共有人向共有人之外的人转让其份额，其他按份共有人以其优先购买权受到侵害为由，仅请求撤销共有份额转让合同或者认定该合同无效的，不予支持。故 D 项不选。

[答 案] BC

[评 论]
　　本题为直接考查条文的内容，不涉及法律关系的分析，较为简单。

第*8*讲 用益物权

一、土地承包经营权的物权变动

103. 关于土地承包经营权的设立，下列哪些表述是正确的？（2010/3/55-多）

A. 自土地承包经营合同成立时设立

B. 自土地承包经营权合同生效时设立

C. 县级以上地方政府在土地承包经营权设立时应当发放土地承包经营权证

D. 县级以上地方政府应当对土地承包经营权登记造册，未经登记造册的，不得对抗善意第三人

考点 土地承包经营权的物权变动

解析 成立的民事行为有效力瑕疵或者未生效的可能，所以只有生效的承包合同才能引起物权变动的效果。故 A 项错误，不选；B 项正确，选。

县级以上地方政府在土地承包经营权设立时应当发放土地承包经营权证，为《民法典》第 333 条第 2 款所直接规定。故 C 项正确，选。

承包经营权的设立和对抗效力的取得仅以承包合同的生效为条件，县级以上地方政府的登记造册不具有民法上的意义。故 D 项错误，不选。

答案 BC

评论

本题只考查一个考点，为单一考查题。

本题的启迪意义在于 D 项。尽管法律条文中没有直接规定，但根据本题所表达的观点，土地承包经营合同一经生效，既能引起物权的变动，又能产生对抗第三人的效力。至于"县级以上地方政府登记造册、发放土地承包经营权证、确认土地承包经营权"的行为，系纯粹的行政管理手段，没有民法上的意义。

104. 村民胡某承包了一块农民集体所有的耕地，订立了土地承包经营权合同，未办理确权登记。胡某因常年在外，便与同村村民周某订立土地承包经营权转让合同，将地交周某耕种，未办理变更登记。关于该土地承包经营权，下列哪一说法是正确的？（2017/3/7-单）

A. 未经登记不得处分

B. 自土地承包经营权合同生效时设立

C. 其转让合同自完成变更登记时起生效

D. 其转让未经登记不发生效力

考点 土地承包经营权的物权变动

解析 在民法上，土地承包经营权的物权变动具有两个层次：①发包；②流转，即互换、转让。土地承包经营权的发包是一种特殊的物权变动模式，即承包合同生效，物权变动的同时就可以对抗第三人。承包权登记行为仅仅是行政管理手段，没有民法意义。据此，本题中，集体与胡某订立了承包合同，胡某即取得了承包权。故 B 项正确，选。

土地承包经营权的互换、转让采取任意公示的物权变动模式，即互换、转让合同生效，物权变动；办理登记手续的，可以对抗第三人。故 A、C、D 项错误，不选。

答案 B

评论

本题将承包权的发包与流转两种不同的物权变动模式结合考查，考查考生对于法律知识的综合运用能力。

本题中的 A 项具有干扰的作用：基于合同以外的法律事实引起物权变动，如继承人对于继承的房屋，存在着"转让人未办理登记不得处分，否则物权不变动"的问题，但是其不适用于本题。质言之，该项规则的逻辑是：因受让人取得物权必须登记，故转让人未登记而处分的，物权不变动。因此，该项规则以强制公示（合同债权效力、公示物权变动）的物权变动模式为前提。

二、土地承包经营权的继承

105. 季大与季小兄弟二人，成年后各自立

户，季大一直未婚。季大从所在村集体经济组织承包耕地若干。关于季大的土地承包经营权，下列哪些表述是正确的？(2014/3/56-多)

A. 自土地承包经营权合同生效时设立

B. 如季大转让其土地承包经营权，则未经变更登记不发生转让的效力

C. 如季大死亡，则季小可以继承该土地承包经营权

D. 如季大死亡，则季小可以继承该耕地上未收割的农作物

考点 土地承包经营权的设立、转让与继承

解析 《民法典》第 333 条第 1 款规定："土地承包经营权自土地承包经营权合同生效时设立。"据此，A 项正确，选。

《民法典》第 335 条规定："土地承包经营权互换、转让的，当事人可以向登记机构申请登记；未经登记，不得对抗善意第三人。"据此，承包权转让的，转让合同生效，物权即发生变动，转让登记的效力在于对抗第三人。故 B 项错误，不选。

未收割的农作物作为承包收益，属于遗产，可以继承，但是承包权能否继承，应视承包合同的约定。故 C 项错误，不选；D 项正确，选。

答案 AD

评论

本题将三个考点合并考查，横跨《民法典》中的物权编与继承编两大领域，具有较强的综合性。但是，本题所考查的考点本身较为简单，且题目采用直接考查的方式，故本题也较为简单。

居住权 专题 ⑳

106. 孤寡老太甲以设立居住权为条件将房屋出卖给乙，并办理了过户登记，但居住权没有登记。乙取得房屋后反悔，想将甲赶出

房屋。下列哪些说法是正确的？(2020-回忆版-多)

A. 甲有权请求乙办理居住权登记

B. 居住权没有设立

C. 甲与乙之间产生了债权效力

D. 甲与乙之间产生了物权效力

考点 居住权的设立

解析 本题中，"甲以设立居住权为条件将房屋出卖给乙"的表述表明甲、乙订立了两个合同：①买卖合同；②居住权合同。且前一合同中甲的履行是后一合同的生效条件。现在，既然甲已经向乙过户，则居住权合同生效。根据《民法典》第368条的规定，居住权的设立需以居住权登记为条件。相应地，在居住权登记之前，居住权合同具有债权效力。本题中，甲、乙订立了居住权合同，甲有权请求乙办理居住

权登记。故A、C项选。

由于尚未办理居住权登记，甲尚不享有居住权。故B项选。

在甲、乙之间，尽管居住权尚未设立，但甲对乙的过户登记导致乙取得了所有权。故D项选。

答案 ABCD

✎评论

本题将居住权的物权变动与所有权的物权变动合并考查，具有一定的综合性，但均为基本考点，没有难度。

㉑专题 地 役 权

一、需役地、供役地转让对地役权关系的影响

107. 2013年2月，A地块使用权人甲公司与B地块使用权人乙公司约定，由乙公司在B地块上修路。同年4月，甲公司将A地块过户给丙公司，6月，乙公司将B地块过户给不知上述情形的丁公司。下列哪些表述是正确的？（2013/3/56-多）

A. 2013年2月，甲公司对乙公司的B地块享有地役权

B. 2013年4月，丙公司对乙公司的B地块享有地役权

C. 2013年6月，甲公司对丁公司的B地块享有地役权

D. 2013年6月，丙公司对丁公司的B地块享有地役权

考点 地役权

解析 根据《民法典》第374条的规定，地役权自地役权合同生效时设立。据此，甲、乙公司订立了地役权合同，甲公司即享有乙公司的

B地块上的地役权。故A项正确，选。

《民法典》第380条规定："地役权不得单独转让。土地承包经营权、建设用地使用权等转让的，地役权一并转让，但是合同另有约定的除外。"据此，甲公司将A地块上的权利转让给丙公司时，丙公司即取得了乙公司的B地块上的地役权。故B项正确，选。

地役权具有从属性，地役权的享有需以地役权人享有需役地上的权利为前提。而在本题中，在2013年6月，甲公司已经丧失了A地块的使用权，所以不能享有任何的地役权。故C项错误，不选。

根据《民法典》第374条的规定，地役权未经登记，不得对抗善意第三人。据此，由于丙公司所取得的地役权是没有登记的地役权，不能对抗善意第三人丁公司。这意味着丁公司一旦取得B地块上的权利，丙公司即不得对B地块享有地役权。故D项错误，不选。

答案 AB

✎评论

本题将需役地转让对地役权的影响与

供役地转让对地役权的影响合并考查，具有一定的综合性。本题采取直接考查的方式，且考查内容为地役权中的基础问题，故难度不大。

本题的启迪意义在于知识的总结：

（1）在地役权关系中，需役地转让的，地役权随之转让，不论地役权是否登记。

（2）在地役权关系中，供役地转让的，若地役权已登记，地役权随之转让；否则，未经登记的地役权不得对抗善意的供役地的受让人。

二、地役权与相邻关系

108. 李某从自己承包的土地上出入不便，遂与张某书面约定在张某承包的土地上开辟一条道路供李某通行，李某支付给张某 2 万元，但没有进行登记。下列哪一选项是错误的？（2008 延/3/11-单）

A. 该约定属于有关相邻关系的约定

B. 该约定属于地役权合同

C. 如果李某将其承包经营权转移给他人，受让人有权在张某承包的土地上通行，但合同另有约定的除外

D. 如果张某将其承包经营权转移给他人，则善意的受让人有权拒绝李某在自己的土地上通行

考点 供役地、需役地转让对于地役权关系的影响，地役权与相邻关系的区分

解析 地役权以地役权合同为基础，旨在满足地役权人对其需役地支配的便利性。比较而言，相邻关系作为一种法定权利，无需以合同为基础，其旨在满足相邻权人对于自己不动产支配的基本保障。据此，本题中的李某系基于对通行"便利性"的要求与张某订立了有偿的通行合同，该合同属于地役权合同。故 A 项错误，选；B 项正确，不选。

地役权作为一种依附于需役地权的从权利，随需役地权的转让而转让。故 C 项正确，不选。

供役地人将供役地权转让给他人，地役权未登记的，不得对抗善意的受让人。故 D 项正确，不选。

答案 A

评论

本题将地役权制度中的两个最重要的考点合并考查，具有典型意义。

本题需要总结的知识在于，供役地、需役地转让对于地役权关系的影响：需役地转让的，地役权随之转让，不问登记与否；供役地转让的，地役权义务随之转让，但须以登记为条件。

第9讲 占 有

专题 22 占有概述

109. 学生甲将书放在教室的课桌上后，外出吃午饭。邻桌乙坐在甲的课桌前拿起书来看，后偷偷将书拿走带出教室。甲何时丧失对书的占有？（2018-回忆版-单）

A. 甲离开课桌时

B. 乙坐在甲的课桌前拿起书看时

C. 乙拿着书离开甲的课桌时

D. 乙拿着书离开教室时

[考点] 占有的构成要件

[解析] 占有的构成要件有二：①占有心态，即占有人意欲占有该物的意思；②占有事实，即占有人将物置于自己控制范围的事实。相应地，如果占有事实不复存在，占有人即丧失占有。本题中，甲对该书的控制范围为教室内。故 D 项选，其他项不选。

[答案] D

[评论]

　　本题只考查一个考点，为单一考查题。本题的命题特点在于采取了反向考查的方式，即通过"丧失占有"的问题来考查占有的构成要件。

110. 甲、乙就乙手中的一枚宝石戒指的归属发生争议。甲称该戒指是其在 2015 年 10 月 1 日外出旅游时让乙保管，属甲所有，现要求乙返还。乙称该戒指为自己所有，拒绝返还。甲无法证明对该戒指拥有所有权，但能够证明在 2015 年 10 月 1 日前一直合法占有该戒指，乙则拒绝提供自 2015 年 10 月 1 日后从甲处合法取得戒指的任何证据。对此，下列哪一说法是正确的？（2016/3/9-单）

A. 应推定乙对戒指享有合法权利，因占有具有权利公示性

B. 应当认定甲对戒指享有合法权利，因其证明了自己的先前占有

C. 应当由甲、乙证明自己拥有所有权，否则应判决归国家所有

D. 应当认定由甲、乙共同共有

[考点] 占有的权利推定效力

[解析] 所谓占有的权利推定效力，是指在没有相反证据的情况下，推定动产的占有人即为其所主张权利的权利人。

　　本题中，乙目前占有戒指。如果没有相反证据，法律将推定乙为戒指的所有权人。然而，甲所证明的"2015 年 10 月 1 日前一直合法占有该戒指"的事实构成相反证据。此时，乙的占有的权利推定已被推翻。乙必须证明自己权利的来源，即证明"自 2015 年 10 月 1 日后从甲处合法取得戒指"的事实，否则不能仅凭占

有戒指，即主张自己为所有权人。故 A 项错误，不选。

相应地，根据甲先前的占有，法律可以推定其"当时"为所有权人。又由于案件中没有甲"丧失所有权"的事实，所以法律继续推定甲"现在"也是所有权人。故 B 项正确，选；C、D 项错误，不选。

答案 B

占有的保护 专题 23

一、占有返还请求权

111. 甲、乙是邻居。乙出国 2 年，甲将乙的停车位占为己用。期间，甲将该停车位出租给丙，租期 1 年。期满后丙表示不再续租，但仍继续使用该停车位。下列哪一表述是错误的？（2012/3/8-单）

A. 甲将乙的停车位占为己用，甲属于恶意、无权占有人

B. 丙的租期届满前，甲不能对丙主张占有返还请求权

C. 乙可以请求甲返还原物。在甲为间接占有人时，可以对甲请求让与其对丙的占有返还请求权

D. 无论丙是善意或恶意的占有人，乙都可以对其行使占有返还请求权

考点 占有返还请求权

解析 甲将乙的停车位占为己用，没有任何本权基础，为无权占有，且甲知道自己为无权占有。故 A 项正确，不选。

甲将停车位出租给丙，在租期届满之前，相对于甲而言，丙为有权占有，对甲不负返还义务。故 B 项正确，不选。

甲作为无权占有人，对乙应负返还原物责任。在甲为间接占有人时，即丙的租期未届满时，甲无法请求丙返还原物，而只享有待丙租

期届满后的占有返还请求权。此时，乙有权请求甲返还原物，就有权请求甲向自己让与其对丙将来的占有返还请求权。故 C 项正确，不选。

乙对丙主张占有返还请求权受"侵占之日起 1 年内主张"的限制。由于此期限届满，乙对丙的占有返还请求权归于消灭。故 D 项错误，选。

答案 D

二、请求权人侵害无权占有

112. 张某拾得王某的一只小羊拒不归还，李某将小羊从张某羊圈中抱走交给王某。下列哪一表述是正确的？（2014/3/9-单）

A. 张某拾得小羊后因占有而取得所有权

B. 张某有权要求王某返还占有

C. 张某有权要求李某返还占有

D. 李某侵犯了张某的占有

考点 占有的保护

解析 拾得人承担返还拾得物予失主的义务，而不可能取得拾得物的所有权。故 A 项错误，不选。

张某相对于所有权人王某，为无权占有人。

无权占有人的占有被返还原物请求权人侵害的,无权主张占有返还请求权。故 B 项错误,不选。

无论是物权返还原物请求权,还是占有返还原物请求权,对象均为无权占有人。李某将小羊交予王某后即丧失了占有,不再是占有人。所以张某不能请求李某返还占有。故 C 项错误,不选。

民法上,无论是有权占有还是无权占有,均受保护,禁止他人抢夺。故 D 项正确,选。

答案 D

✎ 评论

本题只考查一个考点,为单一考查题。但是题目对考点的考查方式超越了《民法典》的规定范围,属于超纲题,这是本题的难点所在。

本题的启迪意义在于,无权占有遭受返还原物请求权人侵害的,在定性上构成侵害占有;在后果上,侵害人无需返还占有物。

113. 某小区徐某未获得规划许可证和施工许可证便在自住房前扩建一个门面房,挤占小区人行通道。小区其他业主多次要求徐某拆除未果后,将该门面房强行拆除,毁坏了徐某自住房屋的墙砖。关于拆除行为,下列哪些表述是正确的?(2014/3/58-多)

A. 侵犯了徐某门面房的所有权

B. 侵犯了徐某的占有

C. 其他业主应恢复原状

D. 其他业主应赔偿徐某自住房屋墙砖毁坏的损失

考点 占有的保护

解析 《民法典》第 231 条规定:"因合法建造、拆除房屋等事实行为设立或者消灭物权的,自事实行为成就时发生效力。"据此,徐某的违法建造行为不能使其取得所建房屋的所有权。故 A 项错误,不选。

徐某对其违章建筑构成占有,其他业主侵害其建筑,构成占有侵害。故 B 项正确,选。

因徐某对其违章建筑的占有相对于其他业主而言构成无权占有,其他业主有权请求徐某拆除房屋。因此,其他业主拆除徐某的违章建筑,无需承担恢复原状的责任。故 C 项错误,不选。

其他业主损坏徐某自住房屋的墙砖,对徐某构成侵权,所以应承担损害赔偿责任。故 D 项正确,选。

答案 BD

✎ 评论

本题只考查一个考点,为单一考查题。但是题目对考点的考查方式超越了《民法典》的规定范围,属于超纲题,这是本题的难点所在。

本题的启迪意义在于,无权占有遭受排除妨害请求权人侵害的,在定性上构成侵害占有;在后果上,侵害人无需恢复原状,也无需对非法占有物的损害负赔偿责任。

⏰24 专题 无权占有的返还

一、无权占有人的界定

114. 丁某将其所有的房屋出租给方某,方某将该房屋转租给唐某。下列哪些表述是正确的?(2011/3/57-多)

A. 丁某在租期内基于房屋所有权可以对方某主张返还请求权,方某可以基于其与丁某的合法的租赁关系主张抗辩权

B. 方某未经丁某同意将房屋转租,并已实际交付给唐某租用,则丁某无权请求唐某返

还房屋

C. 如丁某与方某的租赁合同约定，方某未经丁某同意将房屋转租，丁某有权解除租赁合同，则在合同解除后，其有权请求唐某返还房屋

D. 如丁某与方某的租赁合同约定，方某未经丁某同意将房屋转租，丁某有权解除租赁合同，则在合同解除后，在丁某向唐某请求返还房屋时，唐某可以基于与方某的租赁关系进行有效的抗辩

考点 无权占有与有权占有的分类

解析 本题中，丁某将其所有的房屋出租给方某后，方某对于房屋的占有以租赁权为本权，可以对丁某构成有权占有，所以不负返还义务。故 A 项正确，选。

在丁某与方某的租赁关系存续期间，方某擅自将该房屋转租给唐某后，因方某无需向丁某返还房屋，唐某即无需向丁某返还房屋。但是如果丁某与方某的租赁关系解除，因唐某对于房屋的占有系以租赁权为本权，则基于债权的相对性，唐某可以对出租人方某主张有权占有，但不得对所有权人丁某主张有权占有。此时，丁某即有权请求唐某返还房屋。故 B 项判断过于绝对了，不选；C 项正确，选；D 项错误，不选。

答案 AC

评 论

　　本题只考查一个考点，但是法律关系较为复杂，对于考生对法律知识的掌握精确度及法律关系的分析能力，均有较高要求。

　　本题需要总结的是：

　　（1）以物权为本权的有权占有具有绝对性，故占有人无需向任何人返还占有物；

　　（2）以债权为本权的有权占有具有相对性，故占有人无需向债务人返还占有物，但是不得对第三人主张有权占有；

　　（3）在转租情况下，出租人与承租人

的租赁关系不复存在时，次承租人即对出租人构成无权占有，进而需承担返还租赁物的义务。

二、善意占有与恶意占有

115. 甲公司致电乙，说近期要给老客户回馈，赠送礼品，乙说送到家门口，家人代收。乙的邻居丙买了一台电脑，送货商丁送货的时候看错门牌号，将电脑放了乙家门口，乙的家人以为是甲公司送的礼品，遂收回家中。当晚，乙家发生大火，电脑被烧毁。下列说法正确的有：（2020-回忆版-多）

A. 丁应当赔偿丙一台外形、配置一样的电脑

B. 乙、丁应当承担连带责任

C. 乙不承担赔偿责任

D. 丙可以要求甲公司把给乙的礼品给自己作为补偿

考点 无权占有物毁损、灭失的后果

解析 丁与丙之间存在买卖合同，丁未如约交付电脑，所以丙有权请求丁继续履行。故 A 项选。

在本题中，乙的家人收走了丙的电脑，乙对该电脑不享有任何的占有权利，所以构成无权占有。但是，乙不知道该电脑归丙所有，所以构成善意占有。根据《民法典》第 461 条的规定，无权占有的不动产或者动产毁损、灭失的，善意占有人不承担赔偿责任。故 B 项不选，C 项选。

根据《民法典》第 461 条的规定，无权占有的不动产或者动产毁损、灭失，该不动产或者动产的权利人请求赔偿的，占有人应当将因毁损、灭失取得的保险金、赔偿金或者补偿金等返还给权利人。但是，在本案中，乙所取得的礼品并非该电脑的价值代位物，即并非保险金、赔偿金或者补偿金，所以在礼品上，乙对丙不负返还义务。故 D 项不选。

答案 AC

📝 评论

　　本题将买卖合同与占有分类、无权占有的返还范围三个领域的考点合并考查，具有较强的综合性，不仅对考生的基本知识掌握要求较高，还要求考生具备法律关系分析能力，故具有一定难度。

116. 牛某的同事马某戴了一块价值不菲的手表并且经常炫耀，牛某觉得眼熟，想起来是杨某遗失的手表，因为前段时间杨某曾公开悬赏要找回手表。牛某趁马某午休时，摘下其手表，看到表上刻着字母 Y，遂质问马某。马某承认手表是自己拾得的，但是毁损比较严重，修表花了一笔钱。下列哪一选项是正确的？（2021-回忆版-单）

A. 马某不知道是杨某的手表，构成善意取得

B. 杨某有权请求马某返还手表

C. 马某有权请求杨某支付悬赏费

D. 马某有权请求杨某支付手表修理费

考点 善意取得、恶意占有、悬赏广告

解析 善意取得是受让人的善意取得，而本题中的马某作为遗失物的拾得人，并非受让人，不发生善意取得问题。故 A 项不选。

　　由于马某对所拾得的手表没有任何占有的本权，构成无权占有，因此，杨某作为所有权人，有权对无权占有人马某主张物权返还请求权。故 B 项选。

　　杨某所发出的悬赏广告，以"交还手表"为悬赏费支付的条件，但马某拾得手表后并未向杨某交还，不具备主张悬赏费的条件。故 C 项不选。

　　占有人在无权占有他人财产期间支付必要费用的，善意占有人有权主张费用的返还。本题中，马某拾得手表，即知道手表并非自己所有，构成恶意占有，其无权主张维修费的返还。故 D 项不选。

答案 B

📝 评论

　　本题将三个考点合并考查，具有一定的综合性，但对所涉及的考点均采取直接考查的方式，考生知道考点即可作答，无需分析法律关系，故难度不大。

三、无权占有、不当得利与无因管理

117. 甲遗失其为乙保管的迪亚手表，为偿还乙，甲窃取丙的美茄手表和 4000 元现金。甲将美茄手表交乙，因美茄手表比迪亚手表便宜 1000 元，甲又从 4000 元中补偿乙 1000 元。乙不知甲盗窃情节。乙将美茄手表赠与丁，又用该 1000 元的一半支付某自来水公司水费，另一半购得某商场一件衬衣。下列哪些说法是正确的？（2015/3/61-多）

A. 丙可请求丁返还手表

B. 丙可请求甲返还 3000 元、请求自来水公司和商场各返还 500 元

C. 丙可请求乙返还 1000 元不当得利

D. 丙可请求甲返还 4000 元不当得利

考点 无权占有与不当得利

解析 盗赃物不能善意取得，所以丁对受赠的美茄手表的占有为无权占有，应向失主返还。故 A 项正确，选。

　　自来水公司与商场对于各自 500 元的受领具有债权依据，不构成不当得利，无需返还。故 B 项错误，不选。

　　甲遗失其为乙保管的迪亚手表，乙对甲享有损害赔偿债权，所以乙接受甲交付的 1000 元具有债权依据，不构成不当得利，无需返还。故 C 项错误，不选。

　　甲盗窃丙的 4000 元现金，没有法律依据，构成不当得利，应予返还。故 D 项正确，选。

答案 AD

📝 评论

　　本题为理论题，要求考生对民法中的两个相似的概念——无权占有与不当得利

进行准确地理解与把握。

无权占有与不当得利，均为"拿了不该拿的东西，并应予返还"。两者的区别是：

（1）是否取得不同。"拿了不该拿的东西，没取得"，为无权占有；"拿了不该拿的东西，取得了"，为不当得利。

（2）返还请求权性质不同。在构成无权占有的情况下，返还请求权为物权请求权或占有保护请求权；在构成不当得利的情况下，返还请求权为债权请求权。

（3）判断的对象不同。是否构成无权占有，判断的是占有人是否具有占有的权利；是否构成不当得利，判断的则是得利人是否有受领的债权。

本题具有较大难度。

118. 乙的电脑被李某拾得，因暂时找不到失主，李某将电脑出租给王某获得很高收益。如乙请求李某返还电脑和所获利益，下列说法正确的是：（2015/3/90-任，缩写）

A. 李某向乙返还所获利益时，应以乙所受损失为限

B. 李某应将所获利益作为不当得利返还给乙，但可以扣除支出的必要费用

C. 乙应以所有权人身份而非不当得利债权人身份请求李某返还电脑

D. 如李某拒绝返还电脑，需向乙承担侵权责任

[考点] 拾得遗失物、无权占有、不当得利与无因管理

[解析] 《民法典》第 122 条规定："因他人没有

法律根据，取得不当利益，受损失的人有权请求其返还不当利益。"据此，不当得利的返还并不以受损人的损失为限。故 A 项错误，不选。

李某出租乙的电脑所得的租金为"拿别人东西赚的钱"，性质是不当得利，所以李某应向乙返还。与此同时，根据题干"因暂时找不到失主"的表述，李某出租电脑的行为系为他人利益管理他人事务，性质为无因管理，所以，其为此所支出的费用有权请求乙偿付。因此，李某的不当得利返还义务与费用求偿权两相充抵。故 B 项正确，选。

乙请求李某返还电脑，系"要自己的东西"，即物权请求权。故 C 项正确，选。

拾得人拒不返还遗失物的，构成侵权。故 D 项正确，选。

[答案] BCD

[评论]

本题将四个考点合并考查，涉及《民法典》总则编、物权编两大领域，跨度较大。

本题以拾得遗失物为基本案情，考查无权占有、不当得利、无因管理三个问题，是一种"套路"式的考法。基本的做题思路是：拾得他人之物，如未取得，构成无权占有；如已取得，构成不当得利。在此基础上，如果具有为失主利益的意思，构成无因管理。在此基础上，本题 B 项所蕴含的"无权占有、不当得利的返还义务"与"无因管理的费用请求权"的相互充抵，更是考试的常见考法。

第 10 讲 债法总论

一、债的相对性

119. 玩具协会举行展销会，朱某借用护卫舰公司的营业执照申请了云团公司展会位置。甲购买玩具后发现云团公司销售的火牛公司生产的拼图少了一块。甲可以向谁主张赔偿？（2019-回忆版-单）

A. 玩具协会　　　　B. 护卫舰公司

C. 云团公司　　　　D. 火牛公司

考点 债的相对性

解析 本题中，玩具协会是展销会的组织者，与甲没有合同关系。故 A 项不选。

护卫舰公司所提供的营业执照并无使消费者相信交易对方是护卫舰公司的效果，所以护卫舰公司也与甲没有合同关系。故 B 项不选。

本题中，玩具买卖合同的双方是甲与云团公司，所以甲可追究云团公司的违约责任。故 C 项选。

火牛公司作为玩具的生产者，只有在所生产的产品导致侵权时，方承担产品责任。因本题并不存在产品侵权，故 D 项不选。

答案 C

评论

本题只考查一个考点，为单一考查题。但是，本题涉及的当事人众多，要界定玩具买卖合同的当事人双方，则需要考生仔细分析法律关系，对考生的分析能力要求较高。

二、债的分类

120. 甲对乙说：如果你在 3 年内考上公务员，我愿将自己的一套住房或者一辆宝马轿车相赠。乙同意。2 年后，乙考取某国家机关职位。关于甲与乙的约定，下列哪一说法是正确的？（2009/3/9-单）

A. 属于种类之债

B. 属于选择之债

C. 属于连带之债

D. 属于劳务之债

考点 债的分类

解析 本题中的赠与标的物为两项：①甲的房屋；②甲的汽车。其均为特定物，所以为特定之债。故 A 项错误，不选。

甲、乙约定的赠与标的为"房"或"车"，所以为选择之债。故 B 项正确，选。

本题中，赠与人为甲，受赠人为乙，双方均为一人，为单一之债，不涉及连带之债与按份之债的区分。故 C 项错误，不选。

本题为赠与合同，甲的付出为自己的财产，所以属财物之债。故 D 项错误，不选。

答案 B

评论

　　本题为理论考查题，将四个考点合并考查，具有一定的综合性，但是所考查的考点较为简单。

债的移转

一、债权让与

（一）债权让与的一般规则

121. 1月2日，甲与乙签订设备买卖合同，约定3月1日乙先付50万元货款，4月1日甲交付设备，6月1日乙再付剩余的50万元。同时，双方还约定该合同债权不能转让。2月2日，甲将债权转让给丙，并通知了乙，乙表示不认同，但仍然将50万元支付给了甲。后甲延期交付设备，导致乙损失20万元。关于本案，下列说法正确的有哪些？（2023-回忆版-多）

A. 甲、乙签订的合同约定债权不得转让，具有法律效力

B. 乙可以主张对丙抵销20万元

C. 乙向甲付的50万元对丙构成不当得利

D. 乙应向丙支付剩余的50万元

考点 约定债权不得转让、债权转让中的抗辩权延续与抵销权延续

解析 债权人与债务人可以约定债权不得转让，该约定在债权人与债务人之间具有法律效力。A项选。

　　债权人与债务人约定金钱债权不得转让的，不得对抗第三人。本题中，甲违反与乙关于债权不得转让的约定转让债权给丙，因所转让的债权为价金债权，故乙不得以"不得转让之约定"为由拒绝向丙履行。甲、丙的债权转让通知到达乙后，丙有权请求乙支付首期款50万元。同时，因甲延期交货，给乙造成损失20万元，乙有权请求甲赔偿损失。由此形成的格局

就是，甲对乙有货款债权（现转让给了丙），乙对甲有赔偿债权且已到期，故乙对甲享有的抵销权在甲将货款债权转让给丙并通知乙后，可对丙继续主张抵销。B项选。

　　因甲、丙债权转让之事已经通知了乙，故乙应向丙履行首期款债务。乙将债务向甲履行，对象不正确，债务不消灭，故丙有权请求乙再次履行。而乙只能对甲主张不当得利的返还。由此可见，乙对甲的付款对乙自己构成了不当得利。C项不选。

　　因甲延期交货，乙可凭先履行抗辩权拒绝付款。在甲转让债权给丙且通知乙的情况下，乙可对丙继续主张该抗辩权，拒绝支付余款50万元。D项不选。

答案 AB

评论

　　本题将三个考点合并考查，具有一定的综合性。本题的考查方式侧重于法律关系的分析及知识的运用能力，具有一定难度。

　　本题的启迪意义有二：

　　（1）"当事人关于金钱债权不得转让的约定，不得对抗第三人"，并不意味着该约定在当事人之间无效。

　　（2）债权转让中的抗辩权延续与抵销权延续，未必以"债务人先有抗辩权或抵销权，债权后转让"为前提。如在本题中，债权转让之后，债务人享有了抗辩权或抵销权的，依然可对债权受让人主张。

122. 乙公司欠甲公司30万元，同时甲公司

须在 2000 年 9 月 20 日清偿对乙公司的 20 万元货款。甲公司在同年 9 月 18 日与丙公司签订书面协议，转让其对乙公司的 30 万元债权。同年 9 月 24 日，乙公司接到甲公司关于转让债权的通知后，便主张 20 万元的抵销权。下列说法哪些是正确的？（2004/3/55-多）

A. 甲公司与丙公司之间的债权转让合同于 9 月 24 日生效

B. 乙公司接到债权转让通知后，即负有向丙公司清偿 30 万元的义务

C. 乙公司于 9 月 24 日取得 20 万元的抵销权

D. 丙公司可以就 30 万元债务的清偿，要求甲公司和乙公司承担连带责任

考点 债权让与、抵销权

解析 债权让与合同自成立时生效，而非自通知债务人时生效。故 A 项错误，不选。

通知债务人的法律意义在于，使债权让与合同对债务人生效，即使债务人对受让人承担债务的履行义务。故 B 项正确，选。

本题中，甲、乙两公司在两个法律关系中互负金钱债务。乙公司的债权于 9 月 20 日到期，具备抵销权延续的第一个条件，此时乙公司对甲公司享有抵销权；9 月 24 日，乙公司接到关于债权转让的通知，具备抵销权延续的第二个条件，此时乙公司可以对丙公司行使抵销权。故 C 项正确，选。

在债权让与中，债权人并不与债务人对受让人承担连带债务履行责任。故 D 项错误，不选。

答案 BC

✍ 评论

本题考查两个考点，但是跨度不大。

本题的命题特征是，在债权让与的抵销权延续的两个要件中，债务人的债权先到期（此时，债务人对债权人享有抵销权），债权让与的通知后到达（此时，债务人对受让人享有抵销权）。就此以观，C 项的表述本身不够精确，其应表述为"乙

公司于 9 月 24 日对丙公司取得 20 万元的抵销权"。

123. 甲向乙借款 300 万元于 2008 年 12 月 30 日到期，丁提供保证担保，丁仅对乙承担保证责任。后乙从甲处购买价值 50 万元的货物，双方约定 2009 年 1 月 1 日付款。2008 年 10 月 1 日，乙将债权让与丙，并于同月 15 日通知甲，但未告知丁。对此，下列哪些选项是正确的？（2010/3/57-多）

A. 2008 年 10 月 1 日债权让与在乙丙之间生效

B. 2008 年 10 月 15 日债权让与对甲生效

C. 2008 年 10 月 15 日甲可向丙主张抵销 50 万元

D. 2008 年 10 月 15 日后丁的保证债务继续有效

考点 债权让与、抵销权、保证责任

解析 债权让与合同自成立时生效。故 A 项正确，选。

通知债务人的法律意义在于，使债权让与合同对债务人生效。故 B 项正确，选。

2008 年 10 月 15 日，甲的债权尚未到期，甲尚不能对乙主张抵销权，所以此时甲不能对丙延续主张抵销权。故 C 项错误，不选。

《民法典》第 696 条第 2 款规定："保证人与债权人约定禁止债权转让，债权人未经保证人书面同意转让债权的，保证人对受让人不再承担保证责任。"本题中，乙、丁关于丁仅对乙承担保证责任的约定的本质即为禁止债权让与的约定，所以乙将债权让与丙，丁的保证责任消灭。故 D 项错误，不选。

答案 AB

✍ 评论

本题将三个考点合并考查，且横跨合同与担保两大领域，综合性较强。

本题的命题特征是，在债权让与的抵

销权延续的两个要件中，债权让与的通知先到达（此时，债务人尚不享有抵销权），债权人的债权后到期（此时，债务人对受让人享有抵销权）。

（二）债权质押中的债权让与规则的适用

124. 甲对乙享有 10 万元的债权，甲将该债权向丙出质，借款 5 万元。下列哪一表述是错误的？（2012/3/7-单）

A. 将债权出质的事实通知乙不是债权质权生效的要件

B. 如未将债权出质的事实通知乙，丙即不得向乙主张权利

C. 如将债权出质的事实通知了乙，即使乙向甲履行了债务，乙不得对丙主张债已消灭

D. 乙在得到债权出质的通知后，向甲还款 3 万元，因还有 7 万元的债权额作为担保，乙的部分履行行为对丙有效

[考点] 债权质押中的债权让与的适用

[解析] 在债权质押中，债权质权的生效以债权人与质权人订立债权质押合同，并办理相关公示手续为条件，与是否通知债务人无关。故 A 项正确，不选。

在债权质押中，通知债务人是债权质权对债务人发生效力的前提，即质权人向债务人主张出质债权的条件。故 B 项正确，不选。

如果债权质押的事实已经通知了债务人，即债务人知道债权质押的事实，其向债权人履行债务，对象不正确，债务不因履行而消灭。故 C 项正确，不选。

同理，如果债权质押的事实已经通知了债务人，债务人向债权人履行部分债务，对象仍不正确，债务不因履行而消灭。故 D 项错误，选。

[答案] D

[评论]

本题只考查一个考点，为单一考查题。

本题的启迪意义有二：

（1）债权让与的"通知债务人效力"规则可以适用于债权质押；

（2）在债权质押中，质权人的优先受偿权范围为出质的债权额，而与所担保的债权额无关。

125. 甲公司通知乙公司将其对乙公司的 10 万元债权出质给了丙银行，担保其 9 万元贷款。出质前，乙公司对甲公司享有 2 万元到期债权。如乙公司提出抗辩，关于丙银行可向乙公司行使质权的最大数额，下列哪一选项是正确的？（2014/3/7-单）

A. 10 万元　　　　B. 9 万元

C. 8 万元　　　　D. 7 万元

[考点] 债权让与中的"抵销权延续"规则在债权质押中的适用

[解析] 根据《民法典》第 549 条第 1 项的规定，债务人接到债权转让通知时，债务人对让与人享有债权，且债务人的债权先于转让的债权到期或者同时到期的，债务人可以向受让人主张抵销。此即债权让与中的"抵销权延续"规则。在民法理论中，债权让与规则可以适用于债权质押，其中"抵销权延续"规则也是如此。上述《民法典》第 549 条第 1 项的规定适用于债权质押，即意味着：债务人的债权到期，且债权出质的事实通知了债务人，债务人即可对债权的质权人延续主张其对债权人的抵销权。本题中，甲公司将其对乙公司的 10 万元债权出质给丙银行，无论担保丙银行多少债权，乙公司主张抵销权后，丙银行基于质权请求乙公司支付的最大金额均为 8 万元。故 C 项选，其他项不选。

[答案] C

[评论]

本题只考查一个考点，为单一考查题，但是题目中涉及出质债权额、所担保的债

权额及债务人在另一法律关系中对债权人的债权额三个数额的关系，需要分析法律关系，故具有一定难度。

本题的启迪意义有二：

（1）债权让与制度中的三个规则，即"通知债务人的效力""抗辩权延续""抵销权延续"，均可以适用于债权质押。这已经是考试的惯常考法。

（2）在债权质押中，质权人的优先受偿权范围为出质的债权额，而与所担保的债权数额无关。

---

126. 甲公司为乙公司向银行贷款 100 万元提供保证，乙公司将其基于与丙公司签订的供货合同而对丙公司享有的 100 万元债权出质给甲公司作反担保。下列哪一表述是正确的？（2013/3/7-单）

A. 如乙公司依约向银行清偿了贷款，甲公司的债权质权仍未消灭

B. 如甲公司、乙公司将出质债权转让给丁公司但未通知丙公司，则丁公司可向丙公司主张该债权

C. 甲公司在设立债权质权时可与乙公司约定，如乙公司届期不清偿银行贷款，则出质债权归甲公司所有

D. 如乙公司将债权出质的事实通知了丙公司，则丙公司可向甲公司主张其基于供货合同而对乙公司享有的抗辩

考点 债权让与、债权质押、债权让与规则在债权质押中的适用

解析 反担保，是对原第三担保人追偿权的担保。如果债务人清偿了债务，原担保人的担保义务即因主债权的消灭而消灭，进而其不可能再享有追偿权，反担保也将随之消灭。故 A 项错误，不选。

《民法典》第 546 条第 1 款规定："债权人转让债权，未通知债务人的，该转让对债务人

不发生效力。"据此，乙公司将其对丙公司的债权转让给丁公司，未通知债务人丙公司的，丁公司不得对丙公司主张债权。故 B 项错误，不选。

《民法典》第 428 条规定："质权人在债务履行期限届满前，与出质人约定债务人不履行到期债务时质押财产归债权人所有的，只能依法就质押财产优先受偿。"该项规则适用于权利质押。故 C 项错误，不选。

《民法典》第 548 条规定："债务人接到债权转让通知后，债务人对让与人的抗辩，可以向受让人主张。"该条规定可以适用于债权质押。故 D 项正确，选。

答案 D

评论

本题将四个考点合并考查，横跨《民法典》合同编与物权编两大领域，综合性强。同时，本题涉及多重法律关系，层次性强，案情较为复杂，故本题的难度较大。

本题的启迪意义有二：

（1）A 项所示，在反担保关系中，原担保权的消灭将会引起追偿权的消灭，进而会引起反担保权的消灭。

（2）D 项所示，债权让与中的"通知债务人的效力""抗辩权延续""抵销权延续"三项规则，均可以适用于债权质押：①债权质押后，"通知债务人"并非债权质押的生效要件，而是质权人对债务人主张权利的条件；②债务人对债权人享有抗辩权的，债权质押后，债务人可以继续以之抗辩质权人；③债务人对债权人享有抵销权的，债权质押后，债务人可以继续对质权人主张抵销。

二、债务承担

127. 甲公司对乙公司享有 10 万元债权，乙公司对丙公司享有 20 万元债权。甲公司将其

债权转让给丁公司并通知了乙公司，丙公司未经乙公司同意，将其债务转移给戊公司。如丁公司对戊公司提起代位权诉讼，戊公司下列哪一抗辩理由能够成立？（2011/3/12-单）

A. 甲公司转让债权未获乙公司同意
B. 丙公司转移债务未经乙公司同意
C. 乙公司已经要求戊公司偿还债务
D. 乙公司、丙公司之间的债务纠纷有仲裁条款约束

【考点】债权让与、债务承担及债权人代位权的要件和法律后果

【解析】根据《民法典》合同编的规定，债权人与受让人订立债权让与合同，无需征得债务人同意，只需通知债务人即可。故 A 项不选。

债务人与受让人订立债务承担合同，则需要以征得债权人的同意为发生效力的条件。故 B 项选。

债务人对次债务人构成"怠于主张到期债权"的要件，是未向次债务人提起诉讼或者仲裁，其他主张权利的方式在所不问。故 C 项不选。

债务人与次债务人之间的仲裁条款，仅约束债务人和次债务人，对债权人的代位权之诉没有影响。故 D 项不选。

【答案】B

【评论】

本题将两个法律制度合并考查，具有一定的综合性。由于要将债的移转和债的保全两个法律问题融合到一道题中，所以案情关系较为复杂，需要考生仔细梳理。但是，题目依然采取的是直接考查的方式，难度其实不大。

128. 2022 年 4 月 8 日，甲银行与乙公司签订了《基本额度完善项目合同》，丙公司与甲银行订立了《最高额抵押合同》，约定丙公司以一套房屋为乙公司提供抵押担保，并办理了登记。同年 11 月 5 日，甲银行与丁公司签订了《借款合同》，给丁公司提供 1 年期 2000 万元的借款。同日，甲银行与乙公司、丙公司、丁公司签订了补充协议，确认《借款合同》是甲银行与乙公司《基本额度完善项目合同》下的分合同，属于《最高额抵押合同》下的债权范围，并办理了抵押变更登记。现借款到期，丁公司未能按约还款。甲银行有以下哪些权利？（2023-回忆版-多）

A. 甲银行有权让丁公司偿还全款本息
B. 甲银行有权让丙公司承担连带责任
C. 甲银行有权让乙公司承担连带债务
D. 甲银行有权对丙公司行使抵押权

【考点】并存的债务承担

【解析】甲银行与丁公司之间《借款合同》中的借款数额为 2000 万元，故丁公司只需对所借的 2000 万元承担还本付息的义务，而无需对甲银行向乙公司的所有借款承担本息偿还义务。A 项不选。

丙公司是以房屋为甲银行设立抵押，担保甲银行对丁公司的 2000 万元借款债权，故仅以所抵押房屋的价值为限承担责任，而非连带责任。B 项不选。

甲银行、乙公司、丙公司、丁公司签订的补充协议中约定，甲银行与丁公司的 2000 万元额度的《借款合同》，"是甲银行与乙公司《基本额度完善项目合同》下的分合同，属于《最高额抵押合同》下的债权范围"，意味着甲银行在《基本额度完善项目合同》中对乙公司的债权也存在于甲银行与丁公司之间的《借款合同》中。换言之，该约定构成了"乙公司加入丁公司债务"的并存的债务承担（债务加入）之约定。因此，乙公司应对丁公司的 2000 万元借款本息债务，承担连带偿还责任。C 项选。

丙公司以房屋向甲银行设立抵押，担保甲银行对丁公司的 2000 万元借款债权，并办理抵押登记，故甲银行享有抵押权。D 项选。

【答案】CD

✍ 评 论

本题将两个考点合并考查，综合性并不强。但是，本题中将甲银行与乙公司之间的借款合同命名为《基本额度完善项目合同》，人为地给考生对案情的理解造成障碍。且本题中，甲银行、乙公司、丙公司、丁公司签订的补充协议中"是甲银行与乙公司《基本额度完善项目合同》下的分合同，属于《最高额抵押合同》下的债权范围"的表述，则需要考生去理解案情，具有强烈的主观题考试的风格，故本题具有一定难度。

129. 甲公司欠乙公司200万元。甲公司与丙公司签订协议，约定丙公司加入甲公司对乙公司的债务，但只承担100万元，并通知乙公司，乙公司同意。后丙公司仅向乙公司支付50万元。如下说法何者正确？（2020-回忆版-多）

A. 乙公司有权要求丙公司再支付50万元
B. 该债务承担自通知乙公司时生效
C. 乙公司有权要求丙公司支付150万元
D. 该债务承担自乙公司同意时生效

【考点】并存的债务承担

【解析】在本题中，丙公司加入甲公司对乙公司的债务，在100万元的范围内与甲公司承担连带责任。在此基础上，丙公司向乙公司偿还了50万元，意味着丙公司在50万元的范围内，与甲公司承担连带责任，所以乙公司现在只有权请求丙公司偿还50万元。故A项选，C项不选。

《民法典》第552条规定："第三人与债务人约定加入债务并通知债权人，或者第三人向债权人表示愿意加入债务，债权人未在合理期限内明确拒绝的，债权人可以请求第三人在其愿意承担的债务范围内和债务人承担连带债务。"据此，并存的债务承担通知到达债权人

时生效。故B项选，D项不选。

【答案】AB

✍ 评 论

本题尽管只考查一个考点，为单一考查题，但是采用了"部分并存的债务承担"的案情，涉及法律逻辑的推理，且要求考生对《民法典》第552条所规定的债务承担的生效时间有精确了解，故具有较高难度。

对于"部分并存的债务承担"的法律关系，以本题为例，作如下理解：随着丙公司加入债务，甲公司对乙公司的债务分作两部分：第一部分，甲公司与丙公司对乙公司负连带债务100万元；第二部分，甲公司自己对乙公司负债务100万元，与丙公司无关。进而，本题中，丙公司偿还了50万元，意味着第一部分债务偿还了50万元，故丙公司的连带责任额为50万元。反之，倘若甲公司偿还了50万元，则应推定甲公司偿还的为第二部分的债务，此时丙公司的连带责任额仍为100万元。

三、债的移转中的抗辩权延续

130. 甲将其对乙享有的10万元货款债权转让给丙，丙再转让给丁，乙均不知情。乙将债务转让给戊，得到了甲的同意。丁要求乙履行债务，乙以其不知情为由抗辩。下列哪一表述是正确的？（2012/3/13-单）

A. 甲将债权转让给丙的行为无效
B. 丙将债权转让给丁的行为无效
C. 乙将债务转让给戊的行为无效
D. 如乙清偿10万元债务，则享有对戊的求偿权

【考点】债权让与、债务承担的要件、法律后果以及债务人的抗辩权

【解析】债权让与的，未经债务人的同意，不影

响债权让与行为的效力，只会导致债权让与行为对债务人不发生效力。故 A、B 项错误，不选。

债务承担需征得债权人的同意，否则债务不能发生转移。本题中，乙将债务转让给戊时，征得了甲的同意，所以债务承担有效。故 C 项错误，不选。

正是由于乙已经将债务转让给了戊，乙不再是债务人。故若乙向债权人偿还了债务，构成第三人代为履行，可以向债务人戊追偿。故 D 项正确，选。

答案 D

评论

本题有一个问题未交代清楚，即甲向丙、丙向丁的债权让与和乙向戊的债务承担的发生顺序，因此需要作进一步的讨论。

第一种可能性是，假设案情的描述不存在时间顺序，即乙向戊转让债务时，甲就是债权人。此时，甲对此债务承担表示同意，可直接使乙的债务归属于戊，自不待言。

第二种可能性是，假设案情的表述是按照时间顺序进行的，即乙向戊转让债务时，债权人已经是丁。此时，由于甲向丙、丙向丁的债权让与，"乙均不知情"，故债权让与对乙不发生效力。这意味着，对乙而言，债权人依然是甲。故乙向戊的债务承担，经得甲的同意，照样可以发生效力。

四、三方协议

（一）债权人、债务人、第三人的三方协议

131. 2011 年 5 月 6 日，甲公司与乙公司签约，约定甲公司于 6 月 1 日付款，乙公司 6 月 15 日交付"连升"牌自动扶梯。合同签订后 10 日，乙公司销售他人的"连升"牌自动扶梯发生重大安全事故，质监局介入调查。

合同签订后 20 日，甲、乙、丙公司三方合意，由丙公司承担付款义务。丙公司 6 月 1 日未付款。下列哪一表述是正确的？（2011/3/14-单）

A. 甲公司有权要求乙公司交付自动扶梯
B. 丙公司有权要求乙公司交付自动扶梯
C. 丙公司有权行使不安抗辩权
D. 乙公司有权要求甲公司和丙公司承担连带债务

考点 债权人、债务人、第三人的三方协议

解析 本题中，甲、乙公司之间的买卖合同为双务合同。相对于价金债务而言，乙公司为债权人，甲公司为债务人。因此，甲、乙、丙公司三方达成的、由丙公司承担付款义务的三方合意，本质是债务人（甲公司）与第三人（丙公司）订立价金债务承担合同，并征得了债权人（乙公司）的同意。在此基础上，由于丙公司没有按期向乙公司支付价款，乙公司可基于先履行抗辩权拒绝甲公司交付货物的请求。故 A 项错误，不选。

甲、丙公司之间的债务承担合同不涉及甲公司对乙公司的货物交付请求权的转让，丙公司对乙公司没有货物交付请求权。故 B 项错误，不选。

乙公司的产品质量问题构成甲公司的不安事由，甲公司对乙公司享有不安抗辩权。根据债务承担的"抗辩权延续"规则，丙公司可以对乙公司延续行使不安抗辩权。故 C 项正确，选。

在债务承担的情况下，原债务人对所移转的债务履行没有责任。故 D 项错误，不选。

答案 C

评论

本题将两个考点合并考查，具有一定的综合性。同时，本题的判断、选择需要立足于法律关系的分析，故有一定难度。

本题的启迪意义在于，在债权人、债务人、第三人订立的三方协议中约定由第

三人履行债务的，可以理解为债务承担，即债务人将其对债权人的债务转让给第三人，并取得了债权人的同意。

（二）债权人、债务人、次债务人的三方协议

132. 甲对乙享有10万元到期债权，乙对丙也享有10万元到期债权，三方书面约定，由丙直接向甲清偿。下列哪些说法是正确的？（2006/3/57-多）

A. 丙可以向甲主张其对乙享有的抗辩权
B. 丙可以向甲主张乙对甲享有的抗辩权
C. 若丙不对甲清偿，甲可以要求乙清偿
D. 若乙对甲清偿，则构成代为清偿

考点 债权人、债务人、次债务人的三方协议

解析 该三方协议既可理解为债权让与，即乙将自己对丙的债权转让给甲；也可理解为债务承担，即乙将自己对甲的债务转让给丙。

关于A、B项，从债权让与角度以观，债务人（丙）对债权人（乙）有抗辩权的，债务人（丙）可以之抗辩受让人（甲）。故A项正确，选。从债务承担角度以观，债务人（乙）对债权人（甲）有抗辩权的，受让人（丙）可以之抗辩债权人（甲）。故B项正确，选。

关于C项，从债权让与角度以观，在债权人（乙）与债务人（丙）的法律关系中，乙本来就不对甲承担债务。故在此法律关系中，债权人（乙）将债权移转于受让人（甲）之后，受让人（甲）即对债务人（丙）享有债权，但不能对债权人（乙）享有债权。故若丙不向甲履行，甲无权基于该法律关系请求乙履行。故C项错误，不选。从债务承担角度以观，在债权人（甲）与债务人（乙）的法律关系中，债务人（乙）将债务转让给受让人（丙）之后，即不再对债权人（甲）承担债务。因此，若丙不向甲履行，甲无权基于该法律关系请求乙履行。故C项错误，也不选。

关于D项，由于乙对甲不负有丙所不履行的债务，因此，若乙对甲履行，构成第三人履

行，即代为清偿。故D项正确，选。

答案 ABD

✑ **评论**

本题为法律关系分析题，同时考查考生的思辨能力，具有极高的难度。

本题的启迪意义在于，在"债权人、债务人、次债务人"订立的三方协议中约定由次债务人向债权人履行债务的，可以立足于债务人的双重身份，将法律关系分解为债权让与、债务承担两种情形，分别分析。选项中的表述符合任何一个法律关系的分析结论的，均为正确选项。

五、不得转让的债权、债务

133. 下列哪些合同的转让是不合法的？（2002/3/44-多）

A. 甲公司与韩国乙公司举办中外合资企业，合资合同经过审批机关批准后，甲公司未经乙方同意将合同权利义务转让给丙公司
B. 甲教授曾答应为乙校讲课，但因讲课当天临时有急事，便让自己的博士生代为授课
C. 债权人李某因急需用钱便将债务人杨某欠自己的2万元债权以1.5万元的价格转让给了柳某，李某将此事打电话通知了杨某
D. 丁对丙的房屋享有抵押权，为替好友从银行借款提供担保，将该抵押权转让给了银行

考点 不得转让的债权、债务

解析 经批准而生效的合同，未经批准而转让的，转让行为具有违法性。与此同时，一方当事人与受让人约定，将其债权债务概括转让给受让人的，因涉及债务承担，应征得对方当事人的同意，否则转让行为具有违法性。故A项选。

以特定人为基础的债权、债务具有人身专

属性，不得转让，否则转让行为即属违法。故 B 项选。

债权人将可转让债权让与受让人，并通知债务人的，其转让行为符合债权让与的所有要求，不具有违法性。故 C 项不选。

无论是债权性担保权还是担保物权，均为从权利，不得脱离主债权独立转让，否则转让

行为即具有违法性。故 D 项选。

答案 ABD

评论

> 本题将四个考点合并考查，具有一定的综合性，但是跨度不大，且采取直接考查的方式，较为简单。

债的保全 专题 27

一、撤销权

134. 甲公司在 2011 年 6 月 1 日欠乙公司货款 500 万元，届期无力清偿。2010 年 12 月 1 日，甲公司向丙公司赠送一套价值 50 万元的机器设备。2011 年 3 月 1 日，甲公司向丁基金会捐赠 50 万元现金。2011 年 12 月 1 日，甲公司向戊希望学校捐赠价值 100 万元的电脑。甲公司的三项赠与行为均尚未履行。下列哪一选项是正确的？（2012/3/15-单）

A. 乙公司有权撤销甲公司对丙公司的赠与
B. 乙公司有权撤销甲公司对丁基金会的捐赠
C. 乙公司有权撤销甲公司对戊学校的捐赠
D. 甲公司有权撤销对戊学校的捐赠

考点 债权人的撤销权

解析 本题中，乙公司对甲公司的债权成立时间为 2011 年 6 月 1 日。就此以观，甲公司对丙公司、丁基金会的赠与均发生于乙公司的债权成立之前，乙公司对此没有撤销权。故 A、B 项错误，不选。

甲公司对戊学校的捐赠时间为乙公司的债权成立之后，因此乙公司可依据债权人的撤销权予以撤销。故 C 项正确，选。

甲公司为戊学校的赠与人，但因该项赠与涉及公益，根据《民法典》第 658 条第 2 款的规定，甲公司不得任意撤销。故 D 项错误，不选。

答案 C

评论

> 本题只考查一个考点，为单一考查题，且采取直接考查的方式，较为简单。

135. 乙向甲借款 20 万元，借款到期后，乙的下列哪些行为导致无力偿还甲的借款时，甲可申请法院予以撤销？（2016/3/58-多）

A. 乙将自己所有的财产用于偿还对他人的未到期债务
B. 乙与其债务人约定放弃对债务人财产的抵押权
C. 乙在离婚协议中放弃对家庭共有财产的分割
D. 乙父去世，乙放弃对父亲遗产的继承权

考点 债权人撤销权的要件

解析 债权人的撤销权所指向的行为是债务人的不当处分行为，其基本特点在于导致债务人责任财产的不当减少。换言之，对于债务人导致其责任财产不当减少的行为，债权人可予以撤销；债务人未导致其责任财产增加的行为，则不属于债权人撤销权的对象。据此，A、B、C 项均为导致财产减少的行为，选；D 项为未导致财产增加的行为，不选。

答案 ABC

评论

> 本题只考查一个考点，具有单一性，

但对于考点的考查较为细致，要求考生对法律知识的掌握精准到位。

136. 甲欠乙30万元到期后，乙多次催要未果。甲与丙结婚数日后即办理离婚手续，在《离婚协议书》中约定将甲婚前的一处住房赠与知悉甲欠乙债务的丙，并办理了所有权变更登记。乙认为甲侵害了自己的权益，聘请律师向法院起诉，请求撤销甲的赠与行为，为此向律师支付代理费2万元。下列哪些选项是正确的？（2017/3/58-多）

A.《离婚协议书》因恶意串通损害第三人利益而无效

B. 如甲证明自己有稳定工资收入及汽车等财产可供还债，法院应驳回乙的诉讼请求

C. 如乙仅以甲为被告，法院应追加丙为被告

D. 如法院认定乙的撤销权成立，应一并支持乙提出的由甲承担律师代理费的请求

考点 债权人的撤销权

解析 对于债务人向第三人的不当处分行为，债权人行使撤销权的，该行为无效；反之，则该行为有效。故A项不选。

《民法典》第538条规定："债务人以放弃其债权、放弃债权担保、无偿转让财产等方式无偿处分财产权益，或者恶意延长其到期债权的履行期限，影响债权人的债权实现的，债权人可以请求人民法院撤销债务人的行为。"其中，将"影响债权人的债权实现"作为债权人撤销权的基本要件，其含义是：因为不当处分，所以无力还债。不具备这一要件的，撤销权不成立。故B项选。

《合同编通则解释》第44条第1款规定："债权人依据民法典第538条、第539条的规定提起撤销权诉讼的，应当以债务人和债务人的相对人为共同被告……"故C项选。

《民法典》第540条规定："撤销权的行使范围以债权人的债权为限。债权人行使撤销权

的必要费用，由债务人负担。"故D项选。

答案 BCD（原答案为BD）

✎ 评论

本题对于债权人撤销权的考查采用考试惯常的"随机抽取"的考法，所抽取的每一个考点均采用直接考查的方法，无需分析法律关系，较为简单。

本题需要说明的问题是有二：①《合同编通则解释》第44条第1款将撤销权之诉的当事人排列作出了变更性规定，即将"债务人为被告、第三人为无独立请求权第三人"变更为"债务人、第三人为共同被告"。故C当选。②在债务人向"知情"的第三人不当处分财产的情况下，"债权人的撤销权"与"恶意串通"的关系：

首先，这两个制度的后果截然不同。按照"债权人的撤销权"，该不当处分行为经撤销才无效；而若认定该行为构成恶意串通，则该行为会被直接撤销，撤销权的行使不再有必要。

其次，《民法典》规定了"债权人的撤销权"制度，而且该制度存在着将"第三人知情"作为债权人行使撤销权条件的逻辑关系，即《民法典》第539条规定："债务人以明显不合理的低价转让财产、以明显不合理的高价受让他人财产或者为他人的债务提供担保，影响债权人的债权实现，债务人的相对人知道或者应当知道该情形的，债权人可以请求人民法院撤销债务人的行为。"由此可见，在债务人向"知情"的第三人不当处分财产的情况下，债权人利益的保护通过"债权人的撤销权"来实现，恶意串通问题则不再考量。本题中A项不选，即表明了这一观点。

二、代位权

137. 甲公司与乙公司签订10万元建材买卖

合同后，乙交付建材，甲公司未付建材款。甲公司将该建材用于丙公司办公楼装修，丙公司需向甲公司支付 15 万元装修款，其中 5 万元已经支付完毕。丙公司给乙公司出具《担保函》："本公司同意以欠甲公司的 10 万元装修款担保甲公司欠乙公司的 10 万元建材款。"乙公司对此并无异议。后，甲公司对乙公司的债务、丙公司对甲公司的债务均届期未偿，且甲公司怠于向丙公司主张债权。下列哪些表述是正确的？（2011/3/59-多）

A. 乙公司对丙公司享有应收账款质权

B. 丙公司应对乙公司承担保证责任

C. 乙公司可以对丙公司提起代位权诉讼

D. 乙公司可以要求并存债务承担人丙公司清偿债务

考点 权利质权和保证的成立、代位权的构成要件、债务承担

解析 应收账款质押的客体是以金钱为标的的债权。本题中，丙公司对甲公司只有债务而无债权，所以《担保函》并非应收账款质押。故 A 项错误，不选。

丙公司向乙公司出具的《担保函》的本质是允诺在甲公司到期不履行建材款债务时，丙公司在 10 万元的范围内履行该义务，所以构成限额保证。故 B 项正确，选。

在本题中，乙公司对甲公司享有建材款债权，甲公司对丙公司享有装修款债权，三者形成债权人、债务人、次债务人的三方关系，且题目中明确"甲公司怠于向丙公司主张债权"，所以乙公司可以向丙公司主张代位权。故 C 项正确，选。

丙公司向乙公司出具《担保函》是以"担保人"自居，而并未表明自己作为乙公司的债务人的地位，所以不构成并存的债务承担。故 D 项错误，不选。

答案 BC

评论 本题将四个考点合并考查，具有一定

的综合性，且题目中的法律关系较为复杂，对考生的法律关系梳理能力要求较高。

本题需要总结的知识在于，债务承担、保证、第三人代为履行三个概念，均涉及"债务人以外的第三人履行债务"的情形，但是这三个概念各不相同：在债务承担的情况下，第三人本身即是债务人；在保证的情况下，第三人是担保人，以主债务的不履行为承担责任的前提；在第三人代为履行的情况下，第三人仅仅是履行债务的行为人，而非债务人。这三个概念的区分，在考试中被多次考到。

138. 甲企业明知乙企业借款用于非法目的，仍借给乙企业 20 万元，期满未还。丙欠乙 20 万元货款也已到期，乙曾向丙发出催收通知书。乙、丙之间的供货合同约定，若因合同履行发生争议，由 Y 仲裁委员会仲裁。下列哪些选项是错误的？（2006/3/54-多，改编）

A. 甲对乙的 20 万元债权不合法，故甲不能行使债权人代位权

B. 乙曾向丙发出债务催收通知书，故甲不能行使债权人代位权

C. 甲应以乙为被告、丙为第三人提起代位权诉讼

D. 乙、丙约定的仲裁条款不影响甲对丙提起代位权诉讼

考点 代位权的行使、仲裁协议的效力

解析 根据《最高人民法院关于审理民间借贷案件适用法律若干问题的规定》第 13 条第 4 项的规定，出借人事先知道或者应当知道借款人借款用于违法犯罪活动仍然提供借款的，人民法院应当认定民间借贷合同无效。据此，甲、乙之间的借贷合同无效。此时，乙对甲所提供的 20 万元资金构成不当得利，甲对乙享有不当得利返还请求权。债的保全制度隶属于"债法

总则"，不仅可适用于合同之债，而且可适用于不当得利之债、无因管理之债和侵权损害赔偿之债。因此，虽然甲对乙不享有合同债权，但是甲所享有的不当得利债权依然可适用代位权。故 A 项错误，选。

债务人怠于行使债权的认定标准，就是其不向次债务人提起诉讼或申请仲裁，其他的权利主张方式在所不问。因此，尽管乙曾向丙发出债务催收通知书，乙同样构成怠于主张权利，甲依然可以行使代位权。故 B 项错误，选。

代位权之诉中，被告为次债务人，而非债务人。故 C 项错误，选。

乙、丙之间的仲裁条款仅为乙、丙之间的内部协议，不对甲产生约束力。故 D 项正确，不选。

答案 ABC

✏️ **评论**

本题将两个考点合并考查，具有一定的综合性。本题所考查的两个考点，均没有法律上的明文规定。

本题的启迪意义有二：

（1）债权人的撤销权、代位权制度，作为"债法总则"的制度，可以适用于合同之债，也可以适用于不当得利之债、无因管理之债、侵权损害赔偿之债。推而广之，债的移转、债的消灭制度，也均是如此。

（2）债务人与第三人之间的仲裁协议、债务人与次债务人之间的仲裁协议，均不影响债权人通过诉讼方式对撤销权、代位权的行使。

139. 甲公司对乙公司享有 5 万元债权，乙

公司对丙公司享有 10 万元债权。如甲公司对丙公司提起代位权诉讼，则针对甲公司，丙公司的下列哪些主张具有法律依据？（2012/3/59-多）

A. 有权主张乙公司对甲公司的抗辩

B. 有权主张丙公司对乙公司的抗辩

C. 有权主张代位权行使中对甲公司的抗辩

D. 有权要求法院追加乙公司为共同被告

考点 代位权之诉中的抗辩权

解析 债务人对债权人的抗辩事由，次债务人可以向债权人主张。故 A 项选。

次债务人对债务人的抗辩事由，可以向债权人主张。故 B 项选。

在代位权之诉中，次债务人可以直接对债权人主张诉讼中的抗辩。故 C 项选。

《合同编通则解释》第 37 条第 1 款规定："债权人以债务人的相对人为被告向人民法院提起代位权诉讼，未将债务人列为第三人的，人民法院应当追加债务人为第三人。"故本题中，丙公司有权要求法院追加乙公司为第三人，而非共同被告。故 D 项不选。

答案 ABC

✏️ **评论**

本题只考查一个考点，为单一考查题。需要注意的是，《合同编通则解释》第 37 条第 1 款将代位权之诉的当事人排列规则中的"可以追加债务人为第三人"变更为"应当追加债务人为第三人"。

本题的特点在于对条文规定的突破。《民法典》第 535 条第 3 款规定："相对人对债务人的抗辩，可以向债权人主张。"而在本题中，次债务人的"全面抗辩权"得到认可。这一观点应得到肯定。

债的消灭 专题 28

一、履行

（一）数笔同种类债务的履行

140. 胡某于 2006 年 3 月 10 日向李某借款 100 万元，期限 3 年。2009 年 3 月 30 日，双方商议再借 100 万元，期限 3 年。两笔借款均先后由王某保证，未约定保证方式和保证期间。李某未向胡某和王某催讨。胡某仅于 2010 年 2 月归还借款 100 万元。关于胡某归还的 100 万元，下列哪一表述是正确的？（2014/3/13-单）

A. 因 2006 年的借款已到期，故归还的是该笔借款

B. 因 2006 年的借款无担保，故归还的是该笔借款

C. 因 2006 年和 2009 年的借款数额相同，故按比例归还该两笔借款

D. 因 2006 年和 2009 年的借款均有担保，故按比例归还该两笔借款

考点 债务人对债权人负担数笔同种类债务的履行

解析《民法典》第 560 条规定："债务人对同一债权人负担的数项债务种类相同，债务人的给付不足以清偿全部债务的，除当事人另有约定外，由债务人在清偿时指定其履行的债务。债务人未作指定的，应当优先履行已经到期的债务；数项债务均到期的，优先履行对债权人缺乏担保或者担保最少的债务；均无担保或者担保相等的，优先履行债务人负担较重的债务；负担相同的，按照债务到期的先后顺序履行；到期时间相同的，按照债务比例履行。"本题中，债务人于 2010 年 2 月还款 100 万元，此时第一笔债务的还款期限已经届满，第二笔债务的还款期限尚未届满。所以根据"是否到期"的第一界定规则，债务人所清偿的是第一笔债

务。故 A 项选，其他项不选。

答案 A

评论

　　本题只考查一个考点，采用直接考查的方法，难度不大。

（二）以物抵债

141. 2012 年 2 月，甲公司与其全资子公司乙公司签订了《协议一》，约定甲公司将其建设用地使用权用于抵偿其欠乙公司的 2000 万元债务，并约定了仲裁条款。但甲公司未依约将该用地使用权过户到乙公司名下，而是将之抵押给不知情的银行以获贷款，办理了抵押登记。关于甲公司、乙公司与银行的法律关系，下列表述正确的是：（2013/3/86-任，缩写）

A. 甲公司欠乙公司 2000 万元债务没有消灭

B. 甲公司抵押建设用地使用权的行为属于无权处分

C. 银行因善意取得而享有抵押权

D. 甲公司用建设用地使用权抵偿债务的行为属于代为清偿

考点 以物抵债、无权处分、善意取得

解析 本题中，甲公司并未将用以抵债的土地使用权转让给乙公司，所以甲公司对乙公司的债务并未消灭。故 A 项正确，选。

　　甲公司作为土地使用权人，有权实施处分行为。故 B 项错误，不选。

　　根据《民法典》第 311 条第 1 款的规定，善意取得以无权处分为前提。正是由于甲公司的抵押行为系有权处分，所以银行不涉及善意取得问题。故 C 项错误，不选。

　　所谓代为履行，是指第三人向债权人履行债务人的债务。本题中，甲公司向乙公司以土地使用权抵债，性质为代物清偿（以物抵债）。

故 D 项错误，不选。

答案 A

评论

　　本题将三个考点合并考查，具有一定的综合性。但是本题采取直接考查的方式，且所考知识点较为简单，故难度不大。

二、提存

142. 甲与乙签订销售空调 100 台的合同，但当甲向乙交付时，乙以空调市场疲软为由，拒绝受领，要求甲返还货款。下列说法哪些是正确的？（2003/3/44-多）

A. 甲可以向有关部门提存这批空调

B. 空调在向当地公证机关提存后，因遇火灾，烧毁 5 台，其损失应由甲承担

C. 提存费用应由乙支付

D. 若自提存之日起 5 年内乙不领取空调，则归甲所有

考点 提存、标的物风险的转移

解析 对于财物之债而言，债权人构成迟延受领的，债务人可以提存标的物。故 A 项正确，选。

　　提存完成后，提存物因风险毁损、灭失的，由债权人承担损失。故 B 项错误，不选。

　　提存费用应当由债权人承担。故 C 项正确，选。

　　债权人自提存之日起 5 年内不领取提存物的，提存物扣除提存费用后，归国家所有。故 D 项错误，不选。

答案 AC

评论

　　本题将两个考点合并考查，具有一定的综合性，但是跨度不大。本题采取直接考查的方式，较为简单。

三、免除

143. 甲、乙、丙是好朋友。甲借给乙 5 万元，因为乙祖母生病，且乙家庭条件不好，甲对丙说："不用乙还 5 万元了。"下列说法哪些是正确的？（2020-回忆版-多）

A. 甲的意思表示需要乙的受领

B. 债务免除自甲对丙作出意思表示之日生效

C. 甲对丙作出的意思表示不发生效力

D. 乙对甲的债务因此消失

考点 债务免除的意思表示

解析 债务免除的意思表示是要求相对人受领的意思表示。故 A 项选。

　　债务免除的意思表示必须向债务人作出，方能发生债务免除的后果。因丙并非甲的债务人，所以甲向丙作出的免除乙的债务的意思表示不可能发生免除乙的债务的后果。故 B、D 项不选，C 项选。

答案 AC

评论

　　本题只考查一个考点，为单一考查题，考法直接，无需法律关系的分析，且考查内容为基本考点，没有难度。

144. 甲、乙双方达成协议，约定甲将房屋无偿提供给乙居住，乙则无偿教甲的女儿学钢琴。对于该协议，下列哪些说法是正确的？（2005/3/56-多）

A. 属于无名合同

B. 属于实践合同

C. 应适用合同法总则的规定

D. 可以参照适用合同法关于租赁合同的规定

考点 无名合同

解析 一方提供房屋的使用权，另一方以劳务作为对价的合同，在《民法典》所规定的各类有名合同中无此类合同类型，所以为无名合同。故 A 项正确，选。

实践合同包括借用、保管、民间借贷、定金、期前达成的抵债协议五类，其类型法定，所以本题中的合同并非实践合同。故 B 项错误，不选。

无名合同适用合同编通则中关于合同的一般规定。故 C 项正确，选。

本题中的合同虽为无名合同，但是与租赁合同最相类似，所以可参照适用《民法典》关于租赁合同的规定界定本题中当事人之间的权利和义务。故 D 项正确，选。

答案 ACD

评 论

本题只考查一个考点，为单一考查题，且采取直接考查的方式，较为简单。

145. 甲租房子给钢琴研究生乙，另外双方协定由乙教甲的女儿钢琴抵房租。后来有 1 个月乙房门紧闭，无法联系。甲无奈请了个钢琴本科生教其女儿，1 个月花费 3000 元。后乙回来，告诉甲其跟随导师出国了。乙该付甲多少钱？（2020-回忆版-单）

A. 同地段房租均价 4000 元

B. 钢琴学费 3000 元

C. 该校同等学生钢琴学费均价 2000 元

D. 不给钱

考点 无名合同的法律适用

解析 本题中，乙承租甲的房屋，但以劳务作为对价，所以甲、乙之间所订立的合同并非租赁合同，而是无名合同。无名合同在不违反民事法律行为的效力要件的情况下，依然有效。根据《民法典》第 467 条第 1 款的规定，有效的无名合同，适用《民法典》合同编通则的规定，并可以参照适用《民法典》合同编或者其他法律最相类似的有名合同的规定。与本题最相类似的有名合同类型为租赁合同。由此出发，乙1个月未教甲的女儿钢琴，在甲、乙的合同关系中，构成该一个月内未支付房屋使用的对价，所以乙应补缴该对价。因题目中已经明确"由乙教甲的女儿钢琴抵房租"，所以该对价的计算应以租金价格为计算标准。故 A 项选，B、C、D 项不选。

答案 A

✎ 评 论

> 本题只考查一个考点，为单一考查题，但是对于考生的考点掌握及法律关系

的分析具有较高要求，故有一定难度。

关于本题，需要说明的问题是：《民法典》第581条规定："当事人一方不履行债务或者履行债务不符合约定，根据债务的性质不得强制履行的，对方可以请求其负担由第三人替代履行的费用。"因本题的核心是"以劳务抵房租"，故劳务的价值不能以第三人替代履行的费用为准，而需以租金本身的价格为准，故该条规定不适用于本题。

⏰ 30 专题 合同的订立

一、商业广告与要约

146. 甲公司通过电视发布广告，称其有100辆某型号汽车，每辆价格 15 万元，广告有效期 10 天。乙公司于该则广告发布后第 5 天自带汇票去甲公司买车，但此时车已全部售完，无货可供。下列哪一选项是正确的？（2007/3/8-单）

A. 甲构成违约

B. 甲应承担缔约过失责任

C. 甲应承担侵权责任

D. 甲不应承担民事责任

考点 商业广告的性质

解析 《民法典》第 472 条规定："要约是希望与他人订立合同的意思表示，该意思表示应当符合下列条件：①内容具体确定；②表明经受要约人承诺，要约人即受该意思表示约束。"据此，本题中的广告具备"内容明确""愿受约束"的特点，构成要约。相应地，乙公司表示同意购买，构成承诺。由于买卖合同为诺成、不要式合同，所以甲、乙两公司之间的买卖合同成立，甲公司承担交付货物的义务。故 A 项选，D 项不选。

缔约过失责任以在当事人订立合同阶段，一方违反先合同义务即不诚信为要件，本题中并无该项事实，所以不构成缔约过失责任。故 B 项不选。

本题中，甲公司并未侵害乙公司的民事权益，不存在侵权的事实。故 C 项不选。

答案 A

✎ 评 论

> 本题只考查一个考点，为单一考查题，且采用直接考查的方法，较为简单。

147. 甲房产开发公司在交给购房人张某的某小区平面图和项目说明书中都标明有一个健身馆。张某看中小区健身方便，决定购买一套商品房并与甲公司签订了购房合同。张某收房时发现小区没有健身馆。下列哪些表述是正确的？（2014/3/51-多）

A. 甲公司不守诚信，构成根本违约，张某有权退房

B. 甲公司构成欺诈，张某有权请求甲公司承担缔约过失责任

C. 甲公司恶意误导，张某有权请求甲公司双

倍返还购房款

D. 张某不能滥用权利，在退房和要求甲公司承担违约责任之间只能选择一种

【考点】构成要约的商业广告的效力

【解析】根据《商品房买卖合同解释》第3条的规定，出卖人就商品房开发规划范围内的房屋及相关设施所作的说明和允诺具体确定，并对商品房买卖合同的订立以及房屋价格的确定有重大影响的，构成要约。该说明和允诺即使未载入商品房买卖合同，亦应当为合同内容，当事人违反的，应当承担违约责任。据此，本题中，小区平面图和项目说明书中所载明的健身馆，构成要约。甲公司未能建设健身馆，导致"看中小区健身方便"的张某购房目的落空，甲公司构成根本违约。根据《民法典》第563条第1款的规定，甲公司构成根本违约，张某有权解除合同，主张退房，并追究甲公司的违约责任。故 A 项正确，选。

与此同时，甲公司谎称小区内有健身馆，构成欺诈，所以张某有权诉请法院撤销合同，主张退房，并追究甲公司的缔约过失责任。故 B 项正确，选。

商品房买卖合同不适用《消费者权益保护法》。故 C 项错误，不选。

如上所述，张某可以解除合同，主张退房，并追究甲公司的违约责任。故 D 项错误，不选。

【答案】AB

✍ 评论

本题为案件分析题，要求考生在分析法律关系的基础上，对考点加以运用，具有一定难度。

本题的启迪意义有二：

（1）考法的总结，即在开发商发布具有要约性质的商业广告，却又未能完成广告允诺的情况下，购房人如欲"退房"，有两条路可以选择：①"欺诈+撤销=退房+缔约过失责任"；②"违约+解除=退房+违约责任"。

（2）如 C 项所示，商品房买卖合同不适用《消费者权益保护法》。

二、要约的失效

148. 甲公司于6月10日向乙公司发出要约订购一批红木，要求乙公司于6月15日前答复。6月12日，甲公司欲改向丙公司订购红木，遂向乙公司发出撤销要约的信件，于6月14日到达乙公司。而6月13日，甲公司收到乙公司的回复，乙公司表示红木缺货，问甲公司能否用杉木代替。甲公司的要约于何时失效？（2008延/3/6-单）

A. 6月12日　　　B. 6月13日
C. 6月14日　　　D. 6月15日

【考点】要约的失效

【解析】要约的撤销采取到达主义模式，所以撤销要约的意思表示作出时，并不能产生要约撤销的法律后果。故 A 项不选。

乙公司6月13日的回复的性质为对甲公司的要约作出实质性变更，其导致了甲公司的要约失效。故 B 项选。

甲公司撤销要约的意思表示到达乙公司时，要约已经失效，要约撤销的前提已经不复存在。故 C 项不选。

由于甲公司的要约已经因乙公司的实质性变更而失效，所以甲公司在要约中所表示的承诺期间也随之丧失法律意义。故 D 项不选。

【答案】B

✍ 评论

本题只考查一个考点，为单一考查题，且采用直接考查的方法，较为简单。

149. 乙公司向甲公司发出要约，旋又发出一份"要约作废"的函件。甲公司的董事长助理收到乙公司"要约作废"的函件后，忘了交给董事长。第3天甲公司董事长发函给

乙公司，提出只要将交货日期推迟2个星期，其他条件都可接受。后甲、乙公司未能缔约，双方缔约没能成功的原因是什么？（2002/3/12-单）

A. 要约已被撤回

B. 要约已被撤销

C. 甲公司对要约作了实质性改变

D. 甲公司承诺超过了有效期间

考点 要约的撤回与撤销、要约的失效

解析 无论将此"要约作废"的函件视为要约的撤回还是要约的撤销，在其到达受要约人时，要约对要约人必然不具有法律约束力。进而，本题中，当事人双方未能缔约，与受要约人变更要约内容或承诺迟到无关。故C、D项不选。

至于该"要约作废"的函件系属要约的撤回还是要约的撤销，关键是看该函件到达受要约人的时间。虽然题目中并未言明该函件是后于要约到达，还是先于要约到达，或者与要约同时到达，但是题目中"旋又发出"的表述系暗示该函件先于要约到达或者与要约同时到达受要约人，所以其应定性为要约的撤回。故A项选，B项不选。

答案 A

评论

本题将三个考点合并考查，但是跨度不大。

本题的启迪意义有二：

（1）对C、D项"要约是否被变更"以及"承诺是否超过承诺期限"的判断，必须以要约的效力存续为前提；反之，如果要约被撤回、被撤销，则不存在上述判断问题。

（2）对于A、B项，在题目表述并不精确的情况下，要学会解读题意做题。本题中，题目并未言明该函件是后于要约到达，还是先于要约到达，或者与要约同时到达，但考生应当从题干中"旋又发出"

的表述中解读出该函件是先于要约到达或与要约同时到达受要约人。

三、格式条款合同

150. 2019年1月，张某去健身房花5000元办了一张1年期的卡，健身房规定，该卡不能以任何理由中止、中断，1年内可无限次使用。同年4月，该健身房要装修，于是通知张某该卡延期1个月。同年6月，张某要出国培训，于是向健身房主张顺延1个月，但健身房不同意。关于本案，下列哪些说法是正确的？（2019-回忆版-多）

A. 该规定违背公平原则，无效

B. 该规定违背公平原则，对张某无效

C. 健身房的通知构成违约

D. 健身房拒绝顺延构成违约

考点 格式条款中免责条款的效力

解析 本题中，健身卡"不得中止、中断"的规定是就双方而言的，健身房作为格式条款的提供者，该规定对于健身房有效，对于张某则构成不当免责条款，无效。故A项错误，不选；B项正确，选。

进而，健身房要求延长期限，因违背健身卡的规定，构成违约。故C项正确，选。

因张某不受该规定的约束，所以其有权要求顺延。健身房拒绝张某的要求，同样构成违约。故D项正确，选。

答案 BCD

评论

本题只考查一个考点，为单一考查题。本题要求考生区分"不当免责条款"与"正当免责条款"，对考生的法律关系分析能力具有较高要求。

本题的启迪意义在于，格式条款中的"双刃剑"规定，即对双方都存在苛刻要求的规定，只是对于相对方无效，对于提供方则有效。

四、合同的解释

151. 甲与乙教育培训机构就课外辅导达成协议，约定甲交费 5 万元，乙保证甲在接受乙的辅导后，高考分数能达到二本线。若未达到该目标，全额退费。结果甲高考成绩仅达去年二本线，与今年高考二本线尚差 20 分。关于乙的承诺，下列哪一表述是正确的?（2012/3/11-单）

A. 属于无效格式条款

B. 因显失公平而可变更

C. 因情势变更而可变更

D. 虽违背教育规律但属有效

考点 合同的解释与合同的效力

解析《民法典》第 497 条规定："有下列情形之一的，该格式条款无效：①具有本法第一编第六章第三节和本法第 506 条规定的无效情形；②提供格式条款一方不合理地免除或者减轻其责任、加重对方责任、限制对方主要权利；③提供格式条款一方排除对方主要权利。"本题中，并无格式条款的无效事由。故 A 项不选。

显失公平的构成，需以一方利用自己的优势或利用对方的危难为要件。本题中并无此项情节。故 B 项不选。

情势变更以合同履行过程中发生了当事人缔约时无法预见的重大变化，导致继续履行合同对一方明显不公平为内涵。本题中未出现情势变更的事实。故 C 项不选。

因本题并无任何的导致合同无效或其他效力瑕疵的事实，所以合同为有效。故 D 项选。

答案 D

评论

本题将三个考点合并考查，具有综合性，但考查内容均为概念性考点，故仍较为简单。

对于本题，需要说明的问题是对"二本线"的解释。按照目的解释的方式，其

应界定为"本年的二本线"，故乙机构应当退费。

152. 2003 年甲向乙借款 3000 元，借据中有"借期一年，明年十月十五前还款"字样，落款时间为"癸未年九月二十日"。后来二人就还款期限问题发生争执，法院查明"癸未年九月二十日"即公元二○○三年十月十五日，故认定还款期限为二○○四年十月十五日。法院运用了哪几种合同解释规则?（2005/3/54-多）

A. 文义解释 　　　B. 整体解释

C. 目的解释 　　　D. 习惯解释

考点 合同的解释方法

解析 文义解释，是指通过合同所使用文字的一般含义确定其内容。本题中，法院对"癸未"的解释，为文义解释。故 A 项选。

整体解释，是指利用合同条款之间的逻辑关系，由所知推所不知。本题中，法院通过"落款时间"和"借期一年"推知还款期限，为整体解释。故 B 项选。

目的解释，是指将当事人订立合同所欲追求的目的作为合同解释的依据。本案并未涉及当事人订立借款合同的目的问题。故 C 项不选。

习惯解释，是指以交易习惯来确定双方的权利和义务。本题中，"癸未"虽为农历纪年法，但是与交易习惯、惯例无关。故 D 项不选。

答案 AB

评论

本题将四个考点合并考查，但是跨度不大，且采取直接考查的方式，难度不大。

153. 甲在校园网上发布一则出售自行车的信息：价格 1000 元，先到先得。并附上自行车照片与具体情况。乙看到信息后私信联系

甲,表示愿以900元的价格购买,甲不同意。后乙发信息表示:"就按你说的价格,1100元。"后甲将自行车交付给乙,乙付款1000元。甲说:"少100元。"乙说:"我信息发错了。"甲表示不同意。以下哪一选项是正确的?(2023-回忆版-单)

A. 甲与乙以1100元的价格达成买卖合同

B. 甲与乙以1000元的价格达成买卖合同

C. 甲与乙意思表示未达成,合同不成立

D. 甲在校园网上发布的信息属于要约邀请

考点 意思表示的解释、要约邀请、要约、承诺

解析 甲在校园网上所发布的信息内容明确具体,具备了合同的基本要素,且并未表明不接受约束,故构成要约,而非要约邀请。故D项不选。

乙表示愿以900元的价格购买,为新要约。在甲未同意的情况下,乙第二次表示,又构成新要约,甲将自行车交付给乙,构成承诺。因此,甲、乙的买卖合同已经成立。故C项不选。

至于乙第二次作出的新要约,是以1000元的价格购买,还是以1100元的价格购买,则涉及意思表示解释。首先,从盖然性上讲,在乙的表达中,"就按你说的价格"指向的价格是1000元,"1100元"则与"就按你说的价格"之表示矛盾,必有一个表达存在错误。比较而言,"1100元"之表达出错的可能性大。其次,从利弊关系上讲,乙作为买方,价格越低越有利。乙可以1000元的价格成交,何必报价1100元?综上,甲、乙之间的买卖合同的成交价为1000元。故A项不选,B项选。

答案 B

✎ 评论

本题不仅考查考生对知识的掌握,还考查其对案情的分析。较之于纯粹的知识考查题,本题更贴近法律实务。故对于知识运用能力的考查,使本题具有了一定的难度。

31 专题 合同的履行

一、双务合同抗辩权

154. 甲与乙公司签订的房屋买卖合同约定:"乙公司收到首期房款后,向甲交付房屋和房屋使用说明书;收到二期房款后,将房屋过户给甲。"甲交纳首期房款后,乙公司交付房屋但未立即交付房屋使用说明书。甲以此为由行使先履行抗辩权而拒不支付二期房款。下列哪一表述是正确的?(2015/3/10-单)

A. 甲的做法正确,因乙公司未完全履行义务

B. 甲不应行使先履行抗辩权,而应行使不安抗辩权,因乙公司有不能交付房屋使用说明书的可能性

C. 甲可主张解除合同,因乙公司未履行义务

D. 甲不能行使先履行抗辩权,因甲的付款义务与乙公司交付房屋使用说明书不形成主给付义务对应关系

考点 双务合同抗辩权与迟延履行的合同解除权

解析 本题的命题特点为双务合同的"多段履行",即:①甲交付首期房款;②乙公司交付房屋和房屋使用说明书;③甲交付二期房款;④乙公司办理过户手续。在"多段履行"的题目中,双务合同抗辩权的运用采取"两两组合"的方式,即:①②、②③、③④,在各自的组合中,确定履行的先后顺序。由此出发,本题中,甲因乙公司未完全履行②,拒绝履行③,所以为"②③"这一组合的问题。由此出发,因双务合同抗辩权需受"等价抗辩"原则的限制,故在乙公司已经交付房屋(已经履行②的主要义务)的情况下,甲不得以乙公司未

交付房屋使用说明书（未履行②的次要义务）为由，主张双务合同抗辩权。故 A 项错误，不选。

在"②③"组合中，甲因乙公司未完全履行先到期的②，而拒绝履行后到期的③，其抗辩逻辑为先履行抗辩权。故 B 项错误，不选。

根据《民法典》第 563 条第 1 款第 3 项的规定，当事人一方迟延履行主要债务，经催告后在合理期限内仍未履行的，另一方有权解除合同。据此，乙公司未交付房屋使用说明书不构成主要义务的迟延履行，所以甲不得主张解除合同。故 C 项错误，不选。

如上所述，尽管甲的抗辩逻辑为先履行抗辩权，但是受制于"等价抗辩"原则，甲不得主张先履行抗辩权。故 D 项正确，选。

答案 D

✐ 评论

> 本题将两个法律制度中的两个考点结合考查，具有综合性。
>
> 本题的启迪意义在于，先履行抗辩权、不安抗辩权在"多段履行"中的分析。如解析所示，用"两两组合"的方式区分履行顺序的先后，是此类题目的解题思路。

155. 甲公司与乙公司签订服装加工合同，约定乙公司支付预付款 1 万元，甲公司加工服装 1000 套，3 月 10 日交货，乙公司 3 月 15 日支付余款 9 万元。3 月 10 日，甲公司仅加工服装 900 套，乙公司此时因濒临破产致函甲公司表示无力履行合同。下列哪一说法是正确的？（2009/3/10-单）

A. 因乙公司已支付预付款，甲公司无权中止履行合同

B. 乙公司有权以甲公司仅交付 900 套服装为由，拒绝支付任何货款

C. 甲公司有权以乙公司已不可能履行合同为由，请求乙公司承担违约责任

D. 因乙公司丧失履行能力，甲公司可行使顺序履行抗辩权

考点 先履行抗辩权和不安抗辩权

解析 本题中，就"交付货物"和"支付余款"两项义务而言，甲公司作为先履行一方未全面履行债务，乙公司享有先履行抗辩权；同时，乙公司作为后履行一方无力履行未来的债务，甲公司则享有不安抗辩权。可见，本题的命题特征在于，既存在先履行抗辩权，又存在不安抗辩权。在此基础上，乙公司支付预付款并不能消除其无法履行剩余债务的事实，甲公司仍有"不安"的理由，所以其仍可主张不安抗辩权，中止履行。故 A 项错误，不选。

乙公司虽有权主张先履行抗辩权，但是由于先履行抗辩权为"等价抗辩"，所以乙公司拒绝支付的价款应当与甲公司未履行的债务相适应。故 B 项错误，不选。

甲公司在主张不安抗辩权后，如乙公司在合理期间内未恢复履行能力且未提供适当担保，即可认定其"已不可能履行合同"，甲公司可追究其预期违约责任。故 C 项正确，选。

甲公司作为先履行一方，只能主张不安抗辩权，而不得主张先履行抗辩权（顺序履行抗辩权）。故 D 项错误，不选。

答案 C

✐ 评论

> 本题将两个考点合并考查，具有一定的综合性，但是跨度不大。本题需要进行一定的法律关系的分析，因而具有一定的难度。
>
> 本题的启迪意义有二：
>
> （1）存在履行顺序的双务合同中，先履行一方享有不安抗辩权的同时，后履行一方也享有先履行抗辩权。此时各自分析、孤立把握，无需考虑其两者相互的影响关系。
>
> （2）本题为"多段履行"题，即：①乙公司支付预付款；②甲公司加工服装

并交付；③乙公司支付余款。在双务合同抗辩权的分析中，采用"两两结合"的方式，即分为"①②"与"②③"两个组合，各自分析其先履行抗辩权和不安抗辩权的问题。

二、第三人代为履行

156. 甲公司因经营不善宣布歇业，解雇专车司机潘某，尚欠潘某 3 万元工资未给。潘某多次索要无果，一气之下将甲公司的面包车开走。乙公司是甲公司的母公司，得知此事后，代甲公司向潘某支付了 2 万元工资。对此，下列哪些说法是正确的？（2023-回忆版-多）

A. 潘某的行为是自助行为
B. 乙公司的行为属于无因管理
C. 甲公司还欠潘某 1 万元
D. 甲公司还欠乙公司 2 万元

考点 自助的构成、代为履行与无因管理的关系

解析 自助的构成，需以情况紧急，来不及通过公力救济的方式保护自己的权利为条件。本题并无上述条件，故不构成自助。A 项不选。

乙公司作为甲公司的母公司，与甲公司是"两个人"，故不具有替甲公司偿还债务的义务。在此基础上，乙公司代为履行债务，系为了甲公司的利益，故构成无因管理。需要指出的是，即使乙公司代甲公司向潘某履行不符合甲公司的意愿，但甲公司的意愿违法或违反公序良俗的，根据《民法典》第 979 条第 2 款的规定，乙公司依然可构成无因管理。B 项选。

甲公司欠潘某工资 3 万元，乙公司代为履行 2 万元后，甲公司还欠潘某工资 1 万元。C 项选。

乙公司代为履行 2 万元，对甲公司享有 2 万元追偿权，故甲公司还欠乙公司 2 万元。D 项选。

答案 BCD

评论

本题将三个考点合并考查，且横跨《民法典》总则编与合同编，具有综合性。

本题的启迪意义在于，乙公司代甲公司向潘某履行债务，构成代为履行自不待言，但这与乙公司构成无因管理并不矛盾。无因管理构成了代为履行的常见原因。

157. 甲公司对乙公司负有交付葡萄酒的合同义务。丙公司和乙公司约定，由丙公司代甲公司履行，甲公司对此全不知情。下列哪一表述是正确的？（2012/3/12-单）

A. 虽然甲公司不知情，丙公司的履行仍然有法律效力
B. 因甲公司不知情，故丙公司代为履行后对甲公司不得追偿代为履行的必要费用
C. 虽然甲公司不知情，但如丙公司履行有瑕疵的，甲公司需就此对乙公司承担违约责任
D. 虽然甲公司不知情，但如丙公司履行有瑕疵从而承担违约责任的，丙公司可就该违约赔偿金向甲公司追偿

考点 第三人代为履行

解析 在未经债务人同意的情况下，第三人的"正常的"代为履行仍然具有清偿债权人的债权、消灭债务人的债务的法律效力。故 A 项正确，选。

第三人代为履行所支出的必要费用为"正常履行"的后果，债务人应予承担。故 B 项错误，不选。

第三人履行有瑕疵的，为"不正常履行"。未同意代为履行的债务人不承担由此所导致的后果。故 C、D 项错误，不选。此时，债权人的损失由债权人基于与第三人之间的委托关系向第三人追究。

答案 A

评 论

本题只考查一个考点，为单一考查题。本题采取直接考查的方式，无需分析法律关系，较为简单。

本题的启迪意义在于，"未经债务人同意的第三人代为履行"，只有系"正常的"履行时，第三人方可向债务人追偿。

合同的解除 专题 ③

一、一般法定解除权

158. 甲公司向乙公司购买小轿车，约定7月1日预付10万元，10月1日预付20万元，12月1日乙公司交车时付清尾款。甲公司按时预付第一笔款。乙公司于9月30日发函称因原材料价格上涨，需提高小轿车价格。甲公司于10月1日拒绝，等待乙公司答复未果后于10月3日向乙公司汇去20万元。乙公司当即拒收，并称甲公司迟延付款构成违约，要求解除合同，甲公司则要求乙公司继续履行。下列哪一表述是正确的？（2014/3/12－单）

A. 甲公司不构成违约

B. 乙公司有权解除合同

C. 乙公司可行使先履行抗辩权

D. 乙公司可要求提高合同价格

考点 合同的解除事由、双务合同抗辩权

解析 根据《民法典》第527条第1款的规定，应当先履行债务的当事人，有确切证据证明对方可能不履行后到期的债务的，可以中止履行。本题中，在乙公司表示要涨价的情况下，甲公司有理由认为自己支付价款后，乙公司有可能不交付小轿车，即有权基于不安抗辩权中止支付第二期价款。债务人基于抗辩权不履行债务，不构成违约。故A项正确，选。

根据《民法典》第563条第1款第3项的规定，当事人一方迟延履行主要债务，经催告后在合理期限内仍未履行的，对方当事人有权解除合同。本题中，乙公司并未催告甲公司支付第二期价款，且在乙公司主张解除合同之前，甲公司已经支付了第二期价款，所以乙公司不得以"迟延履行"为由解除合同。故B项错误，不选。

根据《民法典》第526条的规定，当事人互负债务，有先后履行顺序，应当先履行债务一方未履行或履行债务不符合约定的，后履行一方有权拒绝其相应的履行请求。据此，因甲公司已经交付了第二期价款，所以乙公司不得主张先履行抗辩权。故C项错误，不选。

乙公司主张涨价的理由是"原材料价格上涨"。因当事人订立合同时应当预见到原材料价格的正常波动，所以此为正常的市场风险，乙公司不得以此为由主张涨价。故D项错误，不选。

答案 A

评 论

本题将两个考点合并考查，具有综合性，且需要分析法律关系，具有一定的难度。

本题的启迪意义有二：

（1）市场变化对合同内容的影响有两种情形：①构成正常风险的，对合同内容没有影响，遭受不利影响的当事人应承担风险，不得主张变更、解除合同，如本题的案情。②构成情势变更的，对合同内容具有影响，遭受不利影响的当事人有权诉请法院变更、解除合同。但是，要构成情势变更，需要在题目中明确"不可预见""重

大变化""经济危机""政策变化"等案情。

（2）债权人基于债务人迟延履行主要债务所享有的合同解除权，蕴含一个行使的前提，即在债权人行使该解除权时，债务人仍未履行债务。

159. 安徽省的崔某要参加国家自行车比赛，向湖北省的陈某订购一批自行车，约定由陈某负责运输，运到后支付货款。陈某在运输途中遇到突如其来的山洪，被堵住路线，于是选择从另一条路送货，并将此事告知了崔某，崔某表示只要能够正常送到就可以。等陈某将自行车送到安徽省的时候，自行车比赛已经结束，陈某要求崔某付款遭拒，两人因为该买卖合同解除问题发生纠纷。关于本案，下列哪些说法是正确的？（2023-回忆版-多）

A. 崔某有权以合同目的不能实现为由解除合同

B. 陈某有权以不可抗力为由主张免除违约责任

C. 途遇山洪是陈某应当承担的商业风险

D. 崔某拒付价款构成违约

考点 合同的解除、不可抗力、民法的原则

解析 崔某购买自行车，目的在于参加比赛。因陈某迟延履行，该目的不能实现，故陈某构成根本违约，崔某有权解除买卖合同。A 项选。

不可抗力，是指不能预见、不能避免、不能克服的导致合同无法正常履行的事实。本题中，既然陈某有其他道路可以选择，那么本案中的"山洪"便不具备"不可克服"的特点，故不构成不可抗力。B 项不选。

既然本题中的"山洪"不构成不可抗力，那么由此造成的违约风险便应当由陈某承担。C 项选。

因陈某根本违约，崔某可基于先履行抗辩权拒绝付款，故不违反民法的原则。D 项不选。

答案 AC

📝 评 论

本题将三个考点合并考查，具有一定的综合性，但考查方法直接，难度不大。

本题的启迪意义在于，自然灾害未必都是不可抗力，可以克服或者避免的自然灾害，不构成不可抗力。

二、特别法定解除权

160. 下列关于合同解除的哪些说法是正确的？（2006/3/52-多）

A. 委托人或者受托人都可以随时解除委托合同

B. 不定期租赁合同的双方当事人可以随时解除合同

C. 承揽合同中的定作人可以随时解除合同

D. 在承运人将货物交付收货人之前，托运人可以解除运输合同

考点 特别法定解除权

解析 根据《民法典》第 933 条的规定，委托合同中，当事人双方均享有任意解除权。故 A 项正确，选。

根据《民法典》第 730 条的规定，不定期租赁合同中，当事人双方均享有任意解除权。故 B 项正确，选。

根据《民法典》第 787 条的规定，承揽合同中，定作人享有任意解除权。故 C 项正确，选。

根据《民法典》第 829 条的规定，货运合同中，托运人享有任意解除权。故 D 项正确，选。

答案 ABCD

📝 评 论

本题将四个考点合并考查，横跨委托、租赁、承揽和货运四类合同，具有较强的综合性。本题采用直接考查的方式，难度不大。

本题的启迪意义在于 A、C、D 三个选项，选项中的这三种解除权为《民法典》

合同编典型合同中的三种"任意解除权"，其法律构造是：①一方可以随意解除合同，不受法定事由的限制；②若因此给对方造成损失，则需赔偿。

三、约定解除权

161. 2013年3月1日，甲公司与乙公司签订了开发某房地产项目的《合作协议一》，约定如下："甲公司将丙公司10%的股权转让给乙公司，乙公司在协议签订之日起3日内向甲公司支付首付款4000万元，尾款1000万元在次年3月1日之前付清。首付款用于支付丙公司从某国土部门购买A地块土地使用权。如协议签订之日起3个月内丙公司未能获得A地块土地使用权致双方合作失败，乙公司有权终止协议。"《合作协议一》签订后，乙公司经甲公司指示向张某、方某支付了4000万元首付款。2013年5月1日，因张某、方某未将前述4000万元支付给丙公司致其未能向某国土部门及时付款，A地块土地使用权被收回挂牌卖掉。2013年6月4日，乙公司向甲公司发函："鉴于土地使用权已被国土部门收回，故我公司终止协议，请贵公司返还4000万元。"请回答第（1）~（3）题。（2014/3/87、89、90-任，缩写）

（1）关于2013年6月4日乙公司向甲公司发函，下列表述正确的是：

A. 行使的是约定解除权
B. 行使的是法定解除权
C. 有权要求返还4000万元
D. 无权要求返还4000万元

考点 约定解除权

解析 《民法典》第562条第2款规定，当事人可以约定一方解除合同的事由。解除合同的事由发生时，解除权人可以解除合同。据此，本题中，2013年6月4日乙公司向甲公司发函，是依据《合作协议一》中"如协议签订之日起

3个月内丙公司未能获得A地块土地使用权致双方合作失败，乙公司有权终止协议"的约定，行使约定解除权。故A项正确，选；B项错误，不选。

《民法典》第566条第1款规定："合同解除后，尚未履行的，终止履行；已经履行的，根据履行情况和合同性质，当事人可以请求恢复原状或者采取其他补救措施，并有权请求赔偿损失。"据此，本题中，乙公司有权要求返还4000万元。故C项正确，选；D项错误，不选。

答案 AC

评论

本题将两个考点合并考查，具有一定的综合性。但是本题所考查的两个考点为同一法律制度中具有密切联系的两个考点，且每个考点均采用直接考查的方式，无需分析法律关系，故本题难度不大。

（2）甲公司当即回函："我公司已把股权过户到贵公司名下，贵公司无权终止协议，请贵公司依约支付1000万元尾款。"

关于甲公司的回函，下列表述正确的是：

A. 甲公司对乙公司解除合同提出了异议
B. 甲公司对乙公司提出的异议理由成立
C. 乙公司不向甲公司支付尾款构成违约
D. 乙公司可向甲公司主张不安抗辩权拒不向甲公司支付尾款

考点 解除权异议、双务合同抗辩权

解析 根据《民法典》第565条第1款的规定，对方对解除合同有异议的，任何一方当事人均可以请求人民法院或者仲裁机构确认解除行为的效力。据此，对于合同解除权提出的异议，需通过诉讼或仲裁的方式主张，甲公司的回函不构成异议的提出。故A项错误，不选。

因丙公司不能获得A地块土地使用权，双方的合作已经无法完成。根据《民法典》第563条第1款第4项的规定，当事人一方迟延履行债务或者有其他违约行为致使不能实现合

同目的的，对方当事人有权解除合同。所以甲公司在异议中所主张的"股权已经过户"的理由不能成立。故 B 项错误，不选。

根据《民法典》第 526 条的规定，当事人互负债务，有先后履行顺序，应当先履行债务一方未履行的，后履行一方有权拒绝其履行请求。本题中，"丙公司获得 A 地块土地使用权"与"乙公司支付尾款"为双方先后应履行的义务。丙公司对应先履行的义务违约，乙公司有权基于先履行抗辩权拒绝履行后到期的义务。故 C、D 项错误，不选。

答案 无

✎ 评 论

本题将两个考点合并考查，具有一定的综合性。但是本题采用直接考查的方式，只考查考生对法律知识的掌握，不要求进行法律关系的分析，较为简单。

需要说明的是，在《民法典》颁布之前，解除权异议的提出无需采取诉讼或仲裁的方式，故本题原答案为 A。但是，在《民法典》生效后，本题已经没有正确答案。

（3）2013 年 6 月 8 日，张某、方某与乙公司签订了《合作协议二》，对继续合作开发房地产项目做了新的安排，并约定："本协议签订之日，《合作协议一》自动作废。"

关于张某、方某与乙公司签订的《合作协议二》，下列表述正确的是：

A. 有效
B. 无效
C. 可变更
D. 《合作协议一》被《合作协议二》取代

考点 合同的效力

解析 《合作协议二》并无任何无效、可撤销、可变更的事由，所以有效。故 A 项正确，选；B、C 项错误，不选。

根据《民法典》第 565 条第 1 款的规定，当事人一方依法主张解除合同的，应当通知对

方。合同自通知到达对方时解除。据此，本题中，《合作协议一》在 2013 年 6 月 4 日甲公司收到乙公司解除函件之日已经解除。且《合作协议一》与《合作协议二》主体并不相同，所以不存在"取代"问题。故 D 项错误，不选。

答案 A

✎ 评 论

本题只考查一个考点，为单一考查题。本题所涉及的法律关系的分析也较为简单，故难度不大。

四、合同解除的后果

162. 甲公司与乙公司签订并购协议："甲公司以 1 亿元收购乙公司在丙公司中 51% 的股权。若股权过户后，甲公司未支付收购款，则乙公司有权解除并购协议。"后乙公司依约履行，甲公司却分文未付。乙公司向甲公司发送一份经过公证的《通知》："鉴于你公司严重违约，建议双方终止协议，贵方向我方支付违约金；或者由贵方提出解决方案。"3 日后，乙公司又向甲公司发送《通报》："鉴于你公司严重违约，我方现终止协议，要求你方依约支付违约金。"下列哪一选项是正确的？（2011/3/13-单）

A. 《通知》送达后，并购协议解除
B. 《通报》送达后，并购协议解除
C. 甲公司对乙公司解除并购协议的权利不得提出异议
D. 乙公司不能既要求终止协议，又要求甲公司支付违约金

考点 合同解除权的行使及后果

解析 合同解除权为形成权，行使的方式为单方通知。本题中，《通知》并非解除合同的单方通知，《通报》才是。故 A 项不选，B 项选。

根据《民法典》第 565 条第 1 款的规定，对合同解除权的行使，相对人有权提出异议。故 C 项不选。

根据《买卖合同解释》第 20 条的规定，买卖合同因违约而解除后，守约方主张继续适用违约金条款的，人民法院应予支持。故 D 项不选。

答案 B

评 论

本题将三个考点合并考查，具有一定的综合性。但题目采用直接考查的方式，对于合并考查的每一个考点，考法都很简单。

合同责任 专题 33

一、缔约过失责任

（一）恶意磋商

163. 甲、乙同为儿童玩具生产商。六一节前夕，丙与甲商谈进货事宜。乙知道后向丙提出更优惠条件，并指使丁假借进货与甲接洽，报价高于丙以阻止甲与丙签约。丙经比较与乙签约，丁随即终止与甲的谈判，甲因此遭受损失。对此，下列哪一说法是正确的？（2010/3/12-单）

A. 乙应对甲承担缔约过失责任

B. 丙应对甲承担缔约过失责任

C. 丁应对甲承担缔约过失责任

D. 乙、丙、丁无须对甲承担缔约过失责任

考点 缔约过失责任

解析 在本题中，乙始终未曾与甲磋商，甲、乙之间不存在缔约关系，因而无缔约过失责任可言。故 A 项错误，不选。

丙终止与甲的磋商，并经比较与乙签约，是正常的商业行为，并不违反诚信原则，不构成先合同义务的违反，因而不承担缔约过失责任。故 B 项错误，不选。

丁假借订立合同，与甲恶意磋商，违反了先合同义务，应向甲承担缔约过失责任。故 C 项正确，选；D 项错误，不选。

答案 C

评 论

本题只考查一个考点，为单一考查题，且采用直接考查的方式，较为简单。

本题的启迪意义在于，缔约过失责任作为一种合同上的责任，强调相对性，即只有在缔约双方之间，方存在缔约过失责任关系。

164. 甲公司在与乙公司协商购买某种零件时提出，由于该零件的工艺要求高，只有乙公司先行制造出符合要求的样品后，才能考虑批量购买。乙公司完成样品后，甲公司因经营战略发生重大调整，遂通知乙公司：本公司已不需此种零件，终止谈判。下列哪一选项是正确的？（2007/3/4-单）

A. 甲公司构成违约，应当赔偿乙公司的损失

B. 甲公司的行为构成缔约过失，应当赔偿乙公司的损失

C. 甲公司的行为构成侵权行为，应当赔偿乙公司的损失

D. 甲公司不应赔偿乙公司的任何损失

考点 缔约过失责任的要件

解析 由于甲公司在磋商过程中的表示是"只有乙公司先行制造出符合要求的样品后，才能考虑批量购买"，所以甲公司与乙公司之间的买卖合同并未成立，没有违约责任可言。故 A 项错误，不选。

甲公司当初与乙公司磋商具有真实的缔约意思，且其终止磋商系因"经营战略发生重大调整"，不构成假借订立合同，恶意磋商，所以不承担缔约过失责任。故 B 项错误，不选。

甲公司对乙公司所遭受的损失并无不法侵

害行为，不构成侵权。故 C 项错误，不选；D项正确，选。

答案 D

评 论

> 本题只考查一个考点，为单一考查题，且采取直接考查的方式，无需分析法律关系，较为简单。
>
> 本题的启迪意义在于，缔约过失责任是"缔约中不诚信的责任"，不能将其理解为"没有谈成的责任"。

（二）侵害商业秘密

165. 德凯公司拟为新三板上市造势，在无真实交易意图的情况下，短期内以业务合作为由邀请多家公司来其主要办公地点洽谈。其中，真诚公司安排授权代表往返十余次，每次都准备了详尽可操作的合作方案，德凯公司佯装感兴趣并屡次表达将签署合同的意愿，但均在最后一刻推脱拒签。期间，德凯公司还将知悉的真诚公司的部分商业秘密不当泄露。对此，下列哪一说法是正确的？（2017/3/12-单）

A. 未缔结合同，则德凯公司就磋商事宜无需承担责任

B. 虽未缔结合同，但德凯公司构成恶意磋商，应赔偿损失

C. 未缔结合同，则商业秘密属于真诚公司自愿披露，不应禁止外泄

D. 德凯公司也付出了大量的工作成本，如被对方主张赔偿，则据此可主张抵销

考点 缔约过失责任和抵销

解析 根据《民法典》第 500 条第 1 项的规定，当事人在订立合同过程中假借订立合同，恶意进行磋商，造成对方损失的，应当承担赔偿责任。《民法典》第 501 条规定："当事人在订立合同过程中知悉的商业秘密或者其他应当保密的信息，无论合同是否成立，不得泄露或者不正当地使用；泄露、不正当地使用该商业秘密

或者信息，造成对方损失的，应当承担赔偿责任。"据此，本题中，德凯公司构成缔约过失，应承担赔偿责任。故 A、C 项不选，B 项选。

缔约过失责任的前提是先合同义务的违反，其本质是违背诚信原则，即具有过错。本题中，对德凯公司所付出的工作成本，缔约相对人并无过错，所以无需赔偿。由于抵销以"当事人双方在两个法律关系中互负债务"为基础，所以本题不适用抵销规则。故 D 项不选。

答案 B

评 论

> 本题的 D 项为干扰项，考查"缔约中的责任为缔约过失责任，其以过错为条件"，指向对缔约过失责任概念的精确把握。同时，本题将概念考查与抵销规则相结合，具有综合性，考查考生对法律知识的综合运用能力。

二、违约责任

（一）违约责任的归责原则

166. 贾某因装修房屋，把一批古书交朋友王某代为保管，王某将古书置于床下。一日，王某楼上住户家水管被冻裂，水流至王某家，致贾某的古书严重受损。对此，下列说法哪一个是正确的？（2004/3/14-单）

A. 王某具有过失，应负全部赔偿责任

B. 王某具有过失，应给予适当赔偿

C. 此事对王某而言属不可抗力，王某不应赔偿

D. 王某系无偿保管且无重大过失，不应赔偿

考点 违约责任严格责任原则的例外

解析 本题中，当事人没有约定保管费，为无偿保管。在无偿保管中，保管人因故意、重大过失致保管物毁损、灭失的，应当承担赔偿责任。就此以观，王某将古书"置于床下"，具有过失。而古书因"楼上住户家水管被冻裂，水流至王某家"而受损，致损原因难以预见，所以王某的过失为一般过失，而非重大过失，其不

应承担赔偿责任。故 A、B 项错误，不选；D 项正确，选。

"楼上住户家水管被冻裂，水流至王某家"并非不可抗力，因为其可以避免，即如果王某未将古书"置于床下"，就不会发生损害结果。故 C 项错误，不选。

答案 D

评论

本题只考查一个考点，为单一考查题。本题的难点在于对"重大过失"的判断。

本题的启迪意义在于，在情况紧急或发生原因离奇的两种情况下，可以排除重大过失。

（二）第三人原因导致违约

167. 甲、乙签订货物买卖合同，约定由甲代办托运。甲遂与丙签订运输合同，合同中载明乙为收货人。运输途中，因丙的驾驶员丁的重大过失发生交通事故，致货物受损，无法向乙按约交货。下列哪种说法是正确的？（2006/3/10-单）

A. 乙有权请求甲承担违约责任
B. 乙应当向丙要求赔偿损失
C. 乙尚未取得货物所有权
D. 丁应对甲承担责任

考点 第三人原因导致违约

解析 本题中，因丙的驾驶员丁的重大过失发生交通事故，致货物受损，无法向乙按约交货的事实，构成因第三人原因违约，债务人甲应当向债权人乙承担违约责任。故 A 项选。

甲代办托运，由丙运送货物给乙，甲将货物交给丙，即构成指示交付，发生所有权的转移，乙即取得标的物的所有权。在货物毁损时，乙既可请求甲承担违约责任，又可请求丙承担侵权责任。故 B、C 项不选。

甲与丙之间为货物运输合同关系。基于此，甲可追究丙的违约责任。但是丁作为丙的驾驶

员，运输货物的行为系职务行为，其不对外承担责任。故 D 项不选。

答案 A

评论

对于本题，应予说明的问题有二：

（1）"乙取得货物的所有权"与"甲对乙构成违约"两个判断，并行不悖。因为在买卖合同关系中，对于出卖人而言，其主要义务有二，即"交付货物"和"转移所有权"。本题中，出卖人甲履行了"转移所有权"的义务，但是却因丙的原因未能履行"交付货物"的义务，故其依然要向乙承担违约责任。

（2）本题中，标的物的毁损、灭失是由"丙的驾驶员丁的重大过失"所造成的，而并非由"风险"所致。故本题不考虑风险承担问题，也不是一道风险题。

（三）继续履行责任

168. 合同当事人一方违约后，守约方要求其承担继续履行的违约责任，在下列哪些情况下人民法院对守约方的请求不予支持？（2004/3/58-多）

A. 违约方所负债务为非金钱债务
B. 债务的标的不适于强制履行
C. 继续履行费用过高
D. 违约方已支付违约金或赔偿损失

考点 继续履行的违约责任

解析 本题题干的问题是：在哪些情况下，债务人无需承担继续履行的责任？根据《民法典》第 580 条第 1 款的规定，金钱之债必须继续履行。至于非金钱之债是否继续履行，则要根据是否构成履行不能、债务的标的是否适于强制履行、履行费用是否过高、债权人是否在合理期限内请求履行等情况具体分析。因此，对于非金钱之债而言，"必须继续履行"与"无需继续履行"的判断均是错误的。故 A 项不选。

"债务的标的不适于强制履行"和"继续履行费用过高"两种不再继续履行的情形,为《民法典》第580条第1款第2项的明确规定。故B、C项选。

在合同并未解除的情况下,违约金责任与继续履行、赔偿损失责任与继续履行均可并存,所以是否支付违约金或赔偿损失,与是否应当继续履行无关。故D项不选。

答案 BC

评论

本题只考查一个考点,为单一考查题,且采用直接考查的方法,较为简单。

本题的启迪意义有二:

(1) 对于非金钱之债而言,"必须继续履行"与"无需继续履行"的判断均属错误;

(2) 继续履行责任与违约金、赔偿损失责任可以并存。

(四)违约金

169. 甲乙签订一份买卖合同,约定违约方应向对方支付18万元违约金。后甲违约,给乙造成损失15万元。下列哪一表述是正确的?(2013/3/14-单)

A. 甲应向乙支付违约金18万元,不再支付其他费用或者赔偿损失

B. 甲应向乙赔偿损失15万元,不再支付其他费用或者赔偿损失

C. 甲应向乙赔偿损失15万元并支付违约金18万元,共计33万元

D. 甲应向乙赔偿损失15万元及其利息

考点 违约金与损害赔偿金的关系

解析 根据《民法典》第585条第2款的规定,在违约金与损害赔偿金并存于一案的情况下,损害数额的证明,意义在于违约金数额之调整。因此,违约金与损害赔偿金并存于一案的,适用违约金,而不再适用损害赔偿金。故A项选,其他项不选。

答案 A

评论

本题只考查一个考点,为单一考查题,且问题简单,无需分析法律关系。

170. 甲公司与乙公司签订了一份手机买卖合同,约定:甲公司供给乙公司某型号手机1000部,每部单价1000元,乙公司支付定金30万元,任何一方违约应向对方支付合同总价款30%的违约金。合同签订后,乙公司向甲公司支付了30万元定金,并将该批手机转售给丙公司,每部单价1100元,指明由甲公司直接交付给丙公司。但甲公司未按约定期间交货。

关于返还定金和支付违约金,乙公司向甲公司提出请求,下列表述正确的是:(2010/3/91-任)

A. 请求甲公司双倍返还定金60万元并支付违约金30万元

B. 请求甲公司双倍返还定金40万元并支付违约金30万元

C. 请求甲公司双倍返还定金60万元或者支付违约金30万元

D. 请求甲公司双倍返还定金40万元或者支付违约金30万元

考点 违约金与定金的关系

解析 根据《民法典》第586条第2款的规定,定金的数额不得超过主合同标的额的20%。故本题中的有效定金数额为20万元。在接收定金的甲公司违约时,甲公司应双倍返还定金(40万元)。故A、C项不选。在此基础上,根据《民法典》第588条第1款的规定,同一合同中既有违约金,又有定金的,债权人择一主张。故B项不选,D项选。

答案 D

评论

本题只考查一个考点,为单一考查题,且采取直接考查的方法,较为简单。

关于本题，需要说明的是：

（1）在本题中，如果乙公司选择主张定金，其有权请求甲公司双倍返还定金（40万元），同时还有权请求甲公司返还无效定金（10万元）。即如果选择主张定金，乙公司有权请求甲公司返还的数额共计50万元。

（2）在本题中，如果乙公司选择主张违约金，其有权请求甲公司支付违约金（30万元），同时还有权请求甲公司单倍返还其先前支付的30万元。即如果选择主张违约金，乙公司有权请求甲公司返还的数额共计60万元。

（五）赔偿损失与加害给付

171. 养鸡的李某将鸡以100元/只的价格卖给某超市，超市售价250元/只。因供不应求，超市与李某订立1年购买20只鸡的合同，李某对超市的采购价和零售价均无异议。后超市仅收到10只鸡，遂支付1000元。超市如何索赔？（2019-回忆版-单）

A. 以零售价2500元索赔
B. 以生产利润1500元索赔
C. 以转售利润1500元索赔
D. 以采购价1000元索赔

考点 违约赔偿损失责任

解析 债务人违约，所应承担的赔偿责任包括债务人缔约时可以预见的债权人合理的可得利益。其中，对于可得利益的认定，根据《民法典》第584条的规定，应以债务人缔约时的合理预见为标准。在本题中，"李某对超市的采购价和零售价均无异议"的表述表明李某与超市订立买卖合同时，知道超市每只鸡的可得利益为150元。且"供不应求"的表述表明超市的上述可得利益具有必然性，即属于合理的可得利益。李某应对超市的上述可得利益承担赔偿责任。故C项选，其他项不选。

答案 C

评论

本题只考查一个考点，但要求考生在题目中逐一辨别该考点的各个构成要件，对考生把握考点的精确性要求较高。

172. 甲经历唐山大地震后幸存，但已是孤儿，其与父母的合照仅有一张留存下来。某日，甲拿该照片给照相馆复印。后照相馆因员工抽烟引起大火，将甲的照片烧毁，甲感到愤怒、痛苦。关于本案，下列哪些说法是正确的？（2020-回忆版-多）

A. 照相馆侵害了甲的健康权
B. 照相馆侵害了甲父母的肖像权
C. 甲可以要求精神损害赔偿
D. 照相馆构成违约，应当承担违约责任

考点 加害给付与精神损害赔偿

解析 健康权侵害以受害人的生理或心理健康受损为要件，本题中并无相应情节。故A项不选。

根据《民法典》第1019、1020条的规定，肖像侵权以致害人丑化、污损、利用信息技术伪造、擅自制作或无合理事由使用肖像权人的肖像为要件，本题中并无相应情节。故B项不选。

《民法典》第996条规定："因当事人一方的违约行为，损害对方人格权并造成严重精神损害，受损害方选择请求其承担违约责任的，不影响受损害方请求精神损害赔偿。"据此，本题中，无论甲选择追究照相馆的侵权责任还是违约责任，均可主张精神损害赔偿。故C项选。

本题中，照相馆构成加害给付，即对甲既构成侵权（损坏了甲的财产），又构成违约（未如约履行债务），甲既可追究照相馆的侵权责任，又可追究其违约责任。故D项选。

答案 CD

评论

本题将三个考点合并考查，具有综合性，但所考内容均为基本考点，无需分析法律关系，较为简单。

第12讲 合同法分论

34 专题 买卖合同

一、无权处分

173. 甲因资金需要，把乙放在他那里的一个动产出卖给了丙，并在出卖的时候告知丙，该动产是乙的财产，乙授权自己处置。甲随即将该动产交付给丙，丙未支付价款。关于本案，下列说法正确的有：(2023-回忆版-多)

A. 甲属于无权代理

B. 乙如果不追认，甲、丙之间的买卖合同无效

C. 甲属于无权处分

D. 乙如果追认，则可要求丙支付价款

考点 无权代理、无权处分

解析 行为人没有代理权、超越代理权或在代理权终止后，以被代理人的名义与相对人实施法律行为的，就是无权代理。本案中，乙未授予甲代理权，甲却以乙的名义与丙订立买卖合同，故甲构成无权代理。A 项选。

狭义无权代理中，被代理人未追认的，合同约束行为人与相对人。本案中，在甲对乙的无权代理中并不存在表见事由，故甲构成狭义无权代理。如果被代理人乙未追认，乙不承担甲、丙之间的合同的后果，但该合同在甲、丙之间依然有效。B 项不选。

行为人没有处分权却处分他人财产的，就是无权处分。本题中，甲擅自将乙的动产出卖

给丙，构成无权处分。C 项选。

在甲对乙构成狭义无权代理的情况下，若乙追认，甲、丙之间的合同则约束乙、丙，乙有权请求丙支付价款。D 项选。

答案 ACD

📝评论

本题将无权处分与无权代理合并考查，要求考生从两个角度对同一行为进行分析，具有一定难度。

本题的启迪意义在于：

（1）无权代理与无权处分的区分，需从各自的要件加以把握。没有代理权、超越代理权或在代理权终止后，以他人的名义从事民事法律行为的，即无权代理，至于是否处分了他人的财产，则在所不问；没有他人财产的处分权，而将他人的财产予以转让或在其上设立他物权的，即无权处分，至于是否以他人的名义实施前述行为，则在所不问。

（2）被代理人（权利人）未追认的后果，需区分把握：就无权代理而言，被代理人未追认的，合同约束行为人与相对人，即合同对被代理人不发生效力；就无权处分而言，权利人未追认的，相对人不

能继受取得，但符合善意取得条件的，可以善意取得。

（3）被代理人（权利人）追认的后果，也需区分把握：就无权代理而言，被代理人追认的，合同约束被代理人与相对人，即合同对被代理人发生效力；就无权处分而言，权利人追认的，相对人可以继受取得。

二、买卖标的物的孳息收取

174. 甲将一个蚌出卖给乙。乙在酒店请丙吃饭，将所买的蚌交给酒店，让酒店将其加工成一道菜。酒店加工时，发现该蚌中有一个珍珠。关于该珍珠的归属，下列说法正确的是：（2018-回忆版-单）

A. 甲　　　　　　　B. 乙

C. 乙、丙共有　　　D. 酒店

考点 孳息的归属

解析 依据我国民法的规定，原则上，孳息归原物所有权人所有，法律另有规定或当事人另有约定的除外。《民法典》第630条规定："标的物在交付之前产生的孳息，归出卖人所有；交付之后产生的孳息，归买受人所有。但是，当事人另有约定的除外。"本题中，甲将蚌出卖给乙并且交付后，蚌及蚌内部的珍珠即归于乙。故A项不选。

乙将该蚌交给酒店加工，与酒店形成承揽合同关系。蚌作为原材料，不存在买卖概念，所以珍珠作为孳息，归属于原材料所有权人乙。故B项选，C、D项不选。

答案 B

✍ 评 论

本题将孳息取得问题中的两个考点合并考查，具有一定的综合性，且本题对考生的法律关系分析能力要求较高。

本题的启迪意义在于，"原则"与"例外"的同时把握：首先，孳息原则上归属

于原物所有权人；其次，买卖合同中的孳息收取规则，"不看所有看占有"，是为例外。

三、动产多重买卖

175. 甲为出售一台挖掘机分别与乙、丙、丁、戊签订买卖合同，具体情形如下：2016年3月1日，甲胁迫乙订立合同，约定货到付款；4月1日，甲与丙签订合同，丙支付20%的货款；5月1日，甲与丁签订合同，丁支付全部货款；6月1日，甲与戊签订合同，甲将挖掘机交付给戊。上述买受人均要求实际履行合同，就履行顺序产生争议。关于履行顺序，下列哪一选项是正确的？（2016/3/12-单）

A. 戊、丙、丁、乙

B. 戊、丁、丙、乙

C. 乙、丁、丙、戊

D. 丁、戊、乙、丙

考点 普通动产多重买卖的履行顺序

解析 挖掘机属机器设备，为普通动产。《买卖合同解释》第6条规定："出卖人就同一普通动产订立多重买卖合同，在买卖合同均有效的情况下，买受人均要求实际履行合同的，应当按照以下情形分别处理：①先行受领交付的买受人请求确认所有权已经转移的，人民法院应予支持；②均未受领交付，先行支付价款的买受人请求出卖人履行交付标的物等合同义务的，人民法院应予支持；③均未受领交付，也未支付价款，依法成立在先合同的买受人请求出卖人履行交付标的物等合同义务的，人民法院应予支持。"据此，本题中，首先，甲向戊完成了交付，戊顺序最优。故C、D项错误，不选。其次，在戊之后，因丙、丁均支付了价款，而乙未付款，所以丙、丁优先于乙。最后，在丙、丁均付款的基础上，丙与甲订立合同在先，丁与甲订立合同在后，所以丙优先于丁。故A项

正确，选；B项错误，不选。

答案 A

评论

> 本题以一个条文的内容为考查对象，考点单一。但是，本题并非问"由谁取得"，而是在问"履行顺序"，故要求考生对条文的内容全面掌握。
>
> 同时，本题将"挖掘机"作为普通动产加以考查的命题方式的启迪意义在于，在动产多重买卖之"普通动产多重买卖"与"交通运输工具多重买卖"的区分上，适用排除法的逻辑：不是交通运输工具的，一律视为普通动产。

四、买卖合同的风险承担

（一）直接易手

176. 甲公司借用乙公司的一套设备，在使用过程中不慎损坏一关键部件，于是甲公司提出买下该套设备，乙公司同意出售。双方还口头约定在甲公司支付价款前，乙公司保留该套设备的所有权。不料在支付价款前，甲公司生产车间失火，造成包括该套设备在内的车间所有财物被烧毁。对此，下列哪些选项是正确的？（2016/3/57-多）

A. 乙公司已经履行了交付义务，风险责任应由甲公司负担

B. 在设备被烧毁时，所有权属于乙公司，风险责任应由乙公司承担

C. 设备虽然已经被烧毁，但甲公司仍然需要支付原定价款

D. 双方关于该套设备所有权保留的约定应采用书面形式

考点 买卖合同的风险承担

解析 《民法典》第604条规定："标的物毁损、灭失的风险，在标的物交付之前由出卖人承担，交付之后由买受人承担，但是法律另有

规定或者当事人另有约定的除外。"这一条文中的"交付"，解释为"直接占有的转移"，即交货。据此，本题中，甲、乙公司订立了买卖合同，且甲公司已经直接占有标的物，风险应由甲公司承担。故A项正确，选。

买卖标的物风险的转移，不问所有权归属。故B项错误，不选。

由甲公司承担风险，即意味着，尽管买卖标的物已经毁损，甲公司仍然要依约支付价金。故C项正确，选。

动产买卖合同为不要式合同，法律未规定其应采取书面形式。故D项错误，不选。

答案 AC

评论

> 本题以一个考点为考查对象，具有单一性，且考查的考点也为基础考点，难度不大。

（二）间接易手

177. A公司将某货物出卖给B公司，并委托Q公司进行运输。在货物运输过程中，A公司又将货物出卖给C公司，并约定在C公司住所地交付。那么，在Q公司向C公司运输的过程中，货物毁损的风险由谁承担？（2023-回忆版-单）

A. A公司 B. B公司

C. Q公司 D. C公司

考点 代办托运与在途货物买卖

解析 本题涉及A公司与B公司、A公司与C公司订立的两个买卖合同，故风险的承担问题也有两个，即"在Q公司向C公司运输的过程中货物毁损的风险"，在A、B公司之间，风险由谁承担；在A、C公司之间，风险由谁承担。在A、B公司之间的买卖合同中，因存在A公司随后又将货物出卖给C公司的"一物二卖"之事实，且已经通知Q公司向C公司履行，故B公司不可能取得货物的所有权。不可能取得所有权的买受人不承担以后货物发生的风险，

故在 A、B 公司之间，风险由 A 公司承担。进而，在 A、C 公司之间的买卖合同中，因货物正在由 Q 公司承运，构成在途货物买卖。在途货物买卖中，合同成立时，风险转移。故 A 公司所承担的风险，在 A、C 公司的买卖合同成立时，转移给了 C 公司。因此，本题 D 项选，其他三项不选。

答案 D

✎ 评 论

　　本题将三个考点合并考查，且考查方式立足于法律关系的分析，具有较大难度。

　　本题的启迪意义有二：

　　（1）买受人取得所有权之可能，是推动风险转移的基础。因此，买卖合同中，因出卖人的再次处分标的物等行为导致买受人无法取得货物所有权的，买受人不承担风险。这一点《民法典》并未规定，但考题中不止一次考到。

　　（2）"代办托运"与"在途货物买卖"的区分方法。代办托运是买卖双方先订立买卖合同，随后出卖人委托承运人运输，即"先卖后运"，在买卖合同达成时，货物并非处于运输状态；在途货物买卖是出卖人将运输途中的货物出卖给买受人，即"先运后卖"，在买卖合同达成时，货物处于运输状态。

五、试用买卖

178. 甲乙签订一份试用买卖合同，但没有约定试用期。之后，双方对是否购买标的物没有达成协议。下列哪些说法是正确的？（2003/3/31-多）

A. 试用买卖合同没有约定试用期的，应适用法律规定的 6 个月试用期

B. 试用买卖合同没有约定试用期的，如果不能按照合同法的规定加以确定，应由出卖人确定

C. 试用期间届满，买受人对是否购买标的物未作表示的，视为购买

D. 试用期间，买受人没有对质量提出异议的，则应当购买标的物

考点 试用买卖

解析 试用买卖的当事人可以约定标的物的试用期间。对试用期间没有约定或者约定不明确的，由出卖人确定。故 A 项错误，不选；B 项正确，选。

　　试用期间届满，买受人对是否购买标的物未作表示的，视为购买。故 C 项正确，选。

　　试用买卖中不存在符合一定条件买受人必须购买的问题。故 D 项错误，不选。

答案 BC

✎ 评 论

　　本题考查试用买卖中的几个基本知识点，考法直接，无需法律关系的分析，较为简单。

六、分期付款买卖与保留所有权买卖

179. 甲与乙订立房屋买卖合同，约定总价款 100 万元，乙应在 10 个月内付清全款，每月付款 10 万元。合同订立后，甲将房屋交付予乙，并向乙办理了过户登记手续。乙自第 7 个月起，直至付款期届满，再未支付价款。下列哪些说法是错误的？（2018-回忆版-多）

A. 纵然甲已经向乙办理了过户登记手续，但是乙在付清全部款项之前，不能取得房屋所有权

B. 由于乙已经取得了房屋所有权，故甲不得解除房屋买卖合同

C. 由于乙已经取得了房屋所有权，故甲虽可以解除房屋买卖合同，但不得取回房屋

D. 尽管乙已经取得了房屋所有权，但是甲仍可不解除房屋买卖合同，直接取回房屋

考点 分期付款买卖

解析 分期付款买卖的特殊性，表现在付款方

式上，而非表现在物权变动的要件上。所以本题中，甲向乙办理了过户登记手续，乙即可取得房屋的所有权。故 A 项错误，选。

《民法典》第 634 条第 1 款规定："分期付款的买受人未支付到期价款的数额达到全部价款的 1/5，经催告后在合理期限内仍未支付到期价款的，出卖人可以请求买受人支付全部价款或者解除合同。"据此，办理过户登记手续，并不影响出卖人行使解除权。故 B 项错误，选。

《民法典》第 566 条第 1 款规定："合同解除后，尚未履行的，终止履行；已经履行的，根据履行情况和合同性质，当事人可以请求恢复原状或者采取其他补救措施，并有权请求赔偿损失。"据此，本题中，因存在恢复原状的可能性，所以甲有权在合同解除后，请求乙返还房屋。故 C 项错误，选。

在分期付款买卖中，出卖人取回标的物需以解除合同为前提。故 D 项错误，选。

答案 ABCD

📝 评 论

本题只考查一个考点，是单一考查题。但是本题在考法上，将物权变动的问题引入分期付款买卖，要求考生准确掌握两者之间的关系。

本题的启迪意义在于，分期付款买卖中，所有权转移的事实并不影响出卖人解除权的行使。一旦出卖人行使合同解除权，因买卖合同已经不复存在，所以物权变动视为从未发生。例如，在本题中，甲若解除了房屋买卖合同，即意味着房屋仍然是甲的，只不过登记在乙的名下而已。

180. 周某以 6000 元的价格向吴某出售一台电脑，双方约定 5 个月内付清货款，每月支付 1200 元，在全部价款付清前电脑所有权不转移。合同生效后，周某将电脑交给吴某使用。期间，电脑出现故障，吴某将电脑交周某修理，但周某修好后以 6200 元的价格将该电脑出售并交付给不知情的王某。对此，下列哪些说法是正确的？（2016/3/61-多）

A. 王某可以取得该电脑所有权

B. 在吴某无力支付最后 1 个月的价款时，周某可行使取回权

C. 如吴某未支付到期货款达 1800 元，周某可要求其一次性支付剩余货款

D. 如吴某未支付到期货款达 1800 元，周某可要求解除合同，并要求吴某支付一定的电脑使用费

考点 分期付款买卖与保留所有权买卖

解析 周某作为保留所有权买卖的出卖人，其向王某的出卖的性质为有权处分，王某可以继受取得电脑的所有权。故 A 项正确，选。

在王某已经取得买卖标的物所有权的情况下，出卖人周某的所有权已经消灭，其对吴某没有取回权。故 B 项错误，不选。

《民法典》第 634 条第 1 款规定："分期付款的买受人未支付到期价款的数额达到全部价款的 1/5，经催告后在合理期限内仍未支付到期价款的，出卖人可以请求买受人支付全部价款或者解除合同。"据此，本题中，吴某迟延付款 1800 元时，超过了总价款的 1/5。故 C、D 项正确，选。

答案 ACD

📝 评 论

本题将两个法律制度中的不同考点结合考查，具有综合性。通过"动产保留所有权分期付款买卖"的案情，同时考查这两个法律制度，已然是法律职业资格考试的常规考法。

本题的启迪意义在于，根据《买卖合同解释》第 26 条第 2 款的规定，第三人已经"善意取得"标的物所有权或者其他物权的，保留所有权买卖的出卖人不得取回标的物。在此基础上，本题 B 项提示：作为对出卖人取回权的限制事由，"第三人善意取得"应扩张理解为"第三人取得"。

七、供用电、水、气、热力合同

181. 甲公司与小区业主吴某订立了供热合同。因吴某要出国进修半年，向甲公司申请暂停供热未果，遂拒交上一期供热费。下列哪些表述是正确的？（2014/3/60-多）

A. 甲公司可以直接解除供热合同

B. 经催告吴某在合理期限内未交费，甲公司可以解除供热合同

C. 经催告吴某在合理期限内未交费，甲公司可以中止供热

D. 甲公司可以要求吴某承担违约责任

考点 供用电、水、气、热力合同

解析 基于供用电、水、气、热力合同的满足公共需要的性质，纵然使用人不交费，供用人也不得解除合同。故 A、B 项错误，不选。

《民法典》第 654 条第 1 款规定："用电人应当按照国家有关规定和当事人的约定及时支付电费。用电人逾期不支付电费的，应当按照约定支付违约金。经催告用电人在合理期限内仍不支付电费和违约金的，供电人可以按照国家规定的程序中止供电。"《民法典》第 656 条规定："供用水、供用气、供用热力合同，参照适用供用电合同的有关规定。"故 C、D 项正确，选。

答案 CD

评论

本题只考查一个考点，为单一考查题，且无需法律关系的分析，较为简单。

本题的启迪意义在于，基于供用电、水、气、热力合同的社会服务合同的性质，《民法典》第 563 条第 1 款第 3 项关于"当事人一方迟延履行主要债务，经催告后在合理期限内仍未履行的，当事人可以解除合同"之规定，不适用于供用电、水、气、热力合同。

赠与合同、借款合同 专题 35

一、赠与合同

（一）赠与合同的性质

182. 下列关于赠与合同的表述哪些是正确的？（2004/3/54-多）

A. 赠与合同是有名合同

B. 赠与合同是单务合同

C. 赠与合同是诺成合同

D. 赠与合同是不要式合同

考点 赠与合同的法律性质

解析 《民法典》合同编第二分编中有专章规定赠与合同，因而其为有名合同。故 A 项选。

赠与合同中只有赠与人有赠与义务，受赠人并不承担义务，因而其为单务合同。故 B 项选。

在民法上，赠与合意达成，赠与人即承担赠与义务，因而赠与合同为诺成合同。故 C 项选。

《民法典》对赠与合同的形式并无特别要求，因而其为不要式合同。故 D 项选。

答案 ABCD

评论

本题对于赠与合同性质的考查，立足于考生对于法律条文掌握、理解的基础之上，故具有一定的难度。

本题需要总结的知识点有二：

（1）《民法典》第 658、663、666 条规定了赠与人的任意撤销权、法定撤销权和赠与拒绝权。但是根据这些规定，不能将赠与合同理解为实践合同。恰恰相反，这些规定所蕴含的"未撤销、未拒绝，就

要履行赠与义务"的逻辑表明赠与权利义务自合意达成时即发生效力，故赠与合同为诺成合同。

（2）《民法典》认可"附义务赠与"的存在，但是在附义务的赠与中，赠与人并不享有对受赠人的履行义务请求权，而只能在受赠人不履行义务时，享有法定撤销权。因此，附义务的赠与依然是单务合同。

（二）赠与人的撤销权

183. 甲曾表示将赠与乙 5000 元，且已实际交付乙 2000 元，后乙在与甲之子丙的一次纠纷中，将丙殴成重伤。下列说法哪些是正确的？（2003/3/43-多）

A. 甲可以撤销对乙的赠与

B. 丙可以要求撤销其父对乙的赠与

C. 丙应在被殴伤 6 个月内行使撤销权

D. 甲有权要求乙返还已赠与的 2000 元

考点 赠与人的撤销权

解析 《民法典》第 663 条第 1 款规定："受赠人有下列情形之一的，赠与人可以撤销赠与：①严重侵害赠与人或者赠与人近亲属的合法权益；②对赠与人有扶养义务而不履行；③不履行赠与合同约定的义务。"本题中，受赠人乙将甲之子丙打成重伤，符合《民法典》第 663 条第 1 款第 1 项所规定的赠与人法定撤销权的要件。因此，赠与人甲享有法定撤销权。故 A 项正确，选。

《民法典》第 664 条第 1 款规定："因受赠人的违法行为致使赠与人死亡或者丧失民事行为能力的，赠与人的继承人或者法定代理人可以撤销赠与。"本题中，因甲既未死亡，又未丧失民事行为能力，所以丙不得行使法定撤销权。故 B、C 项错误，不选。

赠与人依照上述《民法典》第 663 条第 1 款的规定所主张的法定撤销权，是一种请求

受赠人返还赠与财产的权利，即"要回来"的权利。故 D 项正确，选。

答案 AD

✐ 评 论

本题将两个考点合并考查，但是跨度不大，且采取直接考查的方式，故较为简单。

本题中需要说明的是，"已经交付的 2000 元能否要回"，是法定撤销权的问题；"未交付的 3000 元能否不给"，则是任意撤销权或赠与拒绝权的问题。

184. 神牛公司在 H 省电视台主办的赈灾义演募捐现场举牌表示向 S 省红十字会捐款 100 万元，并指明此款专用于 S 省 B 中学的校舍重建。事后，神牛公司仅支付 50 万元。对此，下列哪一选项是正确的？（2008/3/5-单）

A. H 省电视台、S 省红十字会、B 中学均无权请求神牛公司支付其余 50 万元

B. S 省红十字会、B 中学均有权请求神牛公司支付其余 50 万元

C. S 省红十字会有权请求神牛公司支付其余 50 万元

D. B 中学有权请求神牛公司支付其余 50 万元

考点 赠与人的任意撤销权

解析 《民法典》第 658 条规定："赠与人在赠与财产的权利转移之前可以撤销赠与。经过公证的赠与合同或者依法不得撤销的具有救灾、扶贫、助残等公益、道德义务性质的赠与合同，不适用前款规定。"据此，由于本题中神牛公司的赠与事关公益，所以不得撤销，神牛公司对其尚未支付的 50 万元捐款仍需履行。在此基础上，本题中的受赠人为 S 省红十字会；H 省电视台是赈灾义演的举办者，并非受赠人；B 中学是赠与款项的受益人，也并非受赠人。既然受赠人是 S 省红十字会，根据合同相对性原理，S 省红十字会有权请求神牛公司支付其余

的 50 万元。故 C 项选，其他项不选。

答案 C

✎ 评 论

　　本题只考查一个考点，为单一考查题。本题关于"谁是受赠人"的判断问题，对于考生的法律关系分析能力有较高要求。

(三)附条件的赠与、附义务的赠与、遗赠扶养协议

185. 60 岁的甲与 40 岁的乙结婚。期间二人达成协议，约定以后乙好好照顾甲，甲就把自己唯一的一套别墅赠与乙。别墅过户后，乙改变态度，对甲恶语相向，还将其赶出家门。关于本案，下列哪一说法是正确的？(2019-回忆版-单)

A. 甲可以撤销婚姻
B. 甲可以撤销赠与，请求乙返还别墅
C. 房屋已经过户，甲无权请求乙返还别墅
D. 甲、乙之间的协议无效

考点 婚姻的效力、附义务的赠与

解析 根据《民法典》第 1052 条第 1 款、第 1053 条第 1 款的规定，婚姻的撤销事由有二：①胁迫；②婚前重大疾病未告知。本题中不存在婚姻撤销事由。故 A 项错误，不选。

　　本题中，甲将别墅过户给乙后，乙承担照顾甲的义务，此为附义务的赠与。在附义务的赠与中，受赠人违反赠与合同约定的义务的，赠与人有权根据《民法典》第 663 条第 1 款第 3 项的规定行使法定撤销权，撤销赠与，要回别墅。故 B 项正确，选；C 项错误，不选。

　　甲、乙之间关于乙照顾甲、甲赠与乙别墅的约定本身并无违法之处，有效。故 D 项错误，不选。

答案 B

✎ 评 论

　　本题将两个考点合并考查，具有一定的综合性。但是本题所考查的均为基本考

点，且采取直接考查的方式，较为简单。

　　本题的启迪意义在于，夫妻之间的赠与，完全适用《民法典》合同编中关于赠与的一般性规定。

186. 甲将自己价值 30 万元的汽车赠与乙，但附加一个条件：甲交付汽车后，乙将自己价值 1 万元左右的自行车送给甲。后来甲将汽车赠与乙，乙也将自行车交付给甲。关于本案，下列说法正确的有：(2020-回忆版-多)

A. 甲、乙之间的约定为附条件的赠与
B. 甲、乙之间的约定为附义务的赠与
C. 甲将汽车赠与乙后，有权请求乙交付自行车
D. 甲将汽车赠与乙后，若乙不交付自行车，甲有权撤销赠与合同

考点 附条件的赠与、附义务的赠与

解析 附条件的赠与，是指当事人约定待条件成就后，赠与合同生效的赠与，其特征为"先条件成就，后履行赠与"。附义务的赠与，则是指赠与合同履行完毕后，受赠人履行特定义务的赠与，其特征是"先履行赠与，后完成义务"。本题中，甲、乙约定的内容是甲先赠与乙汽车，乙后赠与甲自行车，所以为附义务的赠与。故 A 项不选，B 项选。

　　在附义务的赠与中，受赠人不履行义务的后果并非赠与人对其享有履行义务的请求权，而是赠与人可以依据《民法典》第 663 条第 1 款第 3 项的规定，对其主张法定撤销权，即撤销赠与合同，要回赠与物。故 C 项不选，D 项选。

答案 BD

✎ 评 论

　　本题将两个考点合并考查，具有一定综合性。但附条件的赠与和附义务的赠与之区分为传统考法，本题没有难度。

二、借款合同

187. 甲服装公司与乙银行订立合同，约定甲公司向乙银行借款 300 万元，用于购买进口面料。同时，双方订立抵押合同，约定甲公司以其现有的以及将有的生产设备、原材料、产品为前述借款设立抵押。借款合同和抵押合同订立后，乙银行向甲公司发放了贷款，但未办理抵押登记。如甲公司违反合同约定将借款用于购买办公用房，则乙银行享有的权利有：(2017/3/90-任，缩写)

A. 提前收回借款

B. 解除借款合同

C. 请求甲公司按合同约定支付违约金

D. 对甲公司所购办公用房享有优先受偿权

[考点] 借款合同中的按约定用途使用借款义务

[解析]《民法典》第 673 条规定："借款人未按照约定的借款用途使用借款的，贷款人可以停

止发放借款、提前收回借款或者解除合同。"故 A、B 项选。

甲公司未按约定用途使用借款，构成违约。借款合同约定此项违约金的，甲公司应当承担支付违约金的责任，自不待言。故 C 项选。

甲公司违反借款合同约定用途购买的房屋，所有权属于甲公司。本题中并无乙银行享有优先受偿权的法律事实。故 D 项不选。

[答案] ABC

[评论]

本题的前三个选项直接考查法律条文，无需分析法律关系，较为简单。

本题的最后一个选项要求考生对"不动产上的优先受偿权"的类型事先把握。不动产上的优先受偿权包括三类：①支付了全部或大部分款的商品房购房人的债权；②法定工程优先权；③抵押权。

36 专题 租赁合同、融资租赁合同

一、租赁合同

（一）租赁合同的效力

188. 居民甲经主管部门批准修建了一排临时门面房，核准使用期限为 2 年，甲将其中一间租给乙开餐馆，租期 2 年。期满后未办理延长使用期限手续，甲又将该房出租给了丙，并签订了 1 年的租赁合同。因租金问题，发生争议。下列哪些选项是正确的？(2017/3/60-多)

A. 甲与乙的租赁合同无效

B. 甲与丙的租赁合同无效

C. 甲无权将该房继续出租给丙

D. 甲无权向丙收取该年租金

[考点] 租赁合同的效力

[解析]《城镇房屋租赁合同解释》第 3 条第 1 款规定："出租人就未经批准或者未按照批准内容建设的临时建筑，与承租人订立的租赁合同无效。"据此，甲、乙订立租赁合同时，房屋并非未经批准的临时建筑，所以不符合无效的条件，租赁合同有效。故 A 项错误，不选。

甲、丙订立租赁合同时，房屋已经成为未经批准的临时建筑，不得出租，否则租赁合同无效。故 B、C 项正确，选。

《城镇房屋租赁合同解释》第 4 条第 1 款规定："房屋租赁合同无效，当事人请求参照合同约定的租金标准支付房屋占有使用费的，人民法院一般应予支持。"据此，租金请求权以租赁合同有效为前提。在租赁合同无效的情况下，只存在不当得利性质的"占有使用费请求权"，而不存在"租金请求权"。故 D 项正

确，选。

答案 BCD

评论

　　本题以条文内容为考查对象，无需分析法律关系，较为简单。

189. 甲公司将自己所有的 10 台机器出租给了乙公司，乙公司未经其同意，将其低价出售给知情的丙公司，丙公司又将其出租给丁公司。丁公司对上述交易过程完全不了解。下列哪些选项是正确的？（2008 延/3/58-多）

A. 丙、丁之间的租赁合同有效
B. 甲公司有权请求丁公司返还机器，并且无须补偿其任何损失
C. 甲公司有权请求丁公司返还机器，但是应补偿其损失
D. 甲公司无权请求丁公司返还机器，但是丁公司应当补偿甲公司的损失

考点 善意取得、租赁合同的效力、无权占有

解析 本题中，承租人乙公司擅自将租赁物出卖给丙公司，系无权处分。由于丙公司知情且未支付合理对价，丙公司不能善意取得。丙公司将甲公司的机器出租给丁公司，尽管构成处置他人之物，但是租赁合同作为一种债权合同，其效力不以处分权的存在为条件，所以丙公司、丁公司之间的租赁合同有效。故 A 项正确，选。

　　丁公司基于其与丙公司的租赁合同占有标的物，其占有本权为债权性质，不得对甲公司主张，即丁公司对甲公司构成无权占有，所以丁公司应当向甲公司返还原物，且不得主张补偿损失。故 B 项正确，选；C、D 项错误，不选。

答案 AB

评论

　　本题将三个考点合并考查，具有综合性，且横贯《民法典》合同编与物权编两大领域，跨度较大。

　　本题需要总结的知识点有二：

　　（1）租赁合同为债权合同，其之有效不以出租人享有处分权为前提。换言之，出租他人之物的，租赁合同依然有效。

　　（2）无权占有既包括没有任何本权的占有，也包括虽享有本权，但是由于本权具有债权性质，不得对返还请求权人主张的占有。在上述两种无权占有的情况下，占有人均需承担返还义务。

（二）一房数租

190. 甲将房屋出租给乙，租期 1 年。乙住进房屋后，甲又将该房屋出租给丙，租期 1 年，并办理了登记。关于本案，下列说法正确的有：（2019-回忆版-多）

A. 两个合同都有效
B. 登记优先
C. 合法占有优先
D. 合同成立在先的优先

考点 一房数租的履行顺序

解析 《城镇房屋租赁合同解释》第 5 条第 1 款规定："出租人就同一房屋订立数份租赁合同，在合同均有效的情况下，承租人均主张履行合同的，人民法院按照下列顺序确定履行合同的承租人：①已经合法占有租赁房屋的；②已经办理登记备案手续的；③合同成立在先的。"据此，在一房数租的情况下，每一租赁合同均不违法的，均属有效。故 A 项正确，选。

　　在此基础上，已经合法占有租赁房屋的优先；都未占有的，办理租赁登记备案手续的优先；都未登记备案的，合同成立在先的优先。本题中，因甲已经向乙交付房屋，乙已经取得了合法占有，所以乙优先承租房屋。故 C 项正确，选；B、D 项错误，不选。

答案 AC

评论

　　本题只考查一个考点，且采取直接考

查的方式，无需分析法律关系，知道考点内容即可直接作答，没有难度。

（三）不定期租赁

191. 刘某欠何某100万元货款届期未还且刘某不知所踪。刘某之子小刘为替父还债，与何某签订书面房屋租赁合同，未约定租期，仅约定："月租金1万元，用租金抵货款，如刘某出现并还清货款，本合同终止，双方再行结算。"下列哪些表述是错误的？（2014/3/59-多）

A. 小刘有权随时解除合同
B. 何某有权随时解除合同
C. 房屋租赁合同是附条件的合同
D. 房屋租赁合同是附期限的合同

考点 附条件的民事行为与不定期租赁

解析 《民法典》第730条规定："当事人对租赁期限没有约定或者约定不明确，依据本法第510条的规定仍不能确定的，视为不定期租赁；当事人可以随时解除合同，但是应当在合理期限之前通知对方。"本题中，小刘将房屋出租给何某，以月租金1万元的方式向何某偿还100万元债务，这意味着，该租赁合同并非不定期租赁，所以当事人双方均无权随时解除租赁合同。故A、B项错误，选。

当事人在合同中约定的"如刘某出现并还清货款，本合同终止"的内容，将来是否发生具有不确定性，所以房屋租赁合同属于附解除条件的合同。故C项正确，不选；D项错误，选。

答案 ABD

✎ 评论

本题为法律关系分析题，需要分析的问题只有一个，即租赁合同的定性问题，因而也属于单一考查，题目难度不大。

本题的启迪意义在于，对"不定期租赁"的认定方法。在租赁合同中，不定期

租赁分为两种，即法定的不定期租赁和未约定租期的租赁。对于后者而言，其不仅意味着当事人没有明确约定租期，而且意味着从合同的内容中无法看出任何约定租期的意思。在本题中，当事人双方虽然没有明确约定租期，但是题目中"月租金1万元，用租金抵货款"的约定却表明当事人的租赁合同存在租期。

（四）转租

192. 甲把房子租给乙，租期2年，约定不得转租。乙因为找到更好的房子，将房子转租给丙，约定租期3年。甲因为给房子换锁，发现乙将房子转租的事实，但未提出异议。1年后，甲起诉乙。关于本案，下列哪些说法是正确的？（2019-回忆版-多）

A. 甲可以非法转租为由解除转租合同
B. 甲可以非法转租为由认定转租合同无效
C. 转租合同部分无效
D. 可以追加丙为第三人

考点 非法转租

解析 承租人非法转租的，出租人有权解除与承租人之间的租赁合同。故A项错误，不选。

承租人非法转租的，出租人有权在知道或应当知道之日起6个月内主张解除与承租人之间的租赁合同，或主张转租合同无效。故B项错误，不选。

承租人转租的，转租的租期不得超过原租期；否则，超出部分无效。故C项正确，选。

在转租法律关系中，出租人与承租人之间发生诉讼的，法院可将次承租人列为无独立请求权第三人。故D项正确，选。

答案 CD

✎ 评论

本题将非法转租的部分考点合并考查，具有一定的综合性，但是跨度不大。本题采用直接考查的方式，无需分析法律

关系，较为简单。

本题需要注意的问题是，承租人非法转租的，出租人在知道或应当知道之日起6个月内可以选择主张两项权利：①解除与承租人之间的租赁合同，要回租赁物；②主张转租合同无效，即撤销转租合同。就此来看，转租合同本身是有效的。

（五）买卖不破租赁

193. 甲与乙签订租赁合同，将自己的一台设备出租给乙，约定 1 周后交付。后甲又将该设备出卖给了丙，但约定由甲继续租用。1 周后，甲把设备交付给不知情的乙。关于本案，下列哪些说法是正确的？（2022-回忆版-多）

A. 设备所有权属于丙

B. 设备所有权属于甲

C. 丙有权请求乙返还设备

D. 乙受买卖不破租赁的保护

【考点】 买卖不破租赁、占有改定、无权占有

【解析】《民法典》第 228 条规定："动产物权转让时，当事人又约定由出让人继续占有该动产的，物权自该约定生效时发生效力。"据此，动产所有权的转让，可以占有改定的方式完成交付。本题中，甲以占有改定的方式将设备的所有权转让给了丙，丙可取得设备的所有权，A 项选，B 项不选。

《民法典》第 725 条规定："租赁物在承租人按照租赁合同占有期限内发生所有权变动的，不影响租赁合同的效力。"据此，对承租人"买卖不破租赁"之保护，需以"在承租人占有期限内发生所有权变动"为前提。本题中，尽管甲、乙间的租赁合同已经成立，但在乙尚未占有设备的情况下，该设备的所有权发生了转移，故乙不可受到"买卖不破租赁"的保护。在此基础上，乙对于设备的占有系以租赁债权为其本权，因债权具有相对性，故乙不可

对丙主张有权占有，即相对于丙，乙为无权占有人。进而，根据《民法典》第 235 条"无权占有不动产或者动产的，权利人可以请求返还原物"之规定，丙基于所有权，可请求无权占有人乙返还设备，C 项选，D 项不选。

【答案】 AC

【评论】

本题将三个考点合并考查，跨度较大，且对考点的考查较为细致，又涉及法律关系的分析，故具有一定难度。

本题的启迪意义有二：

（1）对承租人"买卖不破租赁"之保护，需以"在承租人占有期限内发生所有权变动"为前提。

（2）在租赁合同成立后，租赁物所有权发生变动的情况下，若承租人可以主张"买卖不破租赁"之保护，则其对新的所有权人构成有权占有，新的所有权人在租赁期间，不得请求承租人返还租赁物；反之，则反是。

194. 2013 年 2 月 1 日，王某以一套房屋为张某设定了抵押，办理了抵押登记。同年 3 月 1 日，王某将该房屋无偿租给李某 1 年，以此抵王某欠李某的借款。房屋交付后，李某向王某出具了借款还清的收据。同年 4 月 1 日，李某得知房屋上设有抵押后，与王某修订租赁合同，把起租日改为 2013 年 1 月 1 日。张某实现抵押权时，要求李某搬离房屋。下列哪些表述是正确的？（2014/3/57-多）

A. 王某、李某的借款之债消灭

B. 李某的租赁权可对抗张某的抵押权

C. 王某、李某修订租赁合同行为无效

D. 李某可向王某主张违约责任

【考点】 恶意串通、债的履行、租押并存

【解析】"李某向王某出具了借款还清的收据"的事实，表明王某、李某的借款之债消灭。故

A 项正确，选。

《民法典》第 405 条规定："抵押权设立前，抵押财产已经出租并转移占有的，原租赁关系不受该抵押权的影响。"据此，本题中，张某的抵押权成立于李某的租赁权之前，且已经登记，所以租赁权不得对抗抵押权，即张某实现抵押权时，李某不能主张"买卖不破租赁"的保护。故 B 项错误，不选。

王某、李某修订租赁合同的行为，构成恶意串通，损害了张某的利益，因而无效。故 C 项正确，选。

"李某向王某出具了借款还清的收据"的事实，也意味着王某承担让李某无偿使用房屋 1 年的债务。现因张某实现抵押权导致李某不能使用房屋，所以李某有权请求王某承担违约责任。故 D 项正确，选。

答案 ACD

✎ 评 论

本题将三个考点合并考查，具有较强的综合性。同时，本题要求考生在法律关系的分析中运用法律知识，故难度较大。

在本题的法律关系的分析上，难点在于对"王某将该房屋无偿租给李某 1 年，以此抵王某欠李某的借款"这一事实的理解：

（1）这一事实可以理解为：自租赁合同订立之日起，王某的借款债务消灭。同时，王某负有"将该房屋无偿租给李某 1 年"的债务。

（2）这一事实还可以理解为：租赁合同订立之时，王某的借款债务未消灭。待李某使用房屋 1 年后，王某的借款债务才告消灭。在此基础上，题目中"李某向王某出具了借款还清的收据"的事实，暗示命题人采用的是第一种思路。

（六）房屋承租人的优先购买权

195. 甲将房屋租给乙，在租赁期内未通知

乙就把房屋出卖并过户给不知情的丙。乙得知后劝丙退出该交易，丙拒绝。关于乙可以采取的民事救济措施，下列哪一选项是正确的？（2015/3/11－单）

A. 请求解除租赁合同，因甲出卖房屋未通知乙，构成重大违约

B. 请求法院确认买卖合同无效

C. 主张由丙承担侵权责任，因丙侵犯了乙的优先购买权

D. 主张由甲承担赔偿责任，因甲出卖房屋未通知乙而侵犯了乙的优先购买权

考点 合同的解除、房屋承租人的优先购买权的限制与保护

解析 本题中，甲出卖房屋未通知乙，承租人乙的优先购买权已经被侵害。在此基础上，因乙依然受到"买卖不破租赁"的保护，其依然可以继续承租房屋，所以乙不得主张解除租赁合同。故 A 项错误，不选。

《民法典》第 728 条规定："出租人未通知承租人或者有其他妨害承租人行使优先购买权情形的，承租人可以请求出租人承担赔偿责任。但是，出租人与第三人订立的房屋买卖合同的效力不受影响。"故 B 项错误，不选；D 项正确，选。

乙的优先购买权受到侵害，丙并无过错；且《民法典》中并未规定"第三人侵害债权"制度，故丙不构成侵权。故 C 项错误，不选。

答案 D

✎ 评 论

本题将三个考点合并在一道题中加以考查，具有综合性。但是，题目对每一考点的考查方式均为直接考查，无需分析法律关系，难度不大。

二、融资租赁合同

（一）融资租赁合同的认定

196. 甲融资租赁公司与乙公司签订融资租

赁合同，约定乙公司向甲公司转让一套生产设备，转让价为评估机构评估的市场价 200 万元，再租给乙公司使用 2 年，乙公司向甲公司支付租金 300 万元。合同履行过程中，因乙公司拖欠租金，甲公司诉至法院。下列哪些选项是正确的？（2017/3/61-多）

A. 甲公司与乙公司之间为资金拆借关系
B. 甲公司与乙公司之间为融资租赁合同关系
C. 甲公司与乙公司约定的年利率超过 24% 的部分无效
D. 甲公司已取得生产设备的所有权

考点 融资租赁合同的认定

解析《最高人民法院关于审理融资租赁合同纠纷案件适用法律问题的解释》第 2 条规定："承租人将其自有物出卖给出租人，再通过融资租赁合同将租赁物从出租人处租回的，人民法院不应仅以承租人和出卖人系同一人为由认定不构成融资租赁法律关系。"据此，融资租赁合同的出卖人与承租人可以是 2 个人，也可以是同一个人。故 A 项错误，不选；B 项正确，选。

融资租赁合同并非民间借贷合同，不适用民间借贷合同的高利贷的认定标准。故 C 项错误，不选。

在甲、乙两公司的关系中，本题中"乙公司向甲公司转让""再租给乙公司使用""乙公司向甲公司支付租金""合同履行过程中"等表述均说明甲公司已经取得了该生产设备的所有权。故 D 项正确，选。

答案 BD

评 论

本题直白地考查条文的内容，不需要分析法律关系。

本题的启迪意义在于，融资租赁合同中的出租人为具有融资租赁金融业务资格的金融机构，故尽管其具有融资的意义，但不应适用民间借贷合同利率数额的限制性规定。况且，在我国民法上，民间借贷

合同的高利贷认定标准为超过"1 年期贷款市场报价利率"（LPR）的 4 倍。

197. 甲为一家设备制造厂，乙为某银行旗下的全资融资租赁公司，现甲向乙申请融资租赁贷款用于资金周转，金额为 3000 万元。但甲并无与贷款金额相应的设备，后甲与乙协商，以甲的自建厂房（违章建筑）作为融资租赁物签订合同，租期 3 年，每年租金为 100 万元，即融资及租金共计 3300 万元。关于本案，下列哪一说法是正确的？（2020-回忆版-单）

A. 该融资租赁合同因融资租赁物为违章建筑而无效
B. 该合同名为融资租赁合同，实际为借款合同
C. 因双方虚构标的，该融资租赁合同无效
D. 标的物真实存在，该融资租赁合同有效

考点 融资租赁合同的认定

解析《最高人民法院关于审理融资租赁合同纠纷案件适用法律问题的解释》第 2 条规定："承租人将其自有物出卖给出租人，再通过融资租赁合同将租赁物从出租人处租回的，人民法院不应仅以承租人和出卖人系同一人为由认定不构成融资租赁法律关系。"据此，以"出租人从承租人处先购买再出租"的交易方式订立的合同，也为融资租赁合同。然而，这种融资租赁合同的成立，需以"出租人取得所有权后，再向承租人出租"为逻辑前提。在本题中，这一前提并不存在。因为甲的自建厂房是违章建筑，根据《民法典》第 231 条的规定，只有经合法建造的房屋，建造行为完成的，才取得所有权。由于甲也无法通过过户登记向乙移转该厂房的所有权，那么甲、乙间不存在融资租赁合同。不成立的融资租赁合同，没有效力问题。故 A、D 项不选。

既然甲、乙间不存在融资租赁合同，那么其关系的本质不过是借款。故 B 项选。

在本题中，甲的厂房是客观存在的，而非虚构。故 C 项不选。

答案 B

评 论

本题涉及融资租赁的概念、法律行为成立与效力的关系、基于建造行为取得所有权的条件等，考查具有综合性。同时，本题为理论题，没有明确的法律条文依据，且对于考生对融资租赁的核心要素的把握以及法律关系的推理能力有较高要求，故本题具有一定难度。

（二）融资租赁合同的瑕疵担保责任

198. 甲融资租赁公司与乙厂订立融资租赁合同，约定甲融资租赁公司按照乙厂的选择，从丙企业购买设备 A 交付予乙厂。设备交付后，乙厂发现该设备存在质量瑕疵，遂与甲融资租赁公司、丙企业进行交涉。在此期间，设备 A 因地震毁损。下列哪些说法是正确的？（2018-回忆版-多）

A. 因设备存在质量瑕疵，甲融资租赁公司应承担违约责任

B. 因设备存在质量瑕疵，丙企业应承担违约责任

C. 因设备已经毁损，乙厂有权解除融资租赁合同

D. 因设备已经毁损，乙厂有权拒绝交付租金

考 点 融资租赁合同中的违约责任与风险承担

解 析 《民法典》第 747 条规定："租赁物不符合约定或者不符合使用目的的，出租人不承担责任。但是，承租人依赖出租人的技能确定租赁物或者出租人干预选择租赁物的除外。"本题中，甲融资租赁公司并未干预乙厂的选择，所以应由丙企业对乙厂承担违约责任。故 A 项不选，B 项选。

设备的毁损导致了合同的履行不能，根据《民法典》第 563 条第 1 款第 1 项的规定，因不可抗力致使不能实现合同目的的，当事人可以解除合同。故 C 项选。

《民法典》第 751 条规定："承租人占有租赁物期间，租赁物毁损、灭失的，出租人有权请求承租人继续支付租金，但是法律另有规定或者当事人另有约定的除外。"故 D 项不选。

答案 BC

评 论

本题将两个考点合并考查，具有一定的综合性，但是跨度不大。本题采用直接考查的方式，较为直观。

本题的启迪意义在于，融资租赁物交付后，因不可归责于一方的事由毁损、灭失的，当事人的合同解除权与承租人的继续支付租金义务并行不悖。

37 专题 承揽合同、建设工程合同

一、承揽合同

199. 洪某为了哄自己的女朋友何某开心，买了专门的旗袍料子交由师傅包某加工。包某表示这个料子很特殊，得买个专门的机器加工，就和刘某订立了机器买卖合同。已知包某加工的旗袍料子价值 12 万元，定作费用 2 万元（包括购买机器的费用 5000 元），总共需加工 15 天。加工到第 13 天时，洪某表示自己和何某分手了，这个旗袍不要了。此时，旗袍快要做好，且刘某已经把机器交付给了包某。关于本案，下列哪些说法是正确的？（2022-回忆版-多）

A. 洪某可以解除该合同

B. 未完成的旗袍属于洪某和包某共同所有

C. 洪某应支付大部分款项

D. 机器的所有权归包某

[考点] 承揽合同、添附、合同的相对性

[解析] 本题中，洪某与包某订立的旗袍加工合同性质为承揽合同。根据《民法典》第 787 条"定作人在承揽人完成工作前可以随时解除合同，造成承揽人损失的，应当赔偿损失"的规定，洪某作为定作人，有权解除与包某的承揽合同，A 项选。

本题中，旗袍料子属于洪某所有，包某将其制作为旗袍的行为构成添附制度中的加工。在民法理论中，加工物的所有权原则上属于原材料人，但加工价值远高于原材料价值的除外。本题中，旗袍原材料价值 12 万元，加工价值为 2 万元，故按照原则处置，即该旗袍的所有权属于原材料人洪某，B 项不选。

根据上述《民法典》第 787 条的规定，洪某可主张解除合同，但需赔偿包某因此所遭受的损失。本题中，包某的损失即表现为相应的加工费，C 项选。

本题中，包某与刘某之间的机器买卖合同与承揽合同无关，故根据合同的相对性原理，刘某向包某交付机器后，包某即取得其所有权，D 项选。

[答案] ACD

✐ 评论

> 本题将三个考点合并考查，具有一定的综合性，但三个考点均为基本考点，且所涉及的法律关系较为简单，故难度不大。
>
> 本题的启迪意义在于，承揽合同中定作人主张任意变更、解除权时，所要承担的赔偿责任的表现形式具有灵活性，既可以表现为赔偿金，也可以表现为价金或报酬。

二、建设工程合同

（一）建设工程合同的效力

200. 甲房地产开发公司开发一个较大的花园公寓项目，作为发包人，甲公司将该项目的主体工程发包给了乙企业，签署了建设工程施工合同。乙企业一直未取得建筑施工企业资质。现该项目主体工程已封顶完工。就相关合同效力及工程价款，下列哪些说法是正确的？（2017/3/62 - 多）

A. 该建设工程施工合同无效

B. 因该项目主体工程已封顶完工，故该建设工程施工合同不应认定为无效

C. 该项目主体工程经竣工验收合格，则乙企业可参照合同约定请求甲公司支付工程价款

D. 该项目主体工程经竣工验收不合格，经修复后仍不合格的，乙企业不能主张工程价款

[考点] 建设工程合同的效力

[解析] 根据《建设工程施工合同解释（一）》第 1 条第 1 款第 1 项的规定，承包人未取得建筑业企业资质或者超越资质等级的，建设工程施工合同无效。据此，本题中，甲公司将该项目的主体工程发包给"未取得建筑施工企业资质"的乙企业，其施工合同无效。故 A 项选。

建设工程是否竣工、是否通过验收，与建设工程施工合同的效力无关。故 B 项不选。

《民法典》第 793 条第 1 款规定："建设工程施工合同无效，但是建设工程经验收合格的，可以参照合同关于工程价款的约定折价补偿承包人。"故 C 项选。

根据《民法典》第 793 条第 2 款第 2 项的规定，建设工程施工合同无效，且建设工程经验收不合格，修复后的建设工程经验收仍不合格的，承包人无权请求参照合同关于工程价款的约定折价补偿。故 D 项选。

[答案] ACD

✐ 评论

> 本题以《民法典》的条文内容为考查对象，采用直接考查的方式，不需要分析法律关系，较为简单。同一领域的法律条文与司法解释条文同时考查，已成为法律职业资格考试的惯常现象。

201. 洪某借天昊公司的资质与恒大公司签订了建设工程施工合同并备案，然后双方又私下签订了另一份补充协议。补充协议中的工期和价款与备案的合同并不相同。洪某又以天昊公司的名义与有劳务分包资质的甲公司签订了劳务分包合同。工程竣工时，经验收不合格。下列哪一说法是正确的？（2019-回忆版-单）

A. 补充协议有效

B. 补充协议无效

C. 恒大公司只能追究天昊公司的违约责任

D. 恒大公司应按照补充协议给付工程款

考点 建设工程合同的效力

解析 根据《建设工程施工合同解释（一）》第 2 条第 1 款的规定，招标人和中标人另行签订的建设工程施工合同约定的工程范围、建设工期、工程质量、工程价款等实质性内容，与中标合同不一致，一方当事人请求按照中标合同确定权利义务的，人民法院应予支持。这意味着，与中标合同冲突的补充协议无效。故 A 项不选，B 项选。

根据《建设工程施工合同解释（一）》第 7 条的规定，缺乏资质的单位或者个人借用有资质的建筑施工企业名义签订建设工程施工合同，发包人请求出借方与借用方对建设工程质量不合格等因出借资质造成的损失承担连带赔偿责任的，人民法院应予支持。故 C 项不选。

因工程经验收不合格，不得要求支付工程款。故 D 项不选。

答案 B

✎ 评论

　　本题将三个考点结合考查，具有一定的综合性。但是，本题所考查的三个考点同属于一个法律制度，且考查方式为直接考查，无需分析法律关系，故较为简单。

（二）建设工程优先权

202. 开发商华峰公司作为发包人与古观公司签订建设工程施工合同，由古观公司作为承包人承接华峰公司位于 M 市的地产项目。但该项目应招标而未招标，并且古观公司没有建筑施工企业资质。项目经验收合格之后，华峰公司以未招标、无资质为由拒绝付款。关于古观公司的权利，下列说法正确的有：（2019-回忆版-多）

A. 能够主张建设工程优先受偿权

B. 优先受偿权的范围不包括违约金

C. 行使优先受偿权的期间不能超过 6 个月

D. 能主张参照合同支付工程款

考点 工程款债权与建设工程优先权

解析 本题中，尽管华峰公司与古观公司的建设工程施工合同因应招标而未招标而无效，但因建设工程竣工后经验收合格，华峰公司应当参照合同支付工程款。故 D 项正确，选。

在此基础上，尽管建设工程施工合同无效，但由于工程为古观公司所建，所以古观公司依然有权主张建设工程优先受偿权。故 A 项正确，选。

根据《建设工程施工合同解释（一）》第 40 条第 2 款的规定，承包人就逾期支付建设工程价款的利息、违约金、损害赔偿金等主张优先受偿的，人民法院不予支持。故 B 项正确，选。

建设工程优先受偿权的行使期间，为发包人应当支付工程款之日起 18 个月。故 C 项错误，不选。

答案 ABD

✎ 评论

　　本题将工程款的支付与建设工程优先受偿权合并考查，具有一定的综合性，但是跨度不大，均属于建设工程施工合同的范畴。本题考法直接，无需分析法律关系，较为简单。

　　本题的启迪意义在于，在建设工程施工合同无效的情况下，只要建设工程经验收合格，承包人依然有权主张建设工程优先受偿权。

(三) 建设工程诉讼

203. 甲公司将一工程发包给乙建筑公司，经甲公司同意，乙公司将部分非主体工程分包给丙建筑公司，丙公司又将其中一部分分包给丁建筑公司。后丁公司因工作失误致使工程不合格，甲公司欲索赔。对此，下列哪些说法是正确的？（2010/3/59-多）

A. 上述工程承包合同均无效

B. 丙公司在向乙公司赔偿损失后，有权向丁公司追偿

C. 甲公司有权要求丁公司承担民事责任

D. 法院可收缴丙公司由于分包已经取得的非法所得

考点 建设工程施工合同中的工程质量诉讼、建设工程合同的效力

解析 本题中，甲公司向乙公司的发包、乙公司向丙公司的分包，均不存在无效事由，合同均有效。故 A 项错误，不选。

丁公司造成工程质量瑕疵，乙公司、丙公司、丁公司对甲公司承担连带责任；乙公司向甲公司承担责任后，可以向丙公司、丁公司连带追偿；丙公司向甲公司或乙公司承担责任后，也有权向丁公司追偿。故 B、C 项正确，选。

丙公司向丁公司的分包为分包人再次分包，不仅合同无效，而且构成违法分包，法院可收缴丙公司的非法所得。故 D 项正确，选。

答案 BCD

评论

本题考查两个考点，但是跨度不大。

本题的启迪意义在于，建设工程施工合同中的工程质量诉讼并不受建设工程施工合同相对性的约束。

204. 甲公司将建筑工程发包给乙公司，乙公司将其转包给丙公司，丙公司将部分工程包给由 121 个农民工组成的施工队。施工期间，丙公司拖欠施工队工程款达 500 万元之多，农民工因此踏上维权之路。丙公司以乙公司拖欠其工程款 800 万元为由、乙公司以甲公司拖欠其工程款 1000 万元为由均拒付欠款。施工队将甲公司诉至法院，要求甲公司支付 500 万元。根据社会主义法治理念，关于本案的处理，下列哪些说法是正确的？（2011/3/51-多）

A. 法院应驳回施工队的诉讼请求，因甲公司与施工队无合同关系。法院不应以破坏合同相对性为代价，片面实现社会效果

B. 法院应支持施工队的诉讼请求。法院不能简单以坚持合同的相对性为由否定甲公司的责任，从而造成农民工不断申诉，案结事不了

C. 法院应当追加乙公司和丙公司为本案当事人。法院一并解决乙公司和丙公司的欠款纠纷，以避免机械执法，就案办案

D. 法院可以追加乙公司和丙公司为本案当事人。法院加强保护农民工权益的力度，有利于推进法律效果和社会效果的有机统一

考点 建设工程施工合同中的工程款诉讼

解析 《建设工程施工合同解释（一）》第43条第2款规定："实际施工人以发包人为被告主张权利的，人民法院应当追加转包人或者违法分包人为本案第三人，在查明发包人欠付转包人或者违法分包人建设工程价款的数额后，判决发包人在欠付建设工程价款范围内对实际施工人承担责任。"故 B、C 项选，A、D 项不选。

答案 BC

评论

本题只考查一个考点，为单一考查题，且采取直接考查的方式，较为简单。

需要注意的是，原《最高人民法院关于审理建设工程施工合同纠纷案件适用法律问题的解释》（现已失效）第26条第2款规定，实际施工人以发包人为被告主张

权利的，人民法院可以追加转包人或者违法分包人为本案当事人。而在《建设工程施工合同解释（一）》颁布实施后，"可以追加"变更为"应当追加"，故本题答案变更为BC。

本题的启迪意义在于，建设工程施工合同中的工程款诉讼，"实际施工人"可以为分包人（第三人），也可以为分包人的分包人（第四人）。

38 专题 运输合同

205. 男子带着免票的儿子小宝乘坐长途客车，客车在途中遇车祸，导致男子随身携带的行李丢失，小宝也被撞成脑震荡。关于本案，下列说法正确的是：（2019-回忆版-单）

A. 运输公司对小宝的损害不予赔偿，因为小宝属于无票乘车

B. 运输公司对于小宝的损害，在有过错的情况下应当赔偿

C. 运输公司对于行李的丢失，在有过错的情况下应当赔偿

D. 无论运输公司是否有过错，均应对行李的丢失承担赔偿责任

考点 客运合同中承运人对旅客的人身损害和财产损害的违约赔偿责任

解析 《民法典》第823条规定："承运人应当对运输过程中旅客的伤亡承担赔偿责任；但是，伤亡是旅客自身健康原因造成的或者承运人证明伤亡是旅客故意、重大过失造成的除外。前款规定适用于按照规定免票、持优待票或者经承运人许可搭乘的无票旅客。"据此，本题中，小宝是旅客，且承运人没有免责事由，应承担违约赔偿责任。故 A、B 项错误，不选。

《民法典》第824条第1款规定："在运输过程中旅客随身携带物品毁损、灭失，承运人有过错的，应当承担赔偿责任。"故 C 项正确，选；D 项错误，不选。

答案 C

✎ 评 论

本题将两个考点合并考查，具有一定的综合性，但是跨度不大。本题采取直接考查的方式，无需法律关系的分析，较为简单。

206. 小牛在从甲小学放学回家的路上，将石块扔向路上正常行驶的出租车，致使乘客张某受伤，张某经治疗后脸上仍留下一块大伤疤。出租车为乙公司所有。下列哪些选项是错误的？（2008/3/64-多）

A. 张某有权要求乙公司赔偿医药费及精神损害

B. 甲小学和乙公司应向张某承担连带赔偿责任

C. 张某有权要求甲小学赔偿医疗费及精神损害

D. 张某有权要求小牛的监护人赔偿医疗费及精神损害

考点 客运合同中承运人的违约责任

解析 《民法典》第823条规定："承运人应当对运输过程中旅客的伤亡承担赔偿责任；但是，伤亡是旅客自身健康原因造成的或者承运人证明伤亡是旅客故意、重大过失造成的除外。前款规定适用于按照规定免票、持优待票或者经承运人许可搭乘的无票旅客。"本题中，张某为旅客，乙公司对张某的人身损害没有违约赔

偿责任的免责事由，应承担违约赔偿责任。但是，因乙公司无过错，不承担侵权赔偿责任，所以张某无权要求乙公司赔偿精神损害。故 A 项错误，选。

小牛致人损害是在从甲小学放学回家的路上，甲小学没有监护职责，不承担责任。故 B、C 项错误，选。

小牛对张某构成人身侵权，其监护人应承担侵权损害赔偿责任，包括精神损害赔偿责任。故 D 项正确，不选。

答案 ABC

评 论

　　本题将运输合同中的违约责任与侵权责任合并考查，具有一定的综合性。但是，

本题依然采用直接考查的方法，无需分析法律关系，较为简单。

　　关于本题，需要说明的问题是，《民法典》第 996 条规定："因当事人一方的违约行为，损害对方人格权并造成严重精神损害，受损害方选择请求其承担违约责任的，不影响受损害方请求精神损害赔偿。"在该条规定中，基于违约责任的请求权主张债务人承担精神损害赔偿责任，需以加害给付为前提。因本题中，乙公司并不构成加害给付，故不适用该条规定，张某不得基于违约责任请求乙公司承担精神损害赔偿责任。

技术合同 专题 39

一、职务成果与非职务成果

207. 工程师王某在甲公司的职责是研发电脑鼠标。下列哪些说法是错误的？（2012/3/64－多）

A. 王某利用业余时间研发的新鼠标的专利申请权属于甲公司

B. 如王某没有利用甲公司物质技术条件研发出新鼠标，其专利申请权属于王某

C. 王某主要利用了单位物质技术条件研发出新型手机，其专利申请权属于王某

D. 如王某辞职后到乙公司研发出新鼠标，其专利申请权均属于乙公司

考点 技术合同中职务成果与非职务成果的区分

解析 判断技术成果是否属于职务成果的标准有二：①是否执行所在单位任务；②是否主要利用所在单位的物质技术条件。是否利用业余时间并非判断技术成果是否属于职务成果的标准。本题中，王某研发鼠标属于其工作职责，纵然利用的是业余时间，或者没有利用单位的

物质技术条件，均不影响其职务成果的性质，所以该鼠标的专利申请权归属于甲公司。故 A 项正确，不选；B、C 项错误，选。

　　根据《专利法实施细则》第 13 条第 1 款第 3 项的规定，退休、调离原单位后或者劳动、人事关系终止后 1 年内作出的，与其在原单位承担的本职工作或者原单位分配的任务有关的发明创造，为执行本单位的任务所完成的职务发明创造。本题中，王某从其所在单位甲公司辞职后 1 年内作出的，与其在甲公司承担的本职工作有关的技术成果，属于原单位的职务成果。故 D 项表述过于绝对，错误，选。

答案 BCD

评 论

　　本题只考查一个考点，为单一考查题，且采用直接考查的方式，较为简单。

二、技术开发合同的成果归属

208. 甲研究所与刘某签订了一份技术开发

合同，约定由刘某为甲研究所开发一套软件。3个月后，刘某按约定交付了技术成果，甲研究所未按约定支付报酬。由于没有约定技术成果的归属，双方发生争执。下列哪些选项是正确的？（2008/3/62-多）

A. 申请专利的权利属于刘某，但刘某无权获得报酬

B. 申请专利的权利属于刘某，且刘某有权获得约定的报酬

C. 如果刘某转让专利申请权，甲研究所享有以同等条件优先受让的权利

D. 如果刘某取得专利权，甲研究所可以免费实施该专利

考点 技术委托开发合同中成果的归属

解析 在当事人没有约定的情况下，委托开发合同中的技术成果的专利申请权归属于受托人。而支付报酬为委托人委托开发合同中的债务，委托人应当履行。故 A 项错误，不选；B 项正确，选。

委托开发合同中，受托人对外转让专利申请权时，委托人在同等条件下享有优先受让权。故 C 项正确，选。

委托开发合同中，当事人双方均享有该项技术成果的使用权。对于委托人而言，该项技术未申请专利时，其有权免费使用该项技术；该项技术获得专利时，其有权免费实施该专利。故 D 项正确，选。

答案 BCD

评论
　　本题将四个考点合并考查，具有一定的综合性，但是跨度不大，且采用直接考查的方式，无需分析法律关系，较为简单。

209. 甲、乙共同完成一项发明，就该项发明的专利申请权所作的下列判断中，哪些是正确的？（2002/3/56-多）

A. 如果甲不同意申请专利，乙可以自行申请

B. 如果甲放弃其专利申请权，乙可以单独申请，但取得专利后，甲有免费使用的权利

C. 如果甲准备转让其专利申请权，应签订书面合同

D. 如果甲准备转让其专利申请权，乙在同等条件下有优先受让的权利

考点 技术合作开发合同中技术成果上的权利

解析 根据《民法典》第860条第3款的规定，技术合作开发合同中，合作开发的当事人一方不同意申请专利的，另一方或者其他各方不得申请专利。故 A 项不选。

《民法典》第860条第2款规定："合作开发的当事人一方声明放弃其共有的专利申请权的，除当事人另有约定外，可以由另一方单独申请或者由其他各方共同申请。申请人取得专利权的，放弃专利申请权的一方可以免费实施该专利。"故 B 项选。

技术合同为法定书面要式合同。故 C 项选。

根据《民法典》第860条第1款的规定，合作开发的当事人一方转让其共有的专利申请权的，其他各方享有以同等条件优先受让的权利。但是，当事人另有约定的除外。故 D 项选。

答案 BCD

评论
　　本题将四个考点合并考查，综合性较强，但是考查的均是技术合作开发合同中的知识，跨度不大。在考法上，本题采取直接考查的方式，较为简单。

三、技术转让合同

210. 中国的龙腾公司从美国的虎跃公司引进一套鱼苗育种技术。在两公司所签技术引进合同的条款中，下列哪些是不合法的？（2008 延/3/62-多）

A. 虎跃公司提供与该技术相关的指导说明

B. 龙腾公司不得从欧盟获得类似技术

C. 龙腾公司不得将引进技术泄露给任何第三方

D. 龙腾公司应在引进技术的同时购进虎跃公司的部分库存汽车配件

考点 技术转让合同的法律规则

解析 让与人向受让人提供与被转让技术相关的指导说明，是技术转让合同中让与人的基本义务。故 A 项不选。

技术转让合同中禁止限制技术竞争和技术发展的约定。故 B 项选。

技术转让合同中的受让人应当承担保密义务。故 C 项不选。

购买让与人的库存汽车配件之约定与技术转让合同毫无关联，为让与人利用其技术地位上的优势迫使受让人作出不真实的意思表示，属于显失公平条款。故 D 项选。

答案 BD

评 论

　　本题将四个考点合并考查，但是跨度不大，且采用直接考查的方式，无需分析法律关系，较为简单。

委托合同、行纪合同、居间（中介）合同 专题 40

一、委托合同

（一）受托人与第三人订立合同的约束力

211. 甲委托乙购买一套机械设备，但要求以乙的名义签订合同，乙同意，遂与丙签订了设备购买合同。后由于甲的原因，乙不能按时向丙支付设备款。在乙向丙说明了自己是受甲委托向丙购买机械设备后，关于丙的权利，下列哪一选项是正确的？（2008/3/3-单）

A. 只能要求甲支付

B. 只能要求乙支付

C. 可选择要求甲或乙支付

D. 可要求甲和乙承担连带责任

考点 隐名代理行为的后果承受

解析 《民法典》第 925 条规定："受托人以自己的名义，在委托人的授权范围内与第三人订立的合同，第三人在订立合同时知道受托人与委托人之间的代理关系的，该合同直接约束委托人和第三人；但是，有确切证据证明该合同只约束受托人和第三人的除外。"据此，本题中，乙受甲之托，以自己的名义与丙订立的合同，约束乙、丙。在此基础上，《民法典》第 926 条第 2 款规定："受托人因委托人的原因对第三人不履行义务，受托人应当向第三人披露委托人，第三人因此可以选择受托人或者委托人作为相对人主张其权利，但是第三人不得变更选定的相对人。"据此，本题中，乙向丙披露甲后，丙可以在甲、乙间选择主张权利的对象。故 C 项正确，选；其他项错误，不选。

答案 C

评 论

　　本题只考查一个考点，为单一考查题，且采用直接考查的方式，较为简单。

212. 甲委托乙代销电视机，乙分别与丙、丁签订了买卖合同，但没有说明是代甲销售。后乙将与丙、丁签订合同的事实告知甲。甲分别以自己的名义向丙和丁送交了约定数量的电视机。丙接收了电视机，丁拒收电视机并要求乙履行合同。后丁反悔，直接向甲履行了付款义务。下列哪些选项是正确的？（2008 延/3/55-多）

A. 如丙迟延履行付款义务，甲可以要求乙承担连带责任

B. 乙可以自己是受托人为由拒绝对丁履行交货义务
C. 丁拒收电视机并要求乙履行合同意味着选择乙作为相对人
D. 丁拒收电视机后又向甲付款的行为不发生合同履行的效力

考点 受托人与第三人订立合同的约束力

解析 《民法典》第925条规定："受托人以自己的名义，在委托人的授权范围内与第三人订立的合同，第三人在订立合同时知道受托人与委托人之间的代理关系的，该合同直接约束委托人和第三人；但是，有确切证据证明该合同只约束受托人和第三人的除外。"据此，本题中，乙受甲之托，以自己的名义与丙、丁订立的买卖合同，分别约束乙与丙、乙与丁。《民法典》第926条第1款规定："受托人以自己的名义与第三人订立合同时，第三人不知道受托人与委托人之间的代理关系的，受托人因第三人的原因对委托人不履行义务，受托人应当向委托人披露第三人，委托人因此可以行使受托人对第三人的权利。但是，第三人与受托人订立合同时如果知道该委托人就不会订立合同的除外。"这一条文所蕴含的法律逻辑是，受托人以自己的名义与第三人订立合同，第三人事后知道受托人是为委托人办理委托事务的，有权在委托人与受托人之间选择一人作为自己的相对人，且一旦选择，不得变更。本题中，"丙接收了电视机"的案情表明，丙选择了甲作为相对人，乙即非丙的相对人。所以若丙迟延支付价款，甲只能请求丙承担违约责任。故A项不选。

"丁拒收电视机并要求乙履行合同"的案情表明，丁选择了乙作为相对人。故B项不选，C项选。

由于乙与丁订立的合同最终约束乙、丁，所以丁应向乙付款。丁向甲付款的行为，系债务履行对象不正确，不能发生合同履行的效力。故D项选。

答案 CD

评 论

本题只考查一个考点，为单一考查题。但是，本题并非通过实例直接考查条文规定，而是通过实例来考查条文中的逻辑，对于考生的条文理解能力和案件分析能力均具有较高要求，难度较大。

本题需要总结的知识点在于，受托人以自己的名义与第三人订立合同的后果：①该合同约束受托人与第三人；②受托人一旦向委托人披露第三人，原则上，该合同即约束委托人与第三人。但是，第三人拒绝将委托人作为相对人的除外。

（二）委托人、受托人的任意解除权

213. 甲委托乙为其购买木材，乙为此花去了一定的时间和精力，现甲不想要这批木材，于是电话告诉乙取消委托，乙不同意。下列哪一论述是正确的？（2002/3/10-单）

A. 甲无权单方取消委托，否则应赔偿乙的损失
B. 甲可以单方取消委托，但必须以书面形式进行
C. 甲可以单方取消委托，但需承担乙受到的损失
D. 甲可以单方取消委托，但仍需按合同约定支付乙报酬

考点 委托合同中的任意解除权

解析 《民法典》第933条规定："委托人或者受托人可以随时解除委托合同。因解除合同造成对方损失的，除不可归责于该当事人的事由外，无偿委托合同的解除方应当赔偿因解除时间不当造成的直接损失，有偿委托合同的解除方应当赔偿对方的直接损失和合同履行后可以获得的利益。"据此，委托合同中的双方当事人均享有任意解除权，但是，因此造成对方损失的，应予赔偿。故A、B项不选，C项选。

《民法典》第928条第2款规定："因不可

归责于受托人的事由，委托合同解除或者委托事务不能完成的，委托人应当向受托人支付相应的报酬。当事人另有约定的，按照其约定。"据此，本题中，委托事务未能完成不可归责于受托人乙，甲应给予乙"相应的"报酬，而非"按合同约定支付乙报酬"。故 D 项不选。

答案 C

评论

　　本题采用直接考查的方式，非常简单。

　　本题需要总结的知识点在于，除了委托合同中双方当事人的任意解除权外，《民法典》还规定了承揽合同中的定作人、货运合同中的托运人的任意变更、解除权。其法律逻辑依然是，权利人可以任意变更、解除合同，但是，因此造成对方损失的，应予赔偿。

二、行纪合同

214. 甲将 10 吨大米委托乙商行出售。双方只约定，乙商行以自己名义对外销售，每公斤售价 2 元，乙商行的报酬为价款的 5%。下列哪些说法是正确的？（2009/3/61-多）

A. 甲与乙商行之间成立行纪合同关系

B. 乙商行为销售大米支出的费用应由自己负担

C. 如乙商行以每公斤 2.5 元的价格将大米售出，双方对多出价款的分配无法达成协议，则应平均分配

D. 如乙商行与丙食品厂订立买卖大米的合同，则乙商行对该合同直接享有权利、承担义务

考点 行纪合同

解析《民法典》第 951 条规定："行纪合同是行纪人以自己的名义为委托人从事贸易活动，委托人支付报酬的合同。"可见，甲与乙商行之间的关系符合行纪合同的构成。据此，A 项正确，选。

《民法典》第 952 条规定："行纪人处理委托事务支出的费用，由行纪人负担，但是当事人另有约定的除外。"据此，B 项正确，选。

《民法典》第 955 条第 2 款规定："行纪人高于委托人指定的价格卖出或者低于委托人指定的价格买入的，可以按照约定增加报酬；没有约定或者约定不明确，依据本法第 510 条的规定仍不能确定的，该利益属于委托人。"据此，C 项错误，不选。

《民法典》第 958 条第 1 款规定："行纪人与第三人订立合同的，行纪人对该合同直接享有权利、承担义务。"据此，D 项正确，选。

答案 ABD

评论

　　本题将两个考点合并考查，具有一定的综合性。但是题目采取直接考查的方式，较为简单。

　　本题需要总结的知识点在于，委托合同与行纪合同的比较：

　　(1) 受托人可能以自己的名义与第三人订立合同，而行纪人必然以自己的名义与第三人订立合同。

　　(2) 受托人以自己的名义与第三人订立合同的，该合同约束受托人与第三人；否则，约束委托人与第三人。行纪人与第三人订立的合同，必然约束行纪人与第三人。

　　(3) 受托人以自己的名义与第三人订立合同的，存在披露的可能性。一经披露，该合同原则上约束委托人与第三人，但是第三人选择受托人作为自己相对人的除外。行纪人与第三人订立的合同，没有披露的可能，故其一直约束行纪人与第三人。

三、中介合同

215. 甲欲承租房屋，委托乙房产中介寻找

房源，约定了中介报酬。2 周后，甲得知丙通过乙房产中介与出租人订立了租赁合同，且丙获得的房源与甲的要求相同，而丙对乙房产中介的委托在甲之后，约定的中介报酬与甲相同。甲遂向乙房产中介通知解除合同，并自己通过网络寻找到了房源。下列哪些说法是正确的？（2020-回忆版-多）

A. 甲有权追究乙房产中介的违约责任
B. 甲有权解除中介合同
C. 甲应向乙房产中介依约支付中介报酬
D. 甲应向乙房产中介依约支付必要费用

考点 中介合同

解析 本题中，甲、丙先后与乙房产中介订立中介合同，二人均对乙房产中介享有债权请求权。根据债权的平等性，甲对乙房产中介委托在先的事实并不导致乙房产中介需先对甲履行债务的结果。故 A 项不选。

《民法典》第 966 条规定，本章（中介合同）没有规定的，参照适用委托合同的有关规定。进而，根据《民法典》第 933 条"委托人或者受托人可以随时解除委托合同"之规定，委托合同中的当事人双方均享有任意解除权的规则可适用于中介合同。故 B 项选。

《民法典》第 964 条规定："中介人未促成合同成立的，不得请求支付报酬；但是，可以按照约定请求委托人支付从事中介活动支出的必要费用。"据此，本题中，乙房产中介并未完成中介事项，所以甲无需支付中介报酬，但需支付必要费用。故 C 项不选，D 项选。

答案 BD

评论

本题将四个考点合并考查，具有一定的综合性，但跨度不大，且考查内容均为基本考点，故难度不大。

本题需要总结的知识点在于，中介人未向委托人优先提供房源，并不构成违约。事实上，根据《民法典》第 962 条第 2 款的规定，中介人违约的情形，主要是

指中介人故意隐瞒与订立合同有关的重要事实或者提供虚假情况，损害委托人利益。

216. 甲欲买房，找到中介公司，签订了中介合同，约定买房后向中介公司支付 2 万元的中介费。中介公司员工乙在网站上看到甲想要的房子，私下联系甲，二人一起去看了丙的房子，并与丙签订了合同。乙收受 5000 元中介费。下列哪些说法是正确的？（2021-回忆版-多）

A. 甲应向中介公司支付 2 万元
B. 甲、乙、丙承担连带责任
C. 甲、乙承担连带责任
D. 乙收取的 5000 元构成不当得利

考点 中介合同、职务行为

解析 本题中，乙作为中介公司员工，利用工作便利获取交易信息，构成职务行为。因此，甲通过乙获得的丙的房源信息为中介公司中介工作的结果，故甲绕开中介公司与丙直接订立合同，即构成跳单。根据《民法典》第 965 条"委托人在接受中介人的服务后，利用中介人提供的交易机会或者媒介服务，绕开中介人直接订立合同的，应当向中介人支付报酬"之规定，甲应依约向中介公司支付中介费 2 万元，A 项选。

本题中，丙与中介公司没有任何合同关系，其既不构成违约，也不构成侵权，故丙对中介公司没有责任，B 项不选。

本题中，甲应向中介公司支付中介费，乙对中介公司构成雇佣合同上的违约及对中介公司商机的侵权。故甲、乙对中介公司的责任不存在连带关系的法律基础，C 项不选。

乙收取的 5000 元私人中介费是攫取中介公司商机所得，没有合法依据，故构成不当得利，D 项选。

答案 AD

评论

本题只有一个考点，为单一考查题，但本题对考生的法律关系分析能力要求较高。甲、丙订立买卖合同，相对于甲与中

介公司的中介合同构成"跳单"，以及甲、乙之间不产生连带关系的判断，均源自于法律关系的分析，而无法立足于考点直接作答，故具有较高难度。

物业服务合同   专题 **41**

217. 北林公司是某小区业主选聘的物业服务企业。关于业主与北林公司的权利义务，下列哪一选项是正确的？（2010/3/8-单）

A. 北林公司公开作出的服务承诺及制定的服务细则，不是物业服务合同的组成部分

B. 业主甲将房屋租给他人使用，约定由承租人交纳物业费，北林公司有权请求业主甲对该物业费的交纳承担连带责任

C. 业主乙拖欠半年物业服务费，北林公司要求业主委员会支付欠款，业主委员会无权拒绝

D. 业主丙出国进修 2 年返家，北林公司要求其补交 2 年的物业管理费，丙有权以 2 年未接受物业服务为由予以拒绝

考点 物业服务合同的法律规则

解析 物业服务企业公开作出的服务承诺及制定的服务细则，性质为格式条款，构成物业服

务合同的组成部分。故 A 项错误，不选。

物业费的交纳，由物业使用人与业主承担连带责任。故 B 项正确，选。

北林公司应当向业主（而非业主委员会）请求支付物业服务费。故 C 项错误，不选。

物业服务企业已经按照合同约定以及相关规定提供服务的，业主不得仅以未享受或者无需接受相关物业服务为由拒绝交费。故 D 项错误，不选。

答案 B

评论

本题将四个考点合并考查，具有一定的综合性，但是跨度不大，且采用直接考查的方式，故本题较为简单。

本题的启迪意义在于 A 项，即格式条款一经公开，即具有"自动形成合同条款"的效果。

第13讲 担保概述

专题 **担保合同与担保责任**

一、担保人的资格

218. 甲公办学校向乙企业购买教学设备，因资金短缺，于是约定分期付款，最后一期付完前，教学设备的所有权归乙企业。下列说法正确的有：(2021-回忆版-多)

A. 若甲公办学校擅自出卖教学设备，乙企业可以取回

B. 若甲公办学校致使教学设备损坏，乙企业可以取回

C. 若甲公办学校擅自出质教学设备，乙企业可以取回

D. 若甲公办学校以公益财产设定担保，则其与乙企业的买卖合同无效

考点 保留所有权买卖、担保人的资格

解析 《民法典》第642条第1款规定："当事人约定出卖人保留合同标的物的所有权，在标的物所有权转移前，买受人有下列情形之一，造成出卖人损害的，除当事人另有约定外，出卖人有权取回标的物：①未按照约定支付价款，经催告后在合理期限内仍未支付；②未按照约定完成特定条件；③将标的物出卖、出质或者作出其他不当处分。"故A、C项属于法定的取回权事由，选；B项不属于法定的取回权事由，不选。

根据《担保制度解释》第6条第1款第1项的规定，以公益为目的的非营利性学校、幼儿园、医疗机构、养老机构等提供担保的，人民法院应当认定担保合同无效，但是在购入或者以融资租赁方式承租教育设施、医疗卫生设施、养老服务设施和其他公益设施时，出卖人、出租人为担保价款或者租金实现而在该公益设施上保留所有权的除外。换言之，公益机构作为保留所有权买卖的买受人或融资租赁的承租人，与他人订立的保留所有权买卖合同、融资租赁合同依然有效，故D项不选。

答案 AC

评论

本题将两个条文合并考查，具有一定复合性，但是考查方法直接，无需分析法律关系和深刻理解条文，知道考点即可作答，故较为简单。

二、债务人破产时第三担保人的担保责任

219. 甲、乙双方于2013年5月6日签订水泥供应合同，乙以自己的土地使用权为其价款支付提供了最高额抵押，约定2014年5月5日为债权确定日，并办理了登记。丙为担保乙的债务，也于2013年5月6日与甲订立最

高额保证合同，保证期间为 1 年，自债权确定日开始计算。乙于 2014 年 1 月被法院宣告破产，下列说法正确的是：（2016/3/91-任）

A. 甲的债权确定期届至

B. 甲应先就抵押物优先受偿，不足部分再要求丙承担保证责任

C. 甲可先要求丙承担保证责任

D. 如甲未申报债权，丙可参加破产财产分配，预先行使追偿权

考点 最高额抵押的债权确定时间、混合担保的实现顺序、保证人追偿权的预先行使

解析 根据《民法典》第 411 条第 2 项的规定，抵押人被宣告破产或者解散之日，为最高额抵押的债权确定之日。故 A 项正确，选。

根据《民法典》第 392 条的规定，被担保的债权既有物的担保又有人的担保的，债务人不履行到期债务或者发生当事人约定的实现担保物权的情形，债权人应当按照约定实现债权；没有约定或者约定不明确，债务人自己提供物的担保的，债权人应当先就该物的担保实现债权。据此，本题中，因最高额抵押是由债务人乙提供，所以债权人甲应先实现物保，不能受偿部分再请求担保人丙承担保证责任。故 B 项正确，选；C 项错误，不选。

人民法院受理债务人破产案件后，债权人未申报债权的，保证人可以参加破产财产分配，预先行使追偿权。故 D 项正确，选。

答案 ABD

评论

本题将三个考点纳入同一题目中加以考查，具有综合性，且考查的知识分属于不同的法律制度，跳跃性较大，对于考生考点掌握的熟练程度具有较高要求。

三、主债变动对于担保责任的影响

220. 甲公司将 1 台挖掘机出租给乙公司，为担保乙公司依约支付租金，丙公司担任保

证人，丁公司以机器设备设置抵押。乙公司欠付 10 万元租金时，经甲公司、丙公司和丁公司口头同意，将 6 万元租金债务转让给戊公司。在乙公司将 6 万元租金债务转让给戊公司之后，关于丙公司和丁公司的担保责任，下列表述正确的是：（2012/3/88-任，缩写）

A. 丙公司仅需对乙公司剩余租金债务承担担保责任

B. 丁公司仅需对乙公司剩余租金债务承担担保责任

C. 丙公司仍应承担全部担保责任

D. 丁公司仍应承担全部担保责任

考点 主债务承担对于担保责任的影响

解析《民法典》第 391 条规定："第三人提供担保，未经其书面同意，债权人允许债务人转移全部或者部分债务的，担保人不再承担相应的担保责任。"本题中，债务人乙公司将部分债务转让给第三人戊公司，第三担保人丙公司、丁公司仅口头同意，但未书面同意，所以，对于转让的部分，丙公司、丁公司不再承担担保责任。相应地，对于乙公司未转让的债务，丙公司、丁公司需继续承担担保责任。故 A、B 项选，C、D 项不选。

答案 AB

评论

本题只考查一个考点，且采用直接考查的方式，问题直观，难度不大。

本题需要总结的知识点有二：①担保上的任何意思表示，均需采取书面形式；②债权人对债务承担的同意，因其并非担保上的意思表示，故无需采用书面形式。因此，本题中，尽管甲公司、丙公司和丁公司均对债务承担表示口头同意，但债权人甲公司的口头同意是有法律意义的，可以引起债务承担的发生；担保人丙公司、丁公司的口头同意则无法律意义，不能引起继续承担担保责任的后果。

221. 甲对乙享有债权500万元，先后在丙和丁的房屋上设定了抵押权，均办理了登记，且均未限定抵押物的担保金额。其后，甲将其中200万元债权转让给戊，并通知了乙。乙到期清偿了对甲的300万元债务，但未能清偿对戊的200万元债务。对此，下列哪些选项是错误的？（2016/3/55-多）

A. 戊可同时就丙和丁的房屋行使抵押权，但对每个房屋价款优先受偿权的金额不得超过100万元

B. 戊可同时就丙和丁的房屋行使抵押权，对每个房屋价款优先受偿权的金额依房屋价值的比例确定

C. 戊必须先后就丙和丁的房屋行使抵押权，对每个房屋价款优先受偿权的金额由戊自主决定

D. 戊只能在丙的房屋价款不足以使其债权得到全部清偿时就丁的房屋行使抵押权

[考点] 共同物保、主债权让与对于担保责任的影响

[解析] 《民法典》第696条第1款规定："债权人转让全部或者部分债权，未通知保证人的，该转让对保证人不发生效力。"在此基础上，根据《担保制度解释》第20条的规定，人民法院在审理第三人提供的物的担保纠纷案件时，可以适用《民法典》第696条第1款关于保证合同的规定。据此，本题中，债权人甲转让债权给受让人戊，未通知第三物上担保人丙、丁，该债权转让对丙、丁不发生效力，即丙、丁不对戊承担担保责任。故A、B、C、D项均错误，均选。

[答案] ABCD

[评论]
　　本题原本是考查共同物保的责任的顺位，即在"债权让与后，物上担保人需对受让人继续承担担保责任"的基础上，因各物上担保人并未与债权人约定各自承担担保责任的顺序、份额，故需承担连带共同担保责任。然而，随着《担保制度解释》的颁布，"债权让与"与"第三担保人继续对受让人承担担保责任"之间的连接，需要以"通知第三担保人"为纽带，而本题中，该纽带并不存在，故丙、丁并不对戊承担担保责任。

四、最高额担保

222. 甲、乙双方于2013年5月6日签订水泥供应合同，乙以自己的土地使用权为其价款支付提供了最高额抵押，约定2014年5月5日为债权确定日，并办理了登记。丙为担保乙的债务，也于2013年5月6日与甲订立最高额保证合同，保证期间为1年，自债权确定日开始计算。请回答第（1）、（2）题。（2016/3/89、90-任）

（1）水泥供应合同约定，将2013年5月6日前乙欠甲的货款纳入了最高额抵押的担保范围。下列说法正确的是：

A. 该约定无效

B. 该约定合法有效

C. 如最高额保证合同未约定将2013年5月6日前乙欠甲的货款纳入最高额保证的担保范围，则丙对此不承担责任

D. 丙有权主张减轻其保证责任

[考点] 最高额抵押的担保范围

[解析] 《民法典》第420条第2款规定："最高额抵押权设立前已经存在的债权，经当事人同意，可以转入最高额抵押担保的债权范围。"故A项错误，不选；B项正确，选。

　　本题中，当事人系将"2013年5月6日前乙欠甲的货款"纳入最高额抵押的担保范围，但并未将其纳入最高额保证的担保范围，所以丙不对此承担保证责任。故C项正确，选。

　　正是由于当事人系将"2013年5月6日前乙欠甲的货款"纳入最高额抵押的担保范围，

并不会增加最高额保证的负担，因此丙不得主张减轻其保证责任。故 D 项错误，不选。

答案 BC

评论

　　本题仅考查一个考点，且为基本考点，直观明确。本题的考法的特色在于，将最高额抵押与最高额保证并列，共同作为一个债权的担保。对于这种考法，只需掌握"各做各的，互不搭界"的原则即可。

（2）甲在 2013 年 11 月将自己对乙已取得的债权全部转让给丁。下列说法正确的是：

A. 甲的行为将导致其最高额抵押权消灭

B. 甲将上述债权转让给丁后，丁取得最高额抵押权

C. 甲将上述债权转让给丁后，最高额抵押权不随之转让

D. 2014 年 5 月 5 日前，甲对乙的任何债权均不得转让

考点 最高额抵押所担保的债权的转让

解析 《民法典》第 421 条规定："最高额抵押担保的债权确定前，部分债权转让的，最高额抵押权不得转让，但是当事人另有约定的除外。"据此，最高额抵押担保的债权确定前，部分债权转让的：首先，最高额抵押权并不消灭。故 A 项错误，不选。其次，所转让的债权不再受最高额抵押的担保。故 B 项错误，不选；C 项正确，选。最后，该转让并不为法律所禁止。故 D 项错误，不选。

答案 C

评论

　　本题仅考查一个考点，且考查的内容为基础知识，具有单一性，没有难度。

共同担保 专题 43

一、共同担保责任

223. 甲服装公司与乙银行订立合同，约定甲公司向乙银行借款 300 万元，用于购买进口面料。同时，双方订立抵押合同，约定甲公司以其现有的以及将有的生产设备、原材料、产品为前述借款设立抵押。借款合同和抵押合同订立后，乙银行向甲公司发放了贷款，但未办理抵押登记。之后，根据乙银行要求，丙为此项贷款提供连带责任保证，丁以一台大型挖掘机作质押并交付。如甲公司未按期还款，乙银行欲行使担保权利，当事人未约定行使担保权利顺序，下列选项正确的是：（2017/3/91-任）

A. 乙银行应先就甲公司的抵押实现债权

B. 乙银行应先就丁的质押实现债权

C. 乙银行可选择就甲公司的抵押或丙的保证实现债权

D. 乙银行可选择就甲公司的抵押或丁的质押实现债权

考点 混合担保的实现顺序

解析 根据《民法典》第 392 条的规定，被担保的债权既有物的担保又有人的担保的，债务人不履行到期债务或者发生当事人约定的实现担保物权的情形，债权人应当按照约定实现债权；没有约定或者约定不明确，债务人自己提供物的担保的，债权人应当先就该物的担保实现债权。据此，A 项正确，选；其他项错误，不选。

答案 A

评论

　　本题以法律、司法解释的基本条文内

容为考查对象，采用直接考查的方式，不需要分析法律关系，较为简单。

二、共同担保人的分担请求权

224. 甲对乙享有60万元债权，丙、丁分别与甲签订保证合同，但未约定保证责任的范围和方式。下列关于乙、丙、丁关系的表述何者正确？（2005/3/85-任，缩写）

A. 丙、丁的保证都为连带责任保证

B. 丙、丁对乙的全部债务承担保证责任，但彼此之间不负连带责任

C. 若丙与丁事后约定各自担保乙的30万元债务，该约定未经甲的同意不能生效

D. 若丁代乙清偿了全部债务，应首先向乙追偿，若乙不能偿还再要求丙分担责任

[考点] 保证责任的类型、共同担保的追偿权与分担请求权

[解析]《民法典》第686条第2款规定："当事人在保证合同中对保证方式没有约定或者约定不明确的，按照一般保证承担保证责任。"本题中，丙、丁与甲所订立的保证合同中未约定保证责任的范围和方式，因此为一般保证。故A项不选。

根据《民法典》第699条的规定，同一债务有2个以上保证人，没有约定保证份额的，债权人可以请求任何一个保证人在其保证范围内承担保证责任。据此，丙、丁需对甲承担连带共同保证责任。故B项不选。

丙与丁约定各自担保乙的30万元债务的，此约定未经甲的同意，不对甲产生约束力，但是其仍然具有内部效力，即对丙、丁产生约束力。故C项不选。

在共同保证中，承担了保证责任的保证人，可否请求其他保证人分担？根据《担保制度解释》第13条第1、2款的规定，第三担保人之间享有分担请求权的前提是满足如下三者之一：①担保人之间约定相互追偿；②担保人之间约

定承担连带共同担保责任；③各担保人在同一份合同书上签字、盖章或者按指印。本题中，并不具备上述三种情形的任何一种，所以不存在各担保人彼此之间的分担问题。故D项不选。

[答案] 无

[评论]

本题考查了三个考点，具有一定的综合性，但是跨度不大，且采取直接考查的方式，较为简单。

本题的启迪意义在于两组区分：

（1）"一般保证"是针对债务人与保证人之间的关系而言的，"连带共同保证"是针对保证人彼此之间的关系而言的。因此，本题中，丙、丁的"一般保证"与"连带共同保证责任"并不矛盾，即丙、丁需在甲对乙穷尽一切法律手段后，对其不能受偿的部分，承担连带担保责任。

（2）"各第三担保人没有与债权人约定各自承担担保责任的份额、顺序"的法律意义在于债权人可以请求任何一个担保人承担担保责任，而不在于承担了担保责任的担保人可以请求其他担保人分担自己所承担的担保责任。

需要注意的是，担保人之间分担请求权的存在前提，需出现上述《担保制度解释》第13条第1、2款所规定的三种情形之一。

三、共同担保中的弃权与免责

225. 陈某向贺某借款20万元，借期2年。张某为该借款合同提供保证担保，担保条款约定，张某在陈某不能履行债务时承担保证责任，但未约定保证期间。陈某同时以自己的房屋提供抵押担保并办理了登记。如果贺某打算放弃对陈某的抵押权，并将这一情况通知了张某，张某表示反对，下列选项正确的是：（2008/3/92-任）

A. 贺某不得放弃抵押权，因为张某不同意

B. 若贺某放弃抵押权，张某仍应对全部债务承担保证责任

C. 若贺某放弃抵押权，则张某对全部债务免除保证责任

D. 若贺某放弃抵押权，则张某在贺某放弃权利的范围内免除保证责任

考点 共同担保中的弃权与免责

解析 《民法典》第 409 条第 2 款规定："债务人以自己的财产设定抵押，抵押权人放弃该抵押权、抵押权顺位或者变更抵押权的，其他担保人在抵押权人丧失优先受偿权益的范围内免除担保责任，但是其他担保人承诺仍然提供担保的除外。"据此，主债权人放弃主债务人提供的物保本身无需征得保证人同意。故 A 项不选。

但是，主债权人放弃主债务人提供的物保，未经保证人同意的，将会引起保证责任的免责后果。故 B 项不选。

主债权人放弃主债务人提供的物保，保证人因此免责的范围并非全部免责，而是在弃权范围内免责。故 C 项不选，D 项选。

答案 D

评 论

本题只考查一个考点，为单一考查题，采用直接考查的方法，较为简单。

第14讲 担保物权

44 专题 担保物权的一般原理

一、担保物的孳息收取

226. 2016 年 3 月 3 日，甲向乙借款 10 万元，约定还款日期为 2017 年 3 月 3 日。借款当日，甲将自己饲养的市值 5 万元的名贵宠物鹦鹉质押交付给乙，作为债务到期不履行的担保；另外，第三人丙提供了连带责任保证。关于乙的质权，下列哪些说法是正确的？（2017/3/56-多）

A. 2016 年 5 月 5 日，鹦鹉产蛋一枚，市值 2000 元，应交由甲处置

B. 因乙照管不善，2016 年 10 月 1 日鹦鹉死亡，乙需承担赔偿责任

C. 2017 年 4 月 4 日，甲未偿还借款，乙未实现质权，则甲可请求乙及时行使质权

D. 乙可放弃该质权，丙可在乙丧失质权的范围内免除相应的保证责任

考点 质物孳息的收取、质权人的妥善保管义务、共同担保中的弃权与免责

解析 《民法典》第 430 条第 1 款规定："质权人有权收取质押财产的孳息，但是合同另有约定的除外。"据此，A 项错误，不选。

《民法典》第 432 条第 1 款规定："质权人负有妥善保管质押财产的义务；因保管不善致使质押财产毁损、灭失的，应当承担赔偿责任。"据此，B 项正确，选。

《民法典》第 437 条第 1 款规定："出质人可以请求质权人在债务履行期限届满后及时行使质权；质权人不行使的，出质人可以请求人民法院拍卖、变卖质押财产。"据此，C 项正确，选。

《民法典》第 409 条第 2 款规定："债务人以自己的财产设定抵押，抵押权人放弃该抵押权、抵押权顺位或者变更抵押权的，其他担保人在抵押权人丧失优先受偿权益的范围内免除担保责任，但是其他担保人承诺仍然提供担保的除外。"该规则同样适用于质押。据此，D 项正确，选。

答案 BCD

评论
　　本题四个选项考查四个法律条文，具有综合性。同时，每一个法律条文的考查又均为直接考查，不涉及法律关系的分析。

二、流质约款禁止

227. 甲向乙借款，以自有房屋进行抵押，并在抵押合同中约定，如果届期甲无力清偿债务，则该房屋归乙所有。后双方进行了抵押登记。借款到期后，甲无力偿还借款，引发纠纷。关于本案，下列哪些选项是正确的？

（2020-回忆版-多）

A. 乙可以请求拍卖房屋并就房屋价款优先受偿

B. 关于乙取得所有权的约定不具有效力

C. 抵押合同有效

D. 抵押合同无效

考点 流质约款禁止规则

解析 本题中，甲、乙关于"如果届期甲无力清偿债务，则该房屋归乙所有"的约定，性质为流质约款。《民法典》第 401 条规定："抵押权人在债务履行期限届满前，与抵押人约定债务人不履行到期债务时抵押财产归债权人所有的，只能依法就抵押财产优先受偿。"据此可知，流质约款无效。故 B 项选。

抵押权人只能就抵押物的价值主张优先受偿。故 A 项选。

本题中，甲、乙所订立的抵押合同的效力不受流质约款的影响，依然有效。故 C 项选，D 项不选。

答案 ABC

✎ 评 论

> 本题只考查一个考点，为单一考查题，无需进行法律关系的分析，较为简单。
>
> 本题的启迪意义在于，流质约款的存在并不影响担保合同的效力——抵押、质押如此，让与担保也是如此。

三、让与担保

228. 王某将自己的名牌包"抵押"给石某，已交付。双方约定，石某支付王某 10 万元，3 个月后，王某以 10 万元加利息的金额赎回该名牌包。若王某到期未予赎回，该名牌包即归石某所有。对此，下列哪一选项是正确的?（2023-回忆版-单）

A. 石某对名牌包享有质权

B. 石某取得名牌包的所有权

C. 石某对名牌包享有留置权

D. 石某对名牌包享有抵押权

考点 动产担保权的辨析

解析 本题中，首先可以确定的是，王某是以名牌包向石某提供担保，用以担保石某对王某的 10 万元本息债权。本题的问题是，这是哪一种担保? 在本题中，因担保的设立是基于王某与石某的约定，故可排除留置权。C 项不选。又因该名牌包已经交付，进而可排除抵押权（抵押权不交付）。D 项不选。那么，王某向石某所提供的担保是不是让与担保? 由于让与担保应采取让与合同（买卖合同、转让合同）的形式，而王某与石某的担保交易却是采取"抵押"的形式，因此并非让与担保。至于双方达成的"若王某到期未予赎回，该名牌包即归石某所有"的约定，构成流质约款，依法无效，故对王某与石某的交易性质不产生影响。据此，石某对该名牌包并不享有让与担保权（所有权）。B 项不选。至此，本题中，当事人之间的关系是质押关系。A 项选。

答案 A

✎ 评 论

> 本题对考生知识掌握的精确性要求较高，而题干中"抵押"一词更使本题具有了一定的难度。
>
> 本题的启迪意义在于，当事人把他们的交易"叫什么"与他们的交易"是什么"是两个问题，后者要从交易的内容上进行分析。

229. 甲需要向乙借款 10 万元，于是甲、乙、丙三方达成协议，甲把祖传玉佩出卖给乙，3 年后，若甲不偿还借款本息共计 12 万元，丙无条件以 12 万元的价格购买该玉佩。现期限届满，甲不能清偿债务。关于本案，下列表述正确的是：（2023-回忆版-单）

A. 乙只能将玉佩拍卖、变卖以变价受偿

B. 乙只能请求甲还款

C. 乙可以请求丙支付 12 万元

D. 乙可以主张获得该玉佩的所有权

考点 让与担保

解析 本题的法律关系是,乙借款 10 万元给甲,借期 3 年。甲向乙提供玉佩让与担保,并且交付;丙向乙提供连带责任保证。由此出发,甲到期不偿还借款本息,乙既有权请求甲继续还款,也有权行使让与担保权,还有权请求丙承担保证责任。故 A、B 项不选。

丙对乙的债权提供保证,且题目中并无保证合同无效的事由,因此,丙应承担保证责任 12 万元。故 C 项选。

让与担保权的行使方式为变价受偿,当事人约定债务到期不履行,债权人取得担保物所有权的,构成流质约款,债权人仍然只能就担保物变价受偿。故 D 项不选。

答案 C

评论

本题只考查一个考点,具有单一性。但本题需要考生分析案情来界定法律关系,故具有一定的难度。

---

45 **专题** **抵 押 权**

一、浮动抵押

230. 个体工商户甲将其现有的以及将有的生产设备、原材料、半成品、产品一并抵押给乙银行,但未办理抵押登记。抵押期间,甲未经乙同意以合理价格将一台生产设备出卖给丙。后甲不能向乙履行到期债务。对此,下列哪一选项是正确的?（2008/3/12-单）

A. 该抵押权因抵押物不特定而不能成立
B. 该抵押权因未办理抵押登记而不能成立
C. 该抵押权虽已成立但不能对抗善意第三人
D. 乙有权对丙从甲处购买的生产设备行使抵押权

考点 浮动抵押

解析《民法典》第 403 条规定:"以动产抵押的,抵押权自抵押合同生效时设立;未经登记,不得对抗善意第三人。"据此可知:①浮动抵押权在设立时,抵押财产范围不特定,这是浮动抵押权的基本特征,不影响浮动抵押权的成立。故 A 项错误,不选。②浮动抵押权依抵押合同而设立,登记为对抗要件。故 B 项错误,不选;C 项正确,选。

《民法典》第 404 条规定:"以动产抵押的,不得对抗正常经营活动中已经支付合理价款并取得抵押财产的买受人。"在此基础上,

根据《担保制度解释》第 56 条第 1 款第 2 项的规定,购买出卖人的生产设备的买受人,不构成"正常买受人"。因此,丙只有依据《民法典》第 403 条"以动产抵押的……未经登记,不得对抗善意第三人"的规则,才能维护自己的利益。因本题中并未明确丙为善意或恶意,由此推定其为善意,乙不得对丙所购买的生产设备继续主张抵押权。故 D 项错误,不选。

答案 C

评论

本题将浮动抵押中的四个考点合并考查,具有一定的综合性,但是跨度不大,且采用直接考查的方式,问题直观。

本题需要强调 D 项。取得动产抵押物所有权的买受人,可以对抗动产抵押权人的路径有二:①买受人构成"正常买受人";②买受人不构成"正常买受人",但动产抵押权未经登记,且买受人为善意。本题中的 D 项适用的是后一路径。

二、房地抵押

231. 开发商甲公司在原本准备划为物业使用的一块土地上盖了一圈违建会所。后甲公

司又用该土地的使用权去银行申请抵押贷款，办理了抵押登记，取得了贷款。关于本案，下列哪一说法是正确的？（2022-回忆版-单）

A. 会所属于违章建筑物，不能抵押，土地使用权抵押合同无效

B. 土地使用权抵押合同有效，抵押权的范围及于会所

C. 无论会所是否为违章建筑物，均不属于抵押物，土地使用权抵押合同有效

D. 土地使用权抵押合同有效，但会所不属于抵押物

考点 房地抵押、违法建筑物抵押

解析 地上有房时，土地使用权抵押的，房屋所有权也随之抵押；反之亦然。在此基础上，《担保制度解释》第49条第2款规定："当事人以建设用地使用权依法设立抵押，抵押人以土地上存在违法的建筑物为由主张抵押合同无效的，人民法院不予支持。"据此，地上建筑物违法，不影响土地使用权抵押合同的效力。故A项不选。

《担保制度解释》第49条第1款规定："以违法的建筑物抵押的，抵押合同无效，但是一审法庭辩论终结前已经办理合法手续的除外。"据此，以违法建筑物作抵押的抵押合同无效，该建筑物上的抵押权不能成立。故B项不选。

《担保制度解释》第51条第1款规定："当事人仅以建设用地使用权抵押，债权人主张抵押权的效力及于土地上已有的建筑物以及正在建造的建筑物已完成部分的，人民法院应予支持。"然而，该规定中"抵押权的效力及于土地上已有的建筑物以及正在建造的建筑物已完成部分"的前提是该建筑物为合法建筑物。故C项不选。

综上所述，甲公司将土地使用权抵押给银行，意味着甲公司与银行订立了两份抵押合同，即土地使用权抵押合同和地上建筑物抵押合同，前者有效而后者无效，因此，银行可以取得土地使用权上的抵押权，而不能取得违法建筑物

上的抵押权。故D项选。

答案 D

评论

本题将两个考点合并考查，具有一定的综合性，但合并考查的两个考点属于同一个法律制度，且基本无需分析法律关系，故较为简单。

本题的启迪意义在于，以合同来变动物权，合同无效的，物权也不变动。例如，买卖合同无效的，纵然动产已经交付或不动产已经登记，所有权也不发生转移；抵押合同无效的，纵然抵押已登记，抵押权也不成立。

三、抵押物的转让

232. 2021年5月30日，甲造船厂向乙农商银行借款500万元，并以本厂现有及将有的生产设备、原材料、半成品、产品为债务提供浮动抵押担保，办理了抵押登记。2021年6月6日，洪某与甲造船厂约定，洪某以80万元的价格购买甲造船厂生产的一条渔船，同时以该渔船作为洪某支付购船款的抵押物，洪某先支付了购船款20万元。同年6月15日，甲造船厂向洪某交付了渔船。6月20日，甲造船厂为该渔船办理了抵押登记。后洪某一直未支付剩余款项。下列说法正确的有：（2021-回忆版-多）

A. 乙农商银行的抵押权优先于甲造船厂的抵押权

B. 甲造船厂的抵押权优先于乙农商银行的抵押权

C. 乙农商银行的抵押权可以对抗洪某

D. 洪某已取得渔船的所有权

考点 价款抵押权、抵押物的转让、正常买受人

解析 本题中，甲造船厂将渔船出卖给洪某，为担保渔船的价金债权，接受渔船抵押，并在交付后10日内办理登记，甲造船厂在渔船上的

抵押权为价金抵押权。因此，倘若洪某又将该渔船向他人抵押或出质，则甲造船厂的价金抵押权可优先受偿。然而，乙农商银行的浮动抵押权却并非洪某所设立，而是甲造船厂所设立，故不属于价金抵押权"超级优先"的范围，而只能适用"登记在先、受偿在先"的一般规则。故 A 项选，B 项不选。

在民法中，正常买受人的构成需要满足三个要件：抵押人的正常经营活动、受让人支付了合理对价、交付。本题中，甲造船厂出卖渔船给洪某属于正常经营活动，且渔船也已交付。但是，因洪某并未支付合理对价，故洪某不构成正常买受人，"动产抵押权不得对抗正常买受人"之特殊规则不能适用，只能适用"登记对抗"的一般规则，即由于乙农商银行的浮动抵押权已经登记，因此可对抗抵押物受让人洪某。故 C 项选。

在民法中，原则上，抵押物的转让为有权

处分，受让人无论是否构成正常买受人，均可以继受取得所有权。例外情况只有一种，即抵押人与抵押权人约定抵押物不得转让，且受让人知道或应当知道。本题中，甲造船厂向乙农商银行设立的是浮动抵押，当事人不可能约定抵押物不得转让，因此，洪某可继受取得渔船的所有权。故 D 项选。

答案 ACD

评论

本题将《民法典》颁布后抵押权制度中变化最大的三个考点合并考查，尽管跨度不大，但考点本身即具有难度。同时，本题采用反向考查方法，即不是考"构成"，而是考"不构成"，如乙农商银行不属于甲造船厂价金抵押权超级优先的范围、洪某不构成正常买受人等，故具有较高难度。

---

46 专题 质 权

一、动产质权

233. 甲、乙、丙三公司与丁银行订立书面《担保协议》，约定：甲公司从乙公司进货，丙公司按约向在丁银行开设的专门账户转账，每次转入甲、乙公司交易金额的 50% 作为担保金，用以担保乙公司价款债权的实现，且该专门账户由乙、丙公司共同管理，账户内的资金转账需乙、丙公司共同签字。在合同履行过程中，甲公司尚有 200 万元货款到期不能履行，此时乙公司却发现丙公司私自转走专门账户内的 50 万元。下列哪些说法是正确的？（2020-回忆版-多）

A. 乙公司对专门账户内的资金不享有担保物权

B. 乙公司对丙公司转走的 50 万元资金不享有担保物权

C. 乙公司可追究丁银行的违约责任

D. 乙公司可追究丙公司的违约责任

考点 动产质权

解析 原则上，金钱为种类物，不能作为担保物权的客体，但是封存的现金或开设特定账户储存的资金因可以特定化，所以可以作为动产质权的客体。故 A 项不选。

转走的 50 万元资金因丧失了特定性，回归成种类物，不能再作为动产质权的客体。故 B 项选。

甲、乙、丙三公司与丁银行订立的《担保协议》中，包含乙、丙公司与丁银行之间的委托合同的内容，即丁银行承担确保需有乙、丙公司的共同签字，专门账户内的资金才能动用的义务。本题中，丁银行未尽此项义务，需承担与乙公司委托合同上的违约责任。故 C 项选。

本题中，上述《担保协议》还包含乙公司与丙公司之间质押合同的内容，丙公司擅自转走账户资金的行为构成质押合同上的违约，丙公司应向乙公司承担违约责任。故 D 项选。

答案 BCD

评论

　　本题将三个考点合并考查，具有综合性，同时，考查内容具有理论性，超越了基本考点的范畴，且需要分析法律关系，故具有一定难度。

　　本题主要总结的知识点在于，金钱若能特定化，则可以作为动产质权的客体。

二、权利质权

234. 甲、乙两公司是长期合作的商业伙伴。某日，甲公司虚构与乙公司的应收账款，并以此向丙公司进行质押，担保甲公司对丙公司欠付的货款，并完成质押登记。同时，丁公司也对丙公司提供保证，但丁公司对虚构应收账款一事并不知情。丙公司向乙公司发函件确认应收账款债权的真实性，乙公司回函表示该债权真实。下列哪一选项是正确的？（2023-回忆版-单）

A. 丙公司只能请求丁公司承担保证责任

B. 丙公司只能实现甲公司的应收账款

C. 丙公司应优先实现甲公司的应收账款

D. 应收账款质押合同无效

考点 应收账款质押的成立

解析 应收账款质押，债务人确认应收账款存在的，不得再以应收账款"不存在"或"已消灭"为由，拒绝履行债务。本题中，甲公司虚构与乙公司的应收账款，以之出质给丙公司并登记，而乙公司则确认了该应收账款的存在，故需承担责任。相应地，丙公司的应收账款质权成立。同时，丁公司向丙公司所提供的保证，因题目中未出现无效事由的表述，应属有效。因此，丙公司既享有甲公司所提供的应收账款质权担保，也享有丁公司所提供的保证担保，两项担保权均可行使。A、B 项不选。

　　本题中，甲公司的应收账款质押与丁公司的保证并存，构成了混合担保。因甲、丁公司均未与丙公司约定各自承担担保责任的顺序、份额，故丙公司应当先对债务人甲公司所提供的物保（应收账款质押）行使担保权。C 项选。

　　应收账款质押采取公示成立的物权变动原则，故甲公司与丙公司的质押合同具有债权效力，不存在应收账款的事实，不影响质押合同的效力。D 项不选。

答案 C

评论

　　本题将四个考点合并考查，具有较强的综合性，但考查方法简单，无需分析法律关系，难度不大。

235. 甲公司欠乙公司 100 万元，遂将其对丙公司的 100 万元应收账款债权质押给乙公司，并办理了质押登记手续。后甲公司又将该债权转让给了丁公司。下列哪些说法是正确的？（2019-回忆版-多）

A. 甲公司将债权转让给丁公司，未经乙公司同意的，该债权转让无效

B. 质押合同不以登记为生效要件

C. 乙公司办理了登记手续，可以对抗丁公司

D. 乙公司同意出质债权转让的，可以对丙公司的价款优先受偿

考点 出质的应收账款债权的转让

解析 根据《民法典》第 445 条第 2 款的规定，应收账款出质后，不得转让，但是出质人与质权人协商同意的除外。因此，出质的应收账款债权转让的，应经质权人的书面同意；否则，受让人不能取得该债权。由于债权让与的发生直接以债权让与合同的生效为条件，因此受让人不能取得债权，即意味着债权让与合同无效。故 A 项选。

　　应收账款债权质押采取强制公示的立法模式，这意味着，当事人订立的质押合同具有债权效力，质权的设立以在信贷征信机构办理质

押登记手续为要件，所以，质押合同的债权效力无需以质押登记为生效要件。故 B 项选。

在我国民法上，出质的应收账款债权转让，未经质权人同意的，受让人不能取得债权，所以，质权人与债权受让人之间不存在对抗关系。故 C 项不选。

根据《民法典》第 445 条第 2 款的规定，出质人转让应收账款所得的价款，应当向质权人提前清偿债务或者提存。因此，经质权人书面同意，出质的应收账款债权转让的，质权人可以就价金提前受偿或提存。所以本题中，乙

公司对丙公司的价款享有优先受偿权。故 D 项选。

答案 ABD

评论

本题只考查一个考点，但是需要分析法律关系，对于考生的分析能力具有较高要求。

本题需要注意的问题是，未经质权人同意，转让出质后的应收账款债权的，转让合同无效。

47 专题 留置权

一、留置非属于债务人之物

236. 张某把汽车抵押给了李某，但是未交付也未办理登记。后张某把该汽车卖给王某，仍然未交付，亦未办理登记，但是约定由张某继续开 2 个月。某日，张某开车发生了剐蹭，去周某的修理厂维修，由于张某未付款，周某将汽车留置。对此，下列说法正确的是：（2021-回忆版-单）

A. 李某没有抵押权

B. 由于汽车不是张某的，周某不享有留置权

C. 汽车过于昂贵，和修车费完全不对等，周某不能享有留置权

D. 王某取得汽车所有权

考点 动产抵押权的设立、留置权、交通运输工具所有权的转移、占有改定

解析 动产抵押权的设立采取公示对抗（任意公示）的物权变动原则，其仅以抵押合同的成立为条件，而无需办理抵押登记。故 A 项不选。

在债权人返还债务人交付的动产义务与债务人的付款义务之间具有同一性的情况下，留置权的成立不以留置物归属于债务人为条件。本题中，张某支付维修费与周某返还汽车之间

具有同一性，故纵然汽车不归属于张某，周某依然可以进行留置。故 B 项不选。

在留置物为可分物的情况下，留置权的成立才要求等价留置。因汽车为不可分物，故纵然汽车的价值远高于维修费数额，周某仍可进行留置。故 C 项不选。

交通运输工具买卖中，所有权的转移以"交付"为要件。这里的交付，包括简易交付中的占有改定。本题中，张某将汽车出卖给王某，与王某约定"由张某继续开 2 个月"，表明买卖双方达成了"物权变动的合意"，构成了占有改定，此时汽车的所有权归属于王某。故 D 项选。

答案 D

评论

本题将四个考点合并考查，具有较强的综合性，但考查的考点较为简单，且题目采取直接考查的方法，知道考点即可作答，无需分析法律关系，故难度不大。

二、同一性要件

237. 甲是 A 公司的董事，A 公司给其配备一辆汽车。后 A 公司与甲解除委任合同，并

要求甲返还汽车，甲以 A 公司未支付报酬为由，拒不返还。下列哪一说法是正确的？（2018-回忆版-单）

A. 甲有权基于双务合同抗辩权，拒绝返还汽车

B. 甲有权基于留置权，拒绝返还汽车

C. 甲有权基于自助，拒绝返还汽车

D. 甲应返还汽车

[考点] 双务合同抗辩权、留置权、自助行为的构成

[解析] 本题中，汽车属于 A 公司所有，甲返还汽车并非承担债务，所以没有双务合同抗辩权问题。故 A 项错误，不选。

留置权需以"同一性"为要件。本题中，A 公司应支付报酬，是基于与甲的委任合同；而甲应返还汽车，是基于与 A 公司的汽车借用合同。所以两者之间不存在"同一"法律关系。故 B 项错误，不选。

自助行为以"情况紧急"为前提，本题不具备。故 C 项错误，不选。

甲没有拒绝返还汽车的理由。故 D 项正确，选。

[答案] D

[评论]

　　本题将三个考点合并考查，具有一定的综合性，且对法律关系的分析要求较高，具有一定的难度。

　　本题的启迪意义在于，在双方当事人基于同一法律关系互负义务时，因对方不履行义务，己方不将"自己的"东西给对方，为双务合同抗辩权；不将"对方的"东西给对方，为留置权。

三、留置权的实行与消灭

238. 李某将电脑出租给王某，王某租用该电脑时出了故障，遂将电脑交给康成电脑维修公司维修。王某和李某就维修费的承担发生争执。康成公司因未收到修理费而将电脑

留置，并告知王某如 7 天内不交费，将变卖电脑抵债。李某听闻后，于当日潜入康成公司偷回电脑。关于康成公司的民事权利，下列说法正确的是：（2015/3/91-任，缩写）

A. 王某在 7 日内未交费，康成公司可变卖电脑并自己买下电脑

B. 康成公司曾享有留置权，但当电脑被偷走后，丧失留置权

C. 康成公司可请求李某返还电脑

D. 康成公司可请求李某支付电脑维修费

[考点] 留置权的成立条件、实行条件与消灭条件

[解析] 根据《民法典》第 453 条第 1 款的规定，留置权人与债务人应当约定留置财产后的债务履行期限；没有约定或者约定不明确的，留置权人应当给债务人 60 日以上履行债务的期限，但是鲜活易腐等不易保管的动产除外。据此，康成公司单方指定的 7 天宽限期无效。故 A 项错误，不选。

康成公司基于电脑维修合同应负返还义务，而王某基于电脑维修合同应负交付电脑维修费的义务。因此，电脑与维修费债权之间具有同一性，根据《担保制度解释》第 62 条第 1 款的规定，纵然该电脑属于李某所有，但无论康成公司是否知道此事，康成公司均可留置之。《民法典》第 457 条规定："留置权人对留置财产丧失占有或者留置权人接受债务人另行提供担保的，留置权消灭。"据此，电脑被偷后，康成公司丧失占有，留置权消灭。故 B 项正确，选。

康成公司有权占有的电脑被侵夺，其有权向李某主张占有返还请求权。故 C 项正确，选。

本题中，是王某与康成公司订立电脑维修合同，根据合同的相对性，康成公司有权请求王某支付电脑维修费。故 D 项错误，不选。

[答案] BC

[评论]

　　本题所考查的留置权诸项考点，关联性较强，故尽管具有综合性，但是考查难

度不大。

本题的启迪意义有三：

（1）如 B 项所示，占有人遗失占有物，意味着丧失占有。

（2）如 C 项所示，所有权人侵害有权占有后，占有人对所有权人依然享有占有

返还请求权。换言之，侵害有权占有的所有权人所形成的占有，依然是无权占有。

（3）如 D 项所示，留置权人同时作为债权人，其债权请求的对象为合同的相对人，但未必是留置物的所有权人。

48 专题 担保物权竞存

一、一物多押之受偿顺位

239. 甲就动产 A 和乙签订了抵押合同，但是未办理登记。后甲和对此知情的丙就动产 A 又签订了抵押合同并办理了登记。再后，甲与丁签订了动产 A 抵押合同并办理了登记。对此，下列说法正确的有：（2022-回忆版-多）

A. 由于丙系恶意，故其不能优先于乙受偿

B. 由于丙的抵押权已经登记，故丙优先于乙受偿

C. 受偿顺序是丁、丙、乙

D. 受偿顺序是丙、丁、乙

考点 动产一物多押的受偿顺序

解析 根据《民法典》第 414 条第 1 款第 2 项的规定，同一财产向 2 个以上债权人抵押的，拍卖、变卖抵押财产所得的价款，抵押权已经登记的先于未登记的受偿。据此，本题中，丙的抵押权因已经登记，可优先于乙未经登记的抵押权受偿。故 A 项不选，B 项选。

根据《民法典》第 414 条第 1 款第 1 项的规定，同一财产向 2 个以上债权人抵押，抵押权已经登记的，拍卖、变卖抵押财产所得的价款按照登记的时间先后确定清偿顺序。据此，本题中，丙的抵押权登记在丁的抵押权登记之前，可优先于丁受偿。故 C 项不选，D 项选。

答案 BD

✎ 评 论

本题只考查一个考点，为单一考查题，较为简单。

本题的启迪意义在于，动产一物多押，先成立的抵押权未登记，后成立的抵押权已经登记的，后者优先于前者受偿，且不问后者是善意或恶意。换言之，上述判断可理解为《民法典》第 403 条"以动产抵押的……未经登记，不得对抗善意第三人"规定的例外情形。

二、价款抵押权规则在保留所有权买卖中的适用

240. 甲将自己的一架钢琴出卖给乙，但约定价款付清前甲保留该钢琴的所有权。乙拿到钢琴后即将该钢琴抵押给不知情的丙，且于当日办理了抵押登记。乙在 7 天后为甲办理了保留所有权登记。后甲、丙均主张就该钢琴优先受偿。下列说法正确的有：（2023-回忆版-多）

A. 甲优先于丙受偿

B. 丙优先于甲受偿

C. 甲、丙按比例受偿

D. 丙善意取得抵押权

考点 价款抵押权规则在保留所有权买卖中的适用

解析 甲向乙赊账销售，为乙购买钢琴提供融资，故甲所保留的所有权为担保融资债权人的价款融资债权的动产担保权。该保留所有权于交付后 10 日内登记的，可优先于标的物买受人的其他抵押权人或质权人。据此，甲的保留所有权优先于丙的抵押权。A 项选，B、C 项不选。

因钢琴已经被甲保留了所有权，故乙以之向丙抵押构成无权处分。因乙向丙抵押时，甲的保留所有权尚未登记，故丙可以相信钢琴的占有人乙为所有权人，丙可以善意取得抵押权。D 项选。

答案 AD

评论

本题将两个考点合并考查，综合性不强。但本题的考点具有延伸性，即在保留所有权买卖中，考查动产抵押的规则，故具有一定的难度。

本题的启迪意义在于，动产抵押与保留所有权买卖、融资租赁均为动产担保的形式，故动产抵押中的"不得对抗善意第三人的范围""价款抵押权""正常经营买受人"等规则均可适用于保留所有权买卖和融资租赁。

三、一物多押之部分抵押权的变更

241. 黄河公司以其房屋作抵押，先后向甲银行借款 100 万元，乙银行借款 300 万元，丙银行借款 500 万元，并依次办理了抵押登记。后丙银行与甲银行商定交换各自抵押权的顺位，并办理了变更登记，但乙银行并不知情。因黄河公司无力偿还三家银行的到期债务，银行拍卖其房屋，仅得价款 600 万元。关于三家银行对该价款的分配，下列哪一选

项是正确的？（2008/3/11-单）

A. 甲银行 100 万元、乙银行 300 万元、丙银行 200 万元

B. 甲银行得不到清偿、乙银行 100 万元、丙银行 500 万元

C. 甲银行得不到清偿、乙银行 300 万元、丙银行 300 万元

D. 甲银行 100 万元、乙银行 200 万元、丙银行 300 万元

考点 一物多押时部分抵押权的变更

解析 《民法典》第 409 条第 1 款规定："抵押权人可以放弃抵押权或者抵押权的顺位。抵押权人与抵押人可以协议变更抵押权顺位以及被担保的债权数额等内容。但是，抵押权的变更未经其他抵押权人书面同意的，不得对其他抵押权人产生不利影响。"本题中，黄河公司的房屋一房三押。甲、丙银行约定交换顺位为部分抵押权变更，因此，未经其他抵押权人（即乙银行）的书面同意的，不得对乙银行产生不利影响。在这里，乙银行的"固有利益"为"有权在第一顺位抵押权受偿 100 万元后，就余额部分受偿"。由此出发，抵押物变价 600 万元，丙银行因与甲银行的顺位交换，取得抵押权的第一顺位，有权优先于乙银行受偿。但是，受到乙银行"固有利益"的限制，丙银行只能优先于乙银行受偿 100 万元，其后即轮到乙银行受偿 300 万元。剩下的 200 万元，仍然根据丙银行与甲银行的顺位交换协议，丙银行优先于甲银行受偿。故 C 项选，A、B、D 项不选。

答案 C

评论

本题只考查一个考点，为单一考查题。本题的难点在于将条文的一般性规定适用于具体的法律关系分析。

第 **15**讲 担保债权

49 专题 保 证

一、保证允诺

242. 甲、乙公司签订了一份供货合同，乙公司向甲公司供货，约定特殊条款，甲公司的董事长张某以其全部财产（包括但不限于房产、车、股权、债券等）担保甲公司付款，若甲公司未履行或未能全部履行，则张某承担连带责任。张某签字盖章，但未登记。后甲公司未如约履行债务。下列说法正确的有：（2021-回忆版-多）

A. 乙公司可以就张某的财产主张抵押权

B. 担保合同有效，但抵押权未设立

C. 乙公司可以在张某承诺担保范围内主张张某承担连带保证责任

D. 特殊条款违反物权客体特定，绝对无效

考点 保证允诺、人保与物保的区分

解析 在我国民法中，股权、债券只能出质，不能抵押，且不动产抵押权的成立需以办理抵押登记为条件。因此，不能说乙公司对张某允诺担保的财产享有抵押权。故 A 项不选。

张某所作出的"若甲公司未履行或未能全部履行，则张某承担连带责任"的表示属于保证允诺，张某是保证人。因此，保证合同有效，但乙公司对张某只享有保证债权，而对张某的财产并不享有任何的担保物权。故 B、C 项选。

既然张某的表示为保证允诺，不属于担保物权的范畴，那么就不涉及物权客体特定问题。故 D 项不选。

答案 BC

评论

本题将人保与物保的概念区分作为考查对象，较为新颖，但难度不大，考生知道"保证允诺"之考点，即可作答。

所谓保证允诺，是指第三人向债权人作出的其愿意承担保证责任的意思表示，有两种作出方式：

（1）表明自己是保证人。

（2）表明自己愿意承担保证责任。其要素包括：①自己的责任以债务人到期不履行债务为逻辑前提；②以自己不特定的财产作为承担保证责任的物质基础。

二、先诉抗辩权

243. 出现下列何种情形时，一般保证的保证人不得行使先诉抗辩权？（2003/3/36-多）

A. 债务人被宣告失踪，且无可供执行的财产

B. 债务人移居国外，但国内有其购买现由亲属居住的住宅

C. 债务人被宣告破产，中止执行程序的

D. 保证人曾以书面方式向主合同当事人以外的第三人表示放弃先诉抗辩权

考点 一般保证人先诉抗辩权的限制

解析 《民法典》第 687 条第 2 款规定："一般保证的保证人在主合同纠纷未经审判或者仲裁，并就债务人财产依法强制执行仍不能履行债务前，有权拒绝向债权人承担保证责任，但是有下列情形之一的除外：①债务人下落不明，且无财产可供执行；②人民法院已经受理债务人破产案件；③债权人有证据证明债务人的财产不足以履行全部债务或者丧失履行债务能力；④保证人书面表示放弃本款规定的权利。"故 A、C 项选，B 项不选。

放弃先诉抗辩权的意思表示应当向债权人或代理人作出，否则不视为放弃。故 D 项不选。

答案 AC

✎ 评 论

本题只考查一个考点，为单一考查题。

本题需要关注的是 D 项，其所包含的知识点在于，放弃具有特定相对人的民事权利，不仅需要行为人具有相应的民事行为能力，而且要求放弃权利的意思表示必须是向该特定的相对人或其代理人作出。例如，放弃债权，需要具有相应民事行为能力的债权人向债务人或其代理人作出放弃的意思表示；放弃先诉抗辩权，则需要具有相应民事行为能力的一般保证人向债权人或其代理人作出放弃的意思表示。

三、保证期间与保证诉讼时效

244. 陈某向贺某借款 20 万元，借期 2 年。张某为该借款合同提供保证担保，担保条款约定，张某在陈某不能履行债务时承担保证责任，但未约定保证期间。陈某同时以自己的房屋提供抵押担保并办理了登记。关于贺某的抵押权存续期间及张某的保证期间的说法，下列选项正确的是：（2008/3/93-任）

A. 贺某应当在主债权诉讼时效期间行使抵押权

B. 贺某在主债权诉讼时效结束后的 2 年内仍可行使抵押权

C. 张某的保证期间为主债务履行期届满之日起 6 个月

D. 张某的保证期间为主债务履行期届满之日起 2 年

考点 保证期间与抵押权期间

解析 《民法典》第 419 条规定："抵押权人应当在主债权诉讼时效期间行使抵押权；未行使的，人民法院不予保护。"故 A 项选，B 项不选。

债权人与保证人没有约定或者约定不明确的，保证期间为主债务履行期限届满之日起 6 个月。本题中，贺某与张某并未约定保证期间，所以保证期间为主债务履行期届满之日起 6 个月。故 C 项选，D 项不选。

答案 AC

✎ 评 论

本题将两个考点合并考查，横跨抵押与保证两个领域，具有一定的综合性。但是本题采用的是直接考查的方式，无需分析法律关系，难度不大。

245. 甲公司、丙公司与丁公司签订了《协议二》，约定甲公司欠丁公司的、应于 2012 年 5 月履行的 5000 万元债务由丙公司承担，且甲公司法定代表人张某为该笔债务提供保证，但未约定保证方式和期间。2012 年 5 月，丁公司债权到期。关于《协议二》中张某的保证期间和保证债务诉讼时效，下列表述正确的是：（2013/3/88-任，缩写）

A. 保证期间为 2012 年 5 月起 6 个月

B. 保证期间为 2012 年 5 月起 2 年

C. 保证债务诉讼时效从 2012 年 5 月起算

D. 保证债务诉讼时效从 2012 年 11 月起算

考点 保证期间与保证诉讼时效

解析 《民法典》第686条第2款规定："当事人在保证合同中对保证方式没有约定或者约定不明确的，按照一般保证承担保证责任。"据此，张某所提供的保证为一般保证。在此基础上，根据《民法典》第692条第2款的规定，债权人与保证人没有约定保证期间或者约定不明确的，保证期间为主债务履行期限届满之日起6个月。故A项选，B项不选。

《民法典》第694条第1款规定："一般保证的债权人在保证期间届满前对债务人提起诉讼或者申请仲裁的，从保证人拒绝承担保证责任的权利消灭之日起，开始计算保证债务的诉讼时效。"据此，一般保证诉讼时效的起算点，既非主债务到期时，也非保证期间届满时。故C、D项不选。

答案 A

评论

　　本题将两个考点合并考查，但是合并考查的考点具有密切联系，所以综合性不强。与此同时，本题采用直接考查的方式，无需分析法律关系，故较为简单。

四、主债务期间变动对于保证责任的影响

246. 甲公司与乙公司达成还款计划书，约定在2012年7月30日归还100万元，8月30日归还200万元，9月30日归还300万元。丙公司对三笔还款提供连带责任保证，未约定保证期间。后甲公司同意乙公司将三笔还款均顺延3个月，丙公司对此不知情。乙公司一直未还款，甲公司仅于2013年3月15日

要求丙公司承担保证责任。关于丙公司保证责任，下列哪一表述是正确的？（2014/3/10-单，改编）

A. 丙公司保证担保的主债权为300万元

B. 丙公司保证担保的主债权为500万元

C. 丙公司保证担保的主债权为600万元

D. 因延长还款期限未经保证人同意，丙公司不再承担保证责任

考点 保证期间的计算、主债务期间变动对于保证责任的影响

解析 《民法典》第695条第2款规定："债权人和债务人变更主债权债务合同的履行期限，未经保证人书面同意的，保证期间不受影响。"据此，丙公司承担保证责任的保证期间，依然按照原合同约定的主债务到期日计算。根据《民法典》第692条第2款的规定，债权人与保证人没有约定保证期间或者约定不明确的，保证期间为主债务履行期限届满之日起6个月。据此，甲公司对乙公司的三笔债权的保证期间届满日分别为：2013年1月底、2013年2月底、2013年3月底。甲公司请求丙公司承担保证责任的时间为2013年3月15日，此时前两笔债权的保证期间已经届满，丙公司不再承担保证责任；第三笔债权的保证期间尚未届满，丙公司应承担保证责任。故A项选，其他项不选。

答案 A

评论

　　本题将两个考点合并考查，具有综合性，但是采用直接考查的方式，无需分析法律关系，故较为简单。

50 专题 定　金

247. 甲欲购买乙的汽车。经协商，甲同意3天后签订正式的买卖合同，并先交1000元

给乙，乙出具的收条上写明为"收到甲订金1000元。"3天后，甲了解到乙故意隐瞒了该

车证照不齐的情况，故拒绝签订合同。下列哪一个说法是正确的？（2003/3/5-单）

A. 甲有权要求乙返还 2000 元并赔偿在买车过程中受到的损失

B. 甲有权要求乙返还 1000 元并赔偿在买车过程中受到的损失

C. 甲只能要求乙赔偿在磋商买车过程中受到的损失

D. 甲有权要求乙承担违约责任

考点 定金约定

解析 乙在与甲缔约磋商过程中具有欺诈行为，违反了先合同义务，应承担缔约过失责任，即赔偿甲在买车过程中受到的损失。甲向乙交付的 1000 元，因甲、乙均未明确约定其定金性质，所以不构成定金，不适用定金罚则，即甲可以请求乙返还该 1000 元，但是不得主张双倍返还。故 A、C 项错误，不选；B 项正确，选。

甲、乙之间并未成立买卖合同，无违约责任可言。故 D 项错误，不选。

答案 B

评论

本题只考查一个考点，为单一考查题，且采用直接考查的方式，无需分析法律关系，故较为简单。

51 专题　人格保护

一、自然人个人信息保护

248. 张某因出售公民个人信息被判刑，孙某的姓名、身份证号码、家庭住址等信息也在其中，买方是某公司。下列哪一选项是正确的？（2017/3/20-单）

A. 张某侵害了孙某的身份权

B. 张某侵害了孙某的名誉权

C. 张某侵害了孙某对其个人信息享有的民事权益

D. 该公司无须对孙某承担民事责任

考点　个人信息的保护

解析　身份权，是指基于特定的家庭地位或社会地位而享有的权利。本题与身份权无关。故A项不选。

名誉侵权的构成要件有二：①实施了侮辱、诽谤等有辱他人尊严的行为；②导致他人的社会评价降低。本题中没有名誉侵权的情节。故B项不选。

本题中，张某的行为构成侵害个人信息。个人信息，是指能够识别特定自然人的信息资料。自然人保有其个人信息的利益，受法律保护。《民法典》第111条规定："自然人的个人信息受法律保护。任何组织或者个人需要获取他人个人信息的，应当依法取得并确保信息安全，不得非法收集、使用、加工、传输他人个人信息，不得非法买卖、提供或者公开他人个人信息。"故C项选。

既然擅自出卖他人个人信息构成侵权，那么该公司与张某存在意思联络，构成共同侵权。故D项不选。

答案　C

评论

本题将三个考点合并考查，具有一定的综合性，但是考查内容均为基本概念，无需分析法律关系，故没有难度。

二、生命侵权、身体侵权

249. 下列哪一情形构成对生命权的侵犯？（2016/3/22-单）

A. 甲女视其长发如生命，被情敌乙尽数剪去

B. 丙应丁要求，协助丁完成自杀行为

C. 戊为报复欲置己于死地，结果将己打成重伤

D. 庚医师因误诊致辛出生即残疾，辛认为庚应对自己的错误出生负责

考点　生命侵权

解析　生命侵权的构成要件是：①行为人具有过错；②剥夺他人生命；③行为具有违法性。故A、D项与生命侵权无关，不选。

在我国民法中，"他人同意"并不构成生命侵权的合法理由，而"协助自杀"则意味着故意实施了剥夺他人生命的行为。故 B 项选。

虽有剥夺他人生命的动机，但是未导致他人死亡的结果的，在民法上不构成生命侵权。故 C 项不选。

答案 B

评论

> 本题考查对象单一，没有难度。需要注意的是，以往考试中的人格侵权，考点在于名誉、隐私、肖像、姓名权的侵权，而本题系首次考到生命侵权。

250. 甲因车祸双腿高位截瘫，高价安装了科技含量高、只能由专业人员拆卸的假肢，后续保养费用也极为昂贵。某日，乙因与甲发生纠纷，将甲的假肢打断。关于本案，下列哪些说法是正确的？（2019-回忆版-多）

A. 甲对假肢拥有所有权
B. 乙侵害了甲的身体权
C. 乙侵害了甲的健康权
D. 甲可以主张精神损害赔偿

考点 身体侵权

解析 必须由专业人员拆卸而不可自由拆卸的身体的人工组件，理论上认定为身体的组成部分，而非财产。故 A 项不选，B 项选。

本题中并未言明乙打坏甲的假肢损害了甲的健康。故 C 项不选。

本题中，乙侵害了甲的身体权，应承担精神损害赔偿责任。故 D 项选。

答案 BD

评论

> "必须由专业人员拆卸而不可自由拆卸的身体的人工组件，也为身体的组成部分"的判断，并无立法规定，故本题属于观点展示题，对考生的理论掌握要求较高。

三、肖像侵权、著作侵权、隐私侵权、名誉侵权、荣誉侵权

251. 周某的一段关于"周氏爆炒小龙虾"网上直播带货的小视频很火爆，李某看见此视频后，把视频中周某的脸通过 AI 换脸技术改为自己的脸，并将宣传文案改为"李氏爆炒小龙虾"。李某的行为侵犯了周某的哪些权利？（2023-回忆版-多）

A. 著作权
B. 名誉权
C. 姓名权
D. 肖像权

考点 著作侵权、名誉侵权、姓名侵权、肖像侵权的构成要件

解析 周某的视频构成作品，周某作为作者，享有著作权。著作权中包含"保护作品完整权"的内容，李某的 AI 换脸行为构成了对周某作品的擅自修改，侵害了周某的著作权。A 项选。

名誉侵权以实施侮辱、诽谤等有辱他人尊严的行为，贬损了他人名誉为构成要件。本题中，李某的 AI 换脸行为并不属于名誉侵权的构成要件。B 项不选。

姓名侵权的构成要件，或是干涉、盗用、假冒，或是擅自以营利为目的使用他人姓名。李某的 AI 换脸行为不属于姓名侵权的构成要件。需要注意的是，"假冒"即冒充他人。李某是将周某的形象换成白己的形象，不构成假冒。C 项不选。

污损、丑化或利用信息技术伪造他人形象的，构成肖像侵权。本题中，李某的 AI 换脸行为构成利用信息技术伪造他人肖像，故成立肖像侵权。D 项选。

答案 AD

评论

> 本题将四个考点合并考查，具有较强的综合性，但考查方法直接，无需分析法律关系，故难度不大。

252. 一培训机构和知名法考讲师签订授课合同，并将该讲师的照片用于宣传；一报纸也将该讲师的照片用于宣传，但在眼部打上了马赛克。下列哪一说法是正确的？（2019-回忆版-单）

A. 培训机构侵犯了讲师的肖像权

B. 报纸侵犯了讲师的名誉权

C. 报纸侵犯了讲师的肖像权

D. 培训机构不构成侵权

考点 肖像侵权与名誉侵权的构成要件

解析 制作、使用、公开他人肖像，构成侵权的要件是"擅自+无合理使用事由"。本题中，培训机构与讲师之间订立的合同为"授课合同"，即约定的是授课问题，并未言明该"授课合同"中约定了讲师的肖像使用问题，所以培训机构擅自使用讲师肖像，构成肖像侵权。故 A 项选，D 项不选。

名誉侵权以"侮辱、诽谤"为行为要件，以"损害他人名誉"为后果要件，本题中无此情节。故 B 项不选。

肖像以"自然人形象在外部载体上的再现"为特征。本题中，报纸所使用的照片"眼部打上了马赛克"，这意味着无法辨认照片中的人物是谁，即该张照片并非肖像。故 C 项不选。

答案 A

✎ 评论

　　本题直接考查肖像侵权、名誉侵权的构成要件，但要求考生对题目情节精准把握，如"授课合同"并非"肖像使用许可合同"、"马赛克"意味着"并非肖像"，从而准确把握命题人的考查意图。

253. 某市国土局一名前局长、两名前副局长和一名干部因贪污终审被判有罪。薛某在当地晚报上发表一篇报道，题为"市国土局成了贪污局"，内容为上述四人已被法院查明的主要犯罪事实。该国土局、一名未涉案的副局长、被判缓刑的前局长均以自己名誉权被侵害为由起诉薛某，要求赔偿精神损害。下列哪种说法是正确的？（2006/3/13-单）

A. 三原告的诉讼主张均能够成立

B. 国土局的诉讼主张成立，副局长及前局长的诉讼主张不能成立

C. 国土局及副局长的诉讼主张成立，前局长的诉讼主张不能成立

D. 三原告的诉讼主张均不能成立

考点 侵害法人名誉权、侵害个人名誉权及精神损害赔偿

解析 在我国民法中，只有自然人有权主张精神损害赔偿，法人、单位不享有此项权利，因此，国土局的诉讼请求不能成立。《民法典》第 1024 条第 1 款规定："民事主体享有名誉权。任何组织或者个人不得以侮辱、诽谤等方式侵害他人的名誉权。"据此，"侮辱、诽谤等方式"为人格侵权所必备的客观要件。本题中，薛某在晚报上的报道是根据"已被法院查明的主要犯罪事实"，不构成诽谤。同时，该报道对国土局使用了"贪污局"的称谓，但是并未对相关个人使用侮辱性词汇，故并未对副局长、前局长构成名誉侵权。因此，薛某侵害了法人的名誉权，但未侵害自然人的名誉权。在此基础上，因法人不存在精神利益，所以没有精神损害赔偿请求权可言。故 D 项选，其他项不选。

答案 D

✎ 评论

　　本题将名誉侵权、精神损害赔偿两个考点合并考查，具有综合性。同时，本题将对单位的名誉侵权与对个人的名誉侵权合并考查，对考生的案件分析能力有较高要求。考生要做对本题，不仅要准确把握名誉侵权的构成要件及精神损害赔偿的要件，而且要从"团体人格"与"成员人格"的区分角度来进行法律思考，故具有一定的难度。

254. 乙与甲长相酷似，平常也有交往。乙获悉甲获得了"劳动模范"的称号与奖金，便伪造甲的证件签字并冒领。下列哪些说法是正确的？（2020-回忆版-多）

A. 乙侵害了甲的荣誉权

B. 乙侵害了甲的财产权

C. 乙侵害了甲的姓名权

D. 乙构成不当得利

[考点] 荣誉侵权、财产侵权、姓名侵权、不当得利

[解析]《民法典》第 1031 条规定："民事主体享有荣誉权。任何组织或者个人不得非法剥夺他人的荣誉称号，不得诋毁、贬损他人的荣誉。获得的荣誉称号应当记载而没有记载的，民事主体可以请求记载；获得的荣誉称号记载错误的，民事主体可以请求更正。"据此，荣誉侵权的构成，以"非法剥夺""诋毁、贬损""该记载未记载或记载错误"为客观要件。本题

中，乙冒领甲的荣誉证书、奖金，不构成荣誉侵权。故 A 项不选。

甲的荣誉证书及奖金在有关部门向甲交付之前，所有权并不属于甲，因此，乙并未侵害甲的财产权。故 B 项不选。

《民法典》第 1014 条规定："任何组织或者个人不得以干涉、盗用、假冒等方式侵害他人的姓名权或者名称权。"本题中，乙假冒甲的姓名，构成姓名侵权。故 C 项选。

乙假冒甲获得荣誉奖金，没有法律上的依据，构成不当得利。故 D 项选。

[答案] CD

[评论]

本题将四个考点合并考查，且横跨《民法典》物权编、合同编、人格权编，具有一定的综合性。本题对考生法律概念的掌握程度要求较高，具有一定的难度。

第17讲 侵权责任一般理论

52 专题 侵权责任的归责原则

一、过错责任原则

255. 金某回家需经过小区中的某条道路，但有辆皮卡车违规占道多日，物业未作处理，金某只好绕道而行。某日，金某在经过时，大风吹落 19 楼史某家阳台上的木质晾衣竿，金某被砸中，受重伤。关于金某的人身损害赔偿，下列说法正确的是：（2021-回忆版-单）

A. 史某承担赔偿责任

B. 史某与物业公司承担连带赔偿责任

C. 物业公司承担补偿责任

D. 皮卡车车主承担赔偿责任

考点 过错与因果关系

解析 史某的晾衣竿坠落致金某损害，属于脱落、坠落责任，该责任为过错推定责任，因本题中并无史某没有过错的描述，推定史某具有过错。故 A 项选。

物业公司对小区业主所遭受损害，需承担安全保障责任，而该责任为过错责任，需以物业公司具有过错为前提，本题中并无物业公司具有过错的描述，故推定物业公司不承担责任。故 B、C 项不选。

皮卡车车主虽违规停车，但与金某的损害之间并不存在因果关系，因此没有侵权责任。

故 D 项不选。

答案 A

评论

本题将侵权责任的过错认定、归责原则、因果关系作为考查对象，考点较为基础，但要求考生对案件进行分析，具有一定难度。

本题的启迪意义在于"推定"方法的运用。依法应承担过错责任的，如本题中的物业公司，首先推定其没有过错，再在题目中寻找行为人有过错的描述，若没有，则按推定作答；依法应承担过错推定责任的，如本题中的史某，首先推定其有过错，再在题目中寻找行为人没有过错的描述，若没有，则按推定作答。

256. 某小区野狗频繁出没，业主向物业反映，物业未采取任何措施。某日，马大姐出门倒垃圾，不慎把厨余垃圾洒出，引起野狗疯抢。小学生小明吃着香肠路过，不幸被野狗围堵咬伤。关于小明的损害赔偿责任，下列哪一选项是正确的？（2020-回忆版-单）

A. 马大姐和小区业主承担连带责任

B. 马大姐应承担赔偿责任

C. 小明自己存在问题，损害由自己承担

D. 物业应当承担责任

考点 过错的认定

解析 本题中，小明被野狗咬伤，不适用饲养动物致人损害的无过错责任原则，而只能适用过错责任原则。因此，谁具有过错是认定本案侵权责任的承担的关键。首先，马大姐无法预见"垃圾没倒好"会导致"小明被野狗咬伤"，所以马大姐没有过错。其次，小区业主对小明的损害更没有过错。故 A、B 项不选。

对于小明来讲，其无法预见"吃香肠"会导致自己"被狗咬"的后果，所以小明没有过错。故 C 项不选。

本题中，小区物业对小区负有安全保障义务。业主向物业反映小区野狗问题，物业未采取任何措施，表明物业存在过错，所以应由物业对小明的损害承担赔偿责任。故 D 项选。

答案 D

评论

本题只考查一个考点，为单一考查题，无需分析法律关系，较为简单。

本题需要总结的知识点在于，民法上的过错包括故意和过失两种情况，而无论是故意还是过失，均需以"应当预见到自己行为会造成他人损害"为前提。能否预见，是判断过错之有无的基本方法。

二、公平责任原则

257. 牛二抢夺翠花的钱包后逃逸，大强见状遂追赶牛二。牛二慌不择路，逃向火车道，被火车撞死。大强也被火车撞成骨折。下列哪一说法是正确的？（2020-回忆版-单）

A. 翠花需对牛二赔偿

B. 大强需对牛二赔偿

C. 大强需对牛二补偿

D. 翠花需对大强补偿

考点 无因管理、公平责任

解析 本题中，翠花对牛二的损害不存在致害行为，所以无需承担赔偿责任。故 A 项不选。

本题中，大强并不能够预见到自己的追赶行为会导致牛二被火车撞死，所以大强没有过错，无需根据过错责任原则对牛二承担赔偿责任。故 B 项不选。

进而，根据《民法典》第 1186 条"受害人和行为人对损害的发生都没有过错的，依照法律的规定由双方分担损失"之规定，可知公平责任的构成要件为"双方无过错+有因果关系"。本题中，造成牛二损害的原因是火车，而非大强的追赶行为，因此不存在因果关系，大强也无需依据公平责任对牛二的损害承担适当补偿责任。故 C 项不选。

本题中，大强是在没有追赶牛二的义务的情况下，为了翠花的利益去追牛二，对翠花构成无因管理。根据《民法典》第 979 条第 1 款"管理人因管理事务受到损失的，可以请求受益人给予适当补偿"之规定，翠花需对大强的损害适当补偿。故 D 项选。

答案 D

评论

本题将三个考点合并考查，具有一定的综合性，且对考生对于知识的精准掌握和理解具有较高的要求。

本题的启迪意义有二：

（1）因果关系要件是公平责任的必备要件，认为"双方均无过错即需承担公平责任"的观念是错误的；

（2）因果关系的认定需采取"近因原则"，而不可无限放大直至漫无边际。

258. 甲忘带家门钥匙，邻居乙建议甲从自家阳台攀爬到甲家，并提供绳索以备不测，丙、丁在场协助固定绳索。甲在攀越时绳索断裂，从三楼坠地致重伤。各方当事人就赔偿事宜未达成一致，甲诉至法院。下列哪种说法是正确的？（2006/3/11-单）

A. 法院可以酌情让乙承担部分赔偿责任

B. 损害后果应由甲自行承担

C. 应由乙承担主要责任，丙、丁承担补充责任

D. 应由乙、丙、丁承担连带赔偿责任

考点 公平责任的构成

解析 本题中，"提供绳索以备不测"的事实，表明甲、乙双方已经预见到攀爬阳台的危险，且并未轻信可以避免，所以双方均无过错。但是，毕竟甲的损害系乙所提供的绳索断裂所致，所以应适用公平责任原则。故 A 项正确，选；

B 项错误，不选。

另外，丙、丁二人"协助固定绳索"的行为与甲的损害之间不存在因果关系，不承担任何侵权责任。故 C、D 项错误，不选。

答案 A

评论

本题只考查一个考点，为单一考查题。本题对于"过错"的判断，需要立足于题干的阐述来加以把握，以命题人的表述为切入点，而不可先入为主。

⏰53 专题 侵权损害赔偿责任的承担

一、财产损害赔偿责任

259. 姚某旅游途中，前往某玉石市场参观，在唐某经营的摊位上拿起一只翡翠手镯，经唐某同意后试戴，并问价。唐某报价 18 万元（实际进货价 8 万元，市价 9 万元），姚某感觉价格太高，急忙取下，不慎将手镯摔断。关于姚某的赔偿责任，下列哪一选项是正确的？（2017/3/22-单）

A. 应承担违约责任

B. 应赔偿唐某 8 万元损失

C. 应赔偿唐某 9 万元损失

D. 应赔偿唐某 18 万元损失

考点 财产侵权情况下的财产损失额的界定方法

解析《民法典》第 1184 条规定："侵害他人财产的，财产损失按照损失发生时的市场价格或者其他合理方式计算。"本题中，手镯的市场价格为 9 万元。故 C 项选，A、B、D 项不选。

答案 C

评论

本题直接考查条文内容，无需分析法律关系，较为简单。但是，本题考查条文中的细节，要求考生对知识的掌握尽量详尽。

本题需要总结的知识点在于，受害人"买价"与"卖价"不相符时，"卖价"为市场价格。

二、精神损害赔偿责任

260. 甲男、乙女欲结婚，同婚庆公司签订婚礼服务合同，约定婚庆公司为甲男、乙女拍照以及为乙女单独摄影。甲男付了 1000 元定金，约定双方如果违约，赔偿 1 万元。在结婚当天，甲男口头要求婚庆公司也为其单独摄影，并支付了相应费用。在婚礼结束后，婚庆公司不慎将摄像机损坏，甲男的个人摄影全部毁损，甲男为此抑郁成疾。对此，下列哪些说法是正确的？（2021-回忆版-多）

A. 甲男、乙女不能同时主张赔偿金和定金

B. 乙女可以向婚庆公司索赔

C. 婚庆公司应支付甲男精神损害赔偿

D. 甲男可以向婚庆公司索赔

考点 违约责任、人格物精神损害赔偿

解析 合同中既约定了违约金，又支付了定金，债务人违约的，债权人只能就违约金和定金罚则选择适用，而不得同时主张。故 A 项选。

与婚庆公司订立合同的为甲男、乙女双方，因此在婚庆公司构成违约的情况下，双方均可向婚庆公司主张违约责任。故 B、D 项选。

甲男在婚礼上的个人摄影也属于人格意义特定物，但侵害人格意义特定物承担精神损害赔偿责任，需以侵害人具有故意或重大过失为条件。本题中，婚庆公司的"不慎"仅表明其具有过失，但非重大过失，因此，甲男不得主张精神损害赔偿。故 C 项不选。

答案 ABD

✎ **评　论**

> 本题将两个考点合并考查，且横跨《民法典》合同编与侵权责任编，具有复合性。本题对考生的考点把握的精准性要求较高，如违约金与定金并存时的处理、人格意义特定物侵权的精神损害赔偿要件等，故具有一定难度。

三、死者近亲属的损害赔偿请求权

261. 甲于 2007 年 2 月死亡。乙因与甲生前素来不和，遂到处散布甲系赌博欠下巨额高利贷无法偿还而自杀身亡，在社会上造成了较恶劣的影响。甲之子欲向法院起诉，要求追究乙的侵权责任。下列哪一选项是正确的？（2008 延/3/16-单）

A. 甲已经死亡，不再具有民事主体资格，因而乙的行为不构成侵权

B. 乙的行为侵害了甲的名誉，依法应当承担侵权责任

C. 只有甲的配偶有权代表甲对乙提起诉讼

D. 只有甲的子女有权对乙提起诉讼

考点 侵害死者人格的损害赔偿责任

解析《民法典》第 994 条规定："死者的姓名、肖像、名誉、荣誉、隐私、遗体等受到侵害的，其配偶、子女、父母有权依法请求行为人承担民事责任；死者没有配偶、子女且父母已经死亡的，其他近亲属有权依法请求行为人

承担民事责任。"

纵然甲已经死亡，乙依然构成侵权，需承担侵权损害赔偿责任。故 A 项不选。

乙侵害了甲生前的名誉，需对甲的近亲属承担精神损害赔偿责任。故 B 项选。

在侵害死者人格利益的情况下，近亲属系以自己的名义主张精神损害赔偿，而非代表死者主张赔偿，且近亲属也并非以配偶或子女为限。故 C、D 项不选。

答案 B

✎ **评　论**

> 本题只考查一个考点，为单一考查题，且采用直接考查的方式，问题很直观，难度不大。
>
> 本题需要总结的知识点在于，侵害人侵害致死或侵害死者人格时，近亲属对侵害人所享有的是"自己的"精神损害赔偿请求权。这意味着：①近亲属无需以死者的名义主张权利；②所得的赔偿金并非死者的遗产，不适用继承规则。

四、自甘冒险的文体活动

262. 两伙人打篮球，甲扣篮砸了乙，丙对此不满，将球砸向甲，导致甲鼻梁骨折。关于本案的赔偿责任和风险承担，下列说法正确的有：（2021-回忆版-多）

A. 甲对乙承担赔偿责任

B. 丙对甲承担赔偿责任

C. 乙对其损害自担风险

D. 甲对其损害自担风险

考点 自甘冒险的文体活动的侵权损害赔偿责任

解析《民法典》第 1176 条第 1 款规定："自愿参加具有一定风险的文体活动，因其他参加者的行为受到损害的，受害人不得请求其他参加者承担侵权责任；但是，其他参加者对损害的发生有故意或者重大过失的除外。"

本题中，甲致乙损害并无故意或重大过失，

因此，甲对乙不承担赔偿责任，应由乙自担风险。故 A 项不选，C 项选。

丙致甲损害是出于故意，因此，丙应对甲承担赔偿责任，甲无需自担风险。故 B 项选，D 项不选。

答案 BC

评论

> 本题只有一个考查点，属于单一考查题，虽要求考生分析法律关系，但分析方法较为简单，故难度不大。

五、见义勇为的三方关系

263. 李某赶着马车运货，某食品店开业燃放爆竹（该地并不禁止燃放爆竹），马受惊，带车向前狂奔，李某拉扯不住，眼看惊马向刚放学的小学生冲去，张某见状拦住惊马，但是被惊马踢伤。关于张某的损害，下列哪些选项是正确的？（2008 延/3/67－多）

A. 李某应承担赔偿责任

B. 李某和食品店应承担连带赔偿责任

C. 如李某无力赔偿，张某有权要求小学生的监护人适当补偿

D. 李某承担赔偿责任，食品店承担补充赔偿责任

考点 见义勇为的三方关系

解析 《民法典》第 183 条规定："因保护他人民事权益使自己受到损害的，由侵权人承担民事责任，受益人可以给予适当补偿。没有侵权人、侵权人逃逸或者无力承担民事责任，受害人请求补偿的，受益人应当给予适当补偿。"

本题中，张某为防止李某受惊的马致小学生损害而使自己受损，所以张某为见义勇为者，李某为侵权人，小学生为受益人。由此出发，李某作为侵权人应予赔偿。故 A 项选。

食品店非饲养管理人，且因"该地并不禁止燃放爆竹"而无过错，不承担责任。故 B、D 项不选。

根据上述《民法典》第 183 条的规定，C 项选。

答案 AC

评论

> 本题只考查一个考点，为单一考查题，所考问题为基本考点，无需分析法律关系，较为简单。
>
> 本题需要总结的知识点在于，根据《民法典》第 183 条的规定，在见义勇为三方关系中，受益人的"适当补偿责任"包括两种情形：
>
> （1）致害人可以赔偿时，受益人承担"可以适当补偿"的责任；
>
> （2）致害人无力赔偿或无法寻觅时，受益人承担"应当适当补偿"的责任。

共同侵权与行为结合　专题 ⑤④

一、教唆、帮助侵权

264. 阿东把车借给阿西，阿西买烟，临时将车停在旁边，钥匙没拔。17 岁的阿南教唆 15 岁的阿北说："这车我开过，你要不要试试？"于是阿北就在阿南的指导下将车开走，路上把阿中撞成重伤。对此，下列哪些说法是正确的？（2020-回忆版-多）

A. 阿东应当对阿中承担责任

B. 阿南的监护人应当对阿中承担责任

C. 阿北的监护人应当对阿中承担责任

D. 阿西应当对阿中承担责任

考点 教唆、帮助他人实施侵权行为的民事责任与交通事故责任

解析 《民法典》第 1209 条规定："因租赁、借用等情形机动车所有人、管理人与使用人不是同一人时，发生交通事故造成损害，属于该机动车一方责任的，由机动车使用人承担赔偿责任；机动车所有人、管理人对损害的发生有过错的，承担相应的赔偿责任。"据此，本题中，车辆所有权人阿东借车给阿西，阿东并无过错，所以不承担责任。故 A 项不选。阿西借阿东的车，但车辆致损时并非阿西驾驶，所以阿西并非上述条文中的"使用人"。阿西"钥匙没拔"的事实不能表明阿西具有过错，因为从"钥匙没拔"的事实难以预见到"偷车致损"的后果，所以阿西不承担责任。故 D 项不选。

《民法典》第 1169 条第 2 款规定："教唆、帮助无民事行为能力人、限制民事行为能力人实施侵权行为的，应当承担侵权责任；该无民事行为能力人、限制民事行为能力人的监护人未尽到监护职责的，应当承担相应的责任。"该条文中，对不具有完全民事行为能力人实施教唆、帮助的人，应当具有完全民事行为能力。本题中，阿南、阿北均为限制民事行为能力人，所以不适用该条文，而应适用《民法典》第 1168 条 "2 人以上共同实施侵权行为，造成他人损害的，应当承担连带责任"之规定，由二人承担连带责任。进而，因阿南、阿北均为限制民事行为能力人，《民法典》第 1188 条第 1 款规定："无民事行为能力人、限制民事行为能力人造成他人损害的，由监护人承担侵权责任。监护人尽到监护职责的，可以减轻其侵权责任。"所以由阿南、阿北的监护人承担责任。故 B、C 项选。

答案 BC

✍ 评 论

本题将三个考点合并考查，具有综合

性。本题需要分析法律关系，具有一定难度。

本题的启迪意义在于，在教唆、帮助他人实施侵权行为的情况下，教唆、帮助者需以完全民事行为能力人为限；否则，不构成教唆、帮助侵权，而构成共同加害侵权。

二、行为结合

265. 甲开了一辆大货车（货物超高），过路时挂住电线杆，把电线挂落。乙因为天黑且此路段没有路灯，开车时轧到了电线，致行人丙受伤。下列说法正确的是：（2018-回忆版-单）

A. 甲、乙负连带责任

B. 甲负全部责任

C. 乙负全部责任

D. 甲、乙负按份责任

考点 无意思联络的行为结合

解析 本题中，在没有意思联络的情况下，甲与乙的行为导致了同一个损害，且因果关系逻辑环环相扣，所以构成无意思联络的间接行为结合。《民法典》第1172条规定："2人以上分别实施侵权行为造成同一损害，能够确定责任大小的，各自承担相应的责任；难以确定责任大小的，平均承担责任。"本题中，对损害的发生，甲具有过错，而乙没有过错，所以由甲承担全部责任。故B项选，A、C、D项不选。

答案 B

评论

本题只考查一个考点，为单一考查题。

本题的启迪意义在于对当事人"过失"的判断方法：题目使用"责怪"语气

的，当事人具有过失；题目使用"开脱"语气的，当事人没有过错。本题中，"天黑""没有路灯"的表述，即为"开脱"。

266. 王女士下了地铁，一边出站一边低头玩手机。在过天桥时，王女士没有看见桥上有一块地板翘了起来，遂被绊倒。王女士向前摔倒时将同向而行的李女士推倒在地。李女士可向谁主张损害赔偿？（2020-回忆版-单）

A. 王女士和道路管理局承担按份责任

B. 王女士和道路管理局承担连带责任

C. 只能向王女士主张侵权责任

D. 只能向道路管理局主张侵权责任

考点 无意思联络的行为结合

解析 本题中，李女士的受损系由王女士和道路管理局两个过错行为所致，而王女士和道路管理局之间并不存在意思联络，且任何一个因素抽去，李女士的损害都不能发生，所以王女士和道路管理局构成无意思联络的间接行为结合。《民法典》第1172条规定："2人以上分别实施侵权行为造成同一损害，能够确定责任大小的，各自承担相应的责任；难以确定责任大小的，平均承担责任。"因此，王女士和道路管理局应承担按份责任。故A项选，其他项不选。

答案 A

评论

本题只考查一个考点，为单一考查题，且无需分析法律关系，较为简单。本题中，王女士"低头玩手机"和天桥"地板翘了起来"之表述表明了两个过错行为的存在，认识这一点，是解题的关键。

一、职务侵权

267. 某机关法定代表人甲安排驾驶员乙开车执行公务,乙以身体不适为由拒绝。甲遂临时安排丙出车,丙在途中将行人丁撞成重伤。有关部门认定丙和丁对事故的发生承担同等责任。关于丁人身损害赔偿责任的承担,下列哪些表述是错误的?(2009/3/69-多)

A. 甲用人不当应当承担部分赔偿责任

B. 乙不服从领导安排应当承担部分赔偿责任

C. 丙有过错应当承担部分赔偿责任

D. 该机关应当承担全部赔偿责任

考点 职务侵权

解析 本题中,"甲用人不当"与"乙不服从领导安排"均不构成侵权责任中的过错,且与损害事实之间不存在法律上的因果关系,所以甲、乙无需对侵权损害承担赔偿责任。故 A、B 项错误,选。

本题中,丙执行职务致人损害,为职务侵权。根据《民法典》第 1191 条第 1 款的规定,用人单位的工作人员因执行工作任务造成他人损害的,由用人单位承担侵权责任。据此,职务行为致人损害的,行为人并不对受害人承担责任。故 C 项错误,选。

在职务侵权中,用人单位的责任大小以工作人员的过错大小为基础。本题中,丙并非具有全部过错,所以该机关无需承担全部责任。故 D 项错误,选。

答案 ABCD

评论

本题只考查一个考点,为单一考查题。

本题需要总结的知识点有二:

(1)"甲遂临时安排丙出车"的事实表明,职务行为的构成只看"是否以执行职务为目的"的外观,至于单位或行为人的内部因素,如在单位的工作分工、正式工或临时工、当时的想法等,均在所不问;

(2)在构成职务行为的情况下,行为人的过错的大小构成了单位替代责任大小的基础。

268. 甲赴宴饮酒,遂由有驾照的乙代驾其车,乙违章撞伤丙。交管部门认定乙负全责。以下假定情形中对丙的赔偿责任,哪些表述是正确的?(2013/3/67-多)

A. 如乙是与甲一同赴宴的好友,乙不承担赔偿责任

B. 如乙是代驾公司派出的驾驶员,该公司应承担赔偿责任

C. 如乙是酒店雇佣的为饮酒客人提供代驾服务的驾驶员,乙不承担赔偿责任

D. 如乙是出租车公司驾驶员,公司明文禁止代驾,乙为获高额报酬而代驾,乙应承担赔偿责任

考点 交通事故侵权责任与职务侵权责任

解析 《民法典》中的交通事故责任,原则上奉行"驾驶人责任原则"。故 A 项错误,不选。

根据《民法典》第 1191 条第 1 款的规定,用人单位的工作人员因执行工作任务造成他人损害的,由用人单位承担侵权责任。故 B、C 项正确,选。

根据《民法典》第 1192 条第 1 款的规定,个人之间形成劳务关系,提供劳务一方因劳务造成他人损害的,由接受劳务一方承担侵权责任。据此,D 项中,甲、乙形成雇佣关系,乙致人损害的后果应由甲承担赔偿责任。故 D 项错误,不选。

答案 BC

📝 **评 论**

本题将两个考点合并考查，具有一定的综合性。

本题的难点在于D项。在该项中，乙为甲代驾的行为不构成出租车公司的职务行为。但是，由于乙与甲形成了个人之间的劳务关系，因此，乙所造成的损害依然构成职务侵权，应由甲承担损害赔偿责任。

本题的启迪意义在于，《民法典》中交通事故责任的承担，原则上采取"驾驶人责任原则"。在此基础上，如果驾驶人构成职务行为，则不再适用"驾驶人责任原则"，而适用接受劳务人之责任。

二、无偿帮工责任

269. 甲家盖房，邻居乙、丙前来帮忙。施工中，丙因失误从高处摔下受伤，乙不小心撞伤小孩丁。下列哪一表述是正确的？（2014/3/66-单）

A. 对丙的损害，甲应承担赔偿责任，但可减轻其责任

B. 对丙的损害，甲不承担赔偿责任，但可在受益范围内予以适当补偿

C. 对丁的损害，甲应承担赔偿责任

D. 对丁的损害，甲应承担补充赔偿责任

考点 无偿帮工的侵权责任

解析 《人身损害赔偿解释》第5条第1款规定："无偿提供劳务的帮工人因帮工活动遭受人身损害的，根据帮工人和被帮工人各自的过错承担相应的责任；……"本题中，甲并无过错，而丙对自己遭受的损害具有过错，应自行承担责任。故A项错误，不选。

根据《人身损害赔偿解释》第5条第1款的规定，无偿提供劳务的帮工人因帮工活动遭受人身损害，被帮工人明确拒绝帮工的，被帮工人不承担赔偿责任，但可以在受益范围内予以适当补偿。本题中，甲并未明确拒绝丙的帮

工，所以不存在"在受益范围内予以适当补偿"的前提。故B项错误，不选。

《人身损害赔偿解释》第4条规定："无偿提供劳务的帮工人，在从事帮工活动中致人损害的，被帮工人应当承担赔偿责任。被帮工人承担赔偿责任后向有故意或者重大过失的帮工人追偿的，人民法院应予支持。被帮工人明确拒绝帮工的，不承担赔偿责任。"故C项正确，选；D项错误，不选。

答案 C

📝 **评 论**

本题将两个考点结合考查，具有一定的综合性。本题所考查的"无偿帮工致人损害"与"无偿帮工遭受损害"两个考点属于同一法律制度，跨度不大，但是对考生条文掌握的精确度有较高要求。

本题需要说明的是，《民法典》颁布后，无偿帮工责任的规定有所变化。根据《人身损害赔偿解释》第4、5条的规定：

（1）无偿帮工致人损害的：①被帮工人应当承担赔偿责任；②被帮工人承担赔偿责任后，有权向有故意或者重大过失的帮工人追偿；③被帮工人明确拒绝帮工的，不承担赔偿责任。

（2）因无偿帮工遭受损害的：①根据帮工人和被帮工人各自的过错承担相应的责任。②被帮工人明确拒绝帮工的，被帮工人不承担赔偿责任，但可以在受益范围内予以适当补偿。③帮工人在帮工活动中因第三人的行为遭受人身损害的，有权请求第三人承担赔偿责任，也有权请求被帮工人予以适当补偿。被帮工人补偿后，可以向第三人追偿。

270. 甲为父亲祝寿宴请亲友，请乙帮忙买酒，乙骑摩托车回村途中被货车撞成重伤，公安部门认定货车司机丙承担全部责任。经

查：丙无赔偿能力。丁为货车车主，该货车1年前被盗，未买任何保险。关于乙人身损害的赔偿责任承担，下列哪一选项是正确的？（2010/3/24-单）

A. 甲承担全部赔偿责任

B. 甲予以适当补偿

C. 丁承担全部赔偿责任

D. 丁予以适当补偿

考点 无偿帮工的侵权责任

解析 本题中，乙帮甲买酒，即构成无偿帮工。《人身损害赔偿解释》第5条第2款规定："帮工人在帮工活动中因第三人的行为遭受人身损害的，有权请求第三人承担赔偿责任，也有权请求被帮工人予以适当补偿。被帮工人补偿后，可以向第三人追偿。"故B项选，其他项不选。

答案 B

评论

本题只考查一个考点，为单一考查题，且采取直接考查的方式，较为简单。

三、定作人责任

271. 甲公司经营空调买卖业务，并负责售后免费为客户安装。乙为专门从事空调安装服务的个体户。甲公司因安装人员不足，临时叫乙自备工具为其客户丙安装空调，并约定了报酬。乙在安装中因操作不慎坠楼身亡。下列哪些说法是正确的？（2005/3/62-多）

A. 甲公司和乙之间是临时雇佣合同法律关系

B. 甲公司和乙之间是承揽合同法律关系

C. 甲公司应承担适当赔偿责任

D. 甲公司不应承担赔偿责任

考点 定作人责任及其与职务侵权之间的关系

解析 本题中，"临时叫乙"和"乙自备工具"两个事实表明甲公司与乙之间的关系为承揽关系，而非雇佣关系。故A项错误，不选；B项正确，选。

《民法典》第1193条规定："承揽人在完成工作过程中造成第三人损害或者自己损害的，定作人不承担侵权责任。但是，定作人对定作、指示或者选任有过错的，应当承担相应的责任。"据此，在承揽关系中，承揽人在完成工作过程中造成自身损害的，定作人是否承担责任，要看其是否具有定作、指示或者选任的过失。本题中，乙的"专门从事空调安装服务的个体户"的身份以及"因操作不慎坠楼身亡"的事实，表明甲公司既没有定作、选任过失，也没有指示过失。因此，甲公司不承担赔偿责任。故C项错误，不选；D项正确，选。

答案 BD

评论

本题将两个考点合并考查，具有一定的综合性。

本题的考法在于区分"雇佣"与"承揽"进而确定责任。"雇佣"与"承揽"的区分标准有三：

（1）支付报酬一方能否随意改变对方的工作内容。雇佣关系中，雇主可以随意改变雇员的工作内容；而承揽关系中，定作人不得随意改变承揽人的工作内容。

（2）劳动工具的提供者不同。雇佣关系中，由雇主（支付报酬一方）提供劳动工具；而承揽关系中，由承揽人（提供劳务一方）提供劳动工具。

（3）合同履行的方式不同。雇佣合同的履行具有连续性，而承揽合同的履行具有一次性。

四、环境污染责任

272. 农场养鸡，飞机从农场上空飞过，农场主起诉机场，主张飞机的引擎声导致鸡惊慌而长不肥，要求机场赔偿因此造成的损失。关于本案，下列说法正确的有：（2020-回忆版-多）

A. 鸡是否是受飞机惊吓而长不肥的证据由机

场提供

B. 鸡是否是受飞机惊吓而长不肥的证据由农场主提供

C. 机场如果能证明自己没有过错就不承担责任

D. 机场是否有过错不是本案的证明对象

【考点】环境污染侵权责任的举证责任

【解析】本题中，飞机的引擎声导致鸡长不肥，属于环境污染致人损害问题。

首先，《民法典》第1229条规定："因污染环境、破坏生态造成他人损害的，侵权人应当承担侵权责任。"据此，环境污染责任为无过错责任，污染者过错之有无不属于责任的构成要件。故C项不选，D项选。

其次，《民法典》第1230条规定："因污染环境、破坏生态发生纠纷，行为人应当就法律规定的不承担责任或者减轻责任的情形及其行为与损害之间不存在因果关系承担举证责任。"据此，环境污染责任的免责事由为"不存在因果关系"，此项免责事由需由污染者举证证明。故A项选，B项不选。

【答案】AD

【评论】

本题考查两个考点，具有一定的综合性，但均属于环境污染责任的范围，跨度不大，且考查内容均为环境污染责任的基本问题，难度不大。

273. 甲、乙、丙三家公司生产三种不同的化工产品，生产场地的排污口相邻。某年，当地大旱导致河水水位大幅下降，三家公司排放的污水混合发生化学反应，产生有毒物质致使河流下游丁养殖场的鱼类大量死亡。经查明，三家公司排放的污水均分别经过处理且符合国家排放标准。后丁养殖场向三家公司索赔。下列哪一选项是正确的？（2015/3/22-单）

A. 三家公司均无过错，不承担赔偿责任

B. 三家公司对丁养殖场的损害承担连带责任

C. 本案的诉讼时效是2年

D. 三家公司应按照污染物的种类、排放量等因素承担责任

【考点】环境污染侵权责任

【解析】《民法典》第1229条规定："因污染环境、破坏生态造成他人损害的，侵权人应当承担侵权责任。"据此，环境污染侵权责任为无过错责任。故A项错误，不选。

《民法典》第1231条规定："2个以上侵权人污染环境、破坏生态的，承担责任的大小，根据污染物的种类、浓度、排放量，破坏生态的方式、范围、程度，以及行为对损害后果所起的作用等因素确定。"故B项错误，不选；D项正确，选。

《环境保护法》第66条规定："提起环境损害赔偿诉讼的时效期间为3年，从当事人知道或者应当知道其受到损害时起计算。"故C项错误，不选。

【答案】D

【评论】

本题将环境污染侵权的归责原则、污染环境侵权的诉讼时效及多人污染环境的侵权责任三个考点纳入同一题目加以考查，具有综合性。但是，本题所考查的这三个考点同属于环境污染侵权这一个法律制度，且考查方式直接，无需分析法律关系，较为简单。

五、物件致损责任

（一）高空抛物责任

274. 张小飞邀请关小羽来家中做客，关小羽进入张小飞所住小区后，突然从小区的高楼内抛出一块砚台，将关小羽砸伤。关于砸伤关小羽的责任承担，下列哪一选项是正确的？（2016/3/24-单）

A. 张小飞违反安全保障义务，应承担侵权责任

B. 顶层业主通过证明当日家中无人，可以免责

C. 小区物业违反安全保障义务，应承担侵权责任

D. 如查明砚台系从10层抛出，10层以上业主仍应承担补充责任

考点 安全保障责任与高空抛物责任

解析《民法典》第1198条第1款规定："宾馆、商场、银行、车站、机场、体育场馆、娱乐场所等经营场所、公共场所的经营者、管理者或者群众性活动的组织者，未尽到安全保障义务，造成他人损害的，应当承担侵权责任。"据此，本题中，张小飞既非经营场所、公共场所的经营者、管理者，也非群众性活动的组织者，其对所住小区不承担安全保障义务。故A项错误，不选。

《民法典》第1254条第1款规定："禁止从建筑物中抛掷物品。从建筑物中抛掷物品或者从建筑物上坠落的物品造成他人损害的，由侵权人依法承担侵权责任；经调查难以确定具体侵权人的，除能够证明自己不是侵权人的外，由可能加害的建筑物使用人给予补偿。可能加害的建筑物使用人补偿后，有权向侵权人追偿。"故B项正确，选；D项错误，不选。

《民法典》第1254条第2款规定："物业服务企业等建筑物管理人应当采取必要的安全保障措施防止前款规定情形的发生；未采取必要的安全保障措施的，应当依法承担未履行安全保障义务的侵权责任。"本题中，并无物业管理人违反安全保障义务的事实，所以物业管理人不具有过错，不承担侵权责任。故C项错误，不选。

答案 B

✎ 评 论

本题以法律条文为考查对象，考点单一，无需分析法律关系，较为简单。

（二）脱落、坠落责任

275. 10楼1001室王某家装修阳台时掉了两颗钢钉，砸坏了9楼901室李某家伸出房檐的玻璃，钢钉和玻璃碎渣一起掉下去，砸坏了1楼101室崔某家的顶棚。崔某把10楼的王某、9楼的李某以及物业都起诉到法院。下列说法正确的是：（2023-回忆版-单）

A. 应由王某承担责任

B. 应由王某和李某承担按份责任

C. 应由王某和李某承担连带责任

D. 应由王某、李某与物业承担连带责任

考点 高空坠物侵权责任的归责原则

解析 高空坠物侵权责任为过错推定责任。本题中，10楼的王某具有过错，而9楼的李某没有过错，故1楼的崔某的损失应由王某承担赔偿责任。A项选，B、C项不选。物业承担责任的前提是物业具有过错。本题中也没有物业具有过错的表述。D项不选。

答案 A

✎ 评 论

本题只考查一个考点，为单一考查题，但涉及两个制度的辨析：①本题的案情是不是"高空坠物"？高空坠物以"不知是从几楼掉下的"为特征，故本题并非高空坠物，不适用高空坠物的规则。②本题是不是"无意思联络的间接行为结合"？无意思联络的间接行为结合，是指没有意思联络的若干行为因果相继，导致同一损害的发生。因此，本题也可构成无意思联络的间接行为结合，各行为人根据自己的过错承担按份责任。本题中，9楼的李某并无过错，故仍然由10楼的王某承担责任。这不影响对本题的判断。

276. 甲带着丁的狗去乙家做客，并把狗放到乙家的阳台。乙对甲说："别放阳台，狗很

可能会掉下去。"甲不听。后狗真的掉了下去，并砸伤了丙。下列哪些说法是正确的？（2018-回忆版-多）

A. 甲和丁对丙负连带责任

B. 甲对丙负管理者或饲养者侵权责任

C. 丁对丙负管理者或饲养者侵权责任

D. 乙负建筑物高空管理责任

[考点] 饲养动物致人损害的侵权责任与建筑物上的搁置物、悬挂物脱落、坠落的侵权责任

[解析]《民法典》第 1250 条规定："因第三人的过错致使动物造成他人损害的，被侵权人可以向动物饲养人或者管理人请求赔偿，也可以向第三人请求赔偿。动物饲养人或者管理人赔偿后，有权向第三人追偿。"据此，丙可以请求甲赔偿，也可以请求丁赔偿，甲、丁对丙负连带责任。故 A 项选。

甲带丁的狗外出，丁是饲养人、管理人。故 B 项不选，C 项选。

《民法典》第 1253 条规定："建筑物、构筑物或者其他设施及其搁置物、悬挂物发生脱落、坠落造成他人损害，所有人、管理人或者使用人不能证明自己没有过错的，应当承担侵权责任。所有人、管理人或者使用人赔偿后，有其他责任人的，有权向其他责任人追偿。"据此，在脱落、坠落责任中，建筑物的所有人、管理人或者使用人承担过错推定责任。本题中，乙对甲的危险提示情节表明乙没有过错，所以乙没有责任。故 D 项不选。

[答案] AC

[评论]

本题将两个考点合并考查，具有一定的综合性。

本题的启迪意义有二：

（1）《民法典》第 1245 条所规定的"饲养人或者管理人"的概念以"长期、稳定的占有人"为内涵，故本题中的饲养人或者管理人是丁，而不是甲。

（2）本题中，若乙有过错，则适用上

述《民法典》第 1253 条之规定，由乙向丙赔偿，乙赔偿后有权向甲、丁追偿。但是，因乙并无过错，故《民法典》第 1253 条不能适用，而直接适用《民法典》第 1250 条之规定，按照第三人过错致使动物致人损害的规则处理。

277. 甲将房屋出租给乙，约定租赁房屋期间发生的损害，由承租人乙承担责任。乙在阳台搭了花架养花，物业公司多次提醒乙这样危险，但乙置之不理。后花架被风吹落，砸到路人丙，丙欲起诉。关于本案的被告，下列说法正确的是：（2020-回忆版-单）

A. 甲、乙为共同被告

B. 甲为被告

C. 乙为被告

D. 物业公司为被告

[考点] 脱落、坠落的侵权责任

[解析] 根据《民法典》第 1253 条的规定，建筑物、构筑物或者其他设施及其搁置物、悬挂物发生脱落、坠落造成他人损害，所有人、管理人或者使用人不能证明自己没有过错的，应当承担侵权责任。据此，脱落、坠落责任的主体既包括所有人、管理人，又包括使用人。本题中，所有人甲、使用人乙均需对丙的损害承担责任。故 A 项选，B、C 项不选。

对物业公司来讲，其对于小区内损害的发生承担未尽安保义务的责任。本题中，物业公司的危险提示事实表明物业公司已经尽到了安保义务，所以其无责任。故 D 项不选。

[答案] A

[评论]

本题在条文基础上，将在所有人与使用人分立情况下的责任人界定作为考查目标，对于考生对条文的理解，有较高要求。

本题需要总结的知识点在于，《民法典》第 1253 条将"所有人""管理人""使

用人"并列规定,表明在上述三种主体各自分立的情况下,每一主体均需对脱落、坠落承担过错推定责任。

(三)窨井等地下设施致人损害责任

278. 4名行人正常经过北方牧场时跌入粪坑,1人获救3人死亡。据查,当地牧民为养草放牧,储存牛羊粪便用于施肥,一家牧场往往挖有三四个粪坑,深者达三四米,之前也发生过同类事故。关于牧场的责任,下列哪些选项是正确的?(2016/3/67-多)

A. 应当适用无过错责任原则

B. 应当适用过错推定责任原则

C. 本案情形已经构成不可抗力

D. 牧场管理人可通过证明自己尽到管理职责而免责

考点 地下设施致人损害的侵权责任

解析 《民法典》第1258条第2款规定:"窨井等地下设施造成他人损害,管理人不能证明尽到管理职责的,应当承担侵权责任。"据此,地下设施致人损害的侵权责任归责原则并非无过错责任,而是过错推定责任。故A项错误,不选;B项正确,选。

本题没有不可抗力的情节。故C项错误,不选。

既然是过错推定责任,那么"证明自己尽到管理职责"即意味着证明自己没有过错,无需承担侵权责任。故D项正确,选。

答案 BD

✎ 评论

本题以一个考点为考查对象,具有单一性,且无需分析法律关系。同时,本题考查的内容为基本考点,较为简单。

六、饲养动物致人损害责任

(一)归责原则

279. 甲饲养的一只狗在乙公司施工的道路

上追咬丙饲养的一只狗,行人丁避让中失足掉入施工形成的坑里,受伤严重。下列哪些说法是错误的?(2009/3/70-多)

A. 如甲能证明自己没有过错,不应承担对丁的赔偿责任

B. 如乙能证明自己没有过错,不应承担对丁的赔偿责任

C. 如丙能证明自己没有过错,不应承担对丁的赔偿责任

D. 此属意外事件,甲、乙、丙均不应承担对丁的赔偿责任

考点 饲养动物致人损害的侵权责任、公共场所施工致人损害的侵权责任

解析 《民法典》第1245条规定:"饲养的动物造成他人损害的,动物饲养人或者管理人应当承担侵权责任;但是,能够证明损害是因被侵权人故意或者重大过失造成的,可以不承担或者减轻责任。"据此可知,饲养动物致人损害时,饲养人、管理人承担无过错责任。故A、C项错误,选。

《民法典》第1258条第1款规定:"在公共场所或者道路上挖掘、修缮安装地下设施等造成他人损害,施工人不能证明已经设置明显标志和采取安全措施的,应当承担侵权责任。"据此可知,公共场所施工致人损害的,施工人承担过错推定责任。故B项正确,不选。

在侵权人承担无过错责任的情况下,纵然构成意外事件,亦不可作为免责事由。故D项错误,选。

答案 ACD

✎ 评论

本题将两个考点合并考查,具有一定的综合性。本题将饲养动物致人损害与路面施工致人损害的归责原则进行对比考查,对于考生知识掌握的精确性要求较高。

(二)免责事由

280. 张某、邵某是资深骑马爱好者。一

天，张某、邵某等5人去森林骑马，张某骑着邵某的马，因突然出现一只兔子，马匹受惊致张某摔伤。张某的损失由谁承担？（2019-回忆版-单）

A. 邵某等4人承担共同侵权责任

B. 邵某为饲养员，承担全部责任

C. 张某为自甘风险，邵某不应承担责任

D. 邵某承担补充责任

考点 饲养动物致人损害的侵权责任

解析 本题中，骑马的4人对张某遭受的损害既无意思联络，也无过错行为，没有成立共同侵权的事实。故A项不选。

《民法典》第1245条规定："饲养的动物造成他人损害的，动物饲养人或者管理人应当承担侵权责任；但是，能够证明损害是因被侵权人故意或者重大过失造成的，可以不承担或者减轻责任。"本题中不存在"被侵权人故意、重大过失"的免责、减责情节，所以，邵某作为饲养人、管理人，应对张某的损害承担无过错侵权责任。故B项选。

本题中，张某遭受的损害并非是骑马行为本身的风险所致，所以不属于自冒风险的情形。故C项不选。

在饲养动物致人损害的问题上，不存在补充责任的规定。故D项不选。

答案 B

✍评 论

　　本题将三个考点合并考查，具有一定的综合性。

　　本题的启迪意义在于，受害人"自冒风险"参加文体活动的，除致害人有故意或重大过失外，受害人责任自负。但是，"自冒风险"导致损害的前提是损害是由活动本身所造成的，如张某在骑马过程中自己从马上掉下来。

281. 关于动物致害侵权责任的说法，下列

哪些选项是正确的？（2015/3/67-多）

A. 甲8周岁的儿子翻墙进入邻居院中玩耍，被院内藏獒咬伤，邻居应承担侵权责任

B. 小学生乙和丙放学途经养狗的王平家，丙故意逗狗，狗被激怒咬伤乙，只能由丙的监护人对乙承担侵权责任

C. 丁下夜班回家途经邻居家门时，未看到邻居饲养的小猪趴在路上而绊倒摔伤，邻居应承担侵权责任

D. 戊带女儿到动物园游玩时，动物园饲养的老虎从破损的虎笼蹿出将戊女儿咬伤，动物园应承担侵权责任

考点 饲养动物致人损害的侵权责任

解析《民法典》第1247条规定："禁止饲养的烈性犬等危险动物造成他人损害的，动物饲养人或者管理人应当承担侵权责任。"据此，邻居对甲的儿子的损害承担没有减责、免责事由的无过错责任。故A项正确，选。

《民法典》第1250条规定："因第三人的过错致使动物造成他人损害的，被侵权人可以向动物饲养人或者管理人请求赔偿，也可以向第三人请求赔偿。动物饲养人或者管理人赔偿后，有权向第三人追偿。"故B项错误，不选。

《民法典》第1245条规定："饲养的动物造成他人损害的，动物饲养人或者管理人应当承担侵权责任；但是，能够证明损害是因被侵权人故意或者重大过失造成的，可以不承担或者减轻责任。"据此，丁走夜路，未看到小猪，不属于重大过失，不能减免邻居的责任。故C项正确，选。

《民法典》第1248条规定："动物园的动物造成他人损害的，动物园应当承担侵权责任；但是，能够证明尽到管理职责的，不承担侵权责任。"故D项正确，选。

答案 ACD

✍评 论

　　本题将饲养动物致人损害侵权责任中的四个考点合并考查，尽管具有综合性，

但是各个考点之间的关系密切，跨度不大，难度较低。

七、监护人责任与教育机构责任

（一）监护人责任

282. 甲的儿子乙（8岁）因遗嘱继承了祖父遗产10万元。某日，乙玩耍时将另一小朋友丙的眼睛划伤。丙的监护人要求甲承担赔偿责任2万元。后法院查明，甲已尽到监护职责。下列哪一说法是正确的？（2015/3/24-单）

A. 因乙的财产足以赔偿丙，故不需用甲的财产赔偿

B. 甲已尽到监护职责，无需承担侵权责任

C. 用乙的财产向丙赔偿，乙赔偿后可在甲应承担的份额内向甲追偿

D. 应由甲直接赔偿，否则会损害被监护人乙的利益

考点 被监护人致人损害的侵权责任

解析《民法典》第1188条规定："无民事行为能力人、限制民事行为能力人造成他人损害的，由监护人承担侵权责任。监护人尽到监护职责的，可以减轻其侵权责任。有财产的无民事行为能力人、限制民事行为能力人造成他人损害的，从本人财产中支付赔偿费用；不足部分，由监护人赔偿。"

据此，被监护人致人损害的，首先以被监护人的个人财产承担侵权责任。监护人的责任承担，以被监护人没有财产或财产不足为前提。本题中，因被监护人乙的财产足以赔偿其所造成的损害，所以不涉及监护人甲的责任承担，因而不涉及甲是否尽到监护职责的判断问题。故A项正确，选；其他项错误，不选。

答案 A

评论 本题为条文逻辑题，要求考生掌握

《民法典》第1188条内容的逻辑体系。"被监护人没有财产或其财产不足以承担侵权责任"是监护人承担侵权责任的前提，这一关系是做对本题的关键。本题对于考生的条文掌握程度要求较高，具有一定难度。

283. 5岁的小陈在玩金箍棒时，将三楼阳台的花瓶打倒，砸伤了快递员韩某。对于韩某的损害，下列说法正确的是：（2021-回忆版-单）

A. 小陈承担赔偿责任

B. 小陈的父母承担赔偿责任

C. 快递公司承担赔偿责任

D. 快递公司和小陈的父母共同承担赔偿责任

考点 未成年人致人损害的侵权责任，脱落、坠落的侵权责任，工伤责任

解析 未成年人致人损害，只有在未成年人有财产承担赔偿责任的情况下，才由其承担责任。本题中，并未明确小陈是否有承担赔偿责任的财产，因此推定其没有财产。故A项不选。

未成年人致人损害，监护人未尽到监护职责的，应承担过错赔偿责任；监护人尽到监护职责的，应承担适当赔偿责任，即公平责任。本题中，虽未明确小陈的监护人是否尽到监护职责，但根据"在三楼阳台玩耍金箍棒"的案情可推知监护人具有过错。故B项选。

雇员执行职务遭受损害的，构成工伤。本题中，快递员韩某被砸时，是否在执行职务，并未明确，但从案情上下文可推知，韩某是在送快递的过程中受伤的，构成工伤。进而，在雇员构成工伤的情况下，如果雇主是应纳入工伤保险统筹的用人单位，则由工伤保险赔付，雇主不承担赔偿责任；反之，如果雇主是不应纳入工伤保险统筹的个人用工者，则雇员工伤由雇主和雇员按照各自的过错承担责任。而本题中的雇主并无过错。由此可见，尽管本题中并未明确快递公司是否应当纳入工伤保险统筹

范围，但无论其是否应当纳入，快递公司均不对韩某的损害承担赔偿责任。故 C、D 项均不选。

答案 B

✎ 评论

　　本题将未成年人致人损害责任，脱落、坠落责任，工伤责任三种侵权责任合并考查，具有一定的复合性，但考点均在侵权责任范围内，跨度并不大。

　　本题的启迪意义在于，在题干对案件事实表述不清晰的情况下，需要运用"推定"的思维方法，即按照"最大可能性"补充案情并作为分析的依据，如本题中"小陈是否有财产可承担赔偿责任""小陈的监护人是否具有过错""韩某被砸时是否在执行职务"的问题。

（二）教育机构责任

284. 某小学组织春游，队伍行进中某班班主任张某和其他教师闲谈，未跟进照顾本班学生。该班学生李某私自离队购买食物，与小贩刘某发生争执被打伤。对李某的人身损害，下列哪一说法是正确的？（2009/3/23－单）

A. 刘某应承担赔偿责任

B. 某小学应承担赔偿责任

C. 某小学应与刘某承担连带赔偿责任

D. 刘某应承担赔偿责任，某小学应承担相应的补充赔偿责任

考点 教育机构的侵权责任

解析 《民法典》第 1201 条规定："无民事行为能力人或者限制民事行为能力人在幼儿园、学校或者其他教育机构学习、生活期间，受到幼儿园、学校或者其他教育机构以外的第三人人身损害的，由第三人承担侵权责任；幼儿园、学校或者其他教育机构未尽到管理职责的，承担相应的补充责任。幼儿园、学校或者其他教

育机构承担补充责任后，可以向第三人追偿。"据此，本题中，学生李某随学校春游，依然处于学校的监护之下。李某因小贩刘某而受到人身损害，刘某应承担赔偿责任。与此同时，学校具有过错，应当承担与其过错相适应的补充责任。故 D 项选，其他项不选。

答案 D

✎ 评论

　　本题只考查一个考点，为单一考查题，采取直接考查的方式，较为简单。

八、违反安全保障义务的责任

285. 邱天带着儿子邱小童（4 岁，1 米）去游乐园玩耍。游乐园有一付费的儿童蹦床项目，限制年龄为 6 岁以上，身高为 1.2 米以上。邱天付费后离去抽烟，邱小童一个人进入设施游玩，由于身高不够从安全栏掉下来。关于邱小童受伤后的赔偿责任，下列说法正确的是：（2020-回忆版-单）

A. 游乐园应承担赔偿责任

B. 邱小童应自己承担赔偿责任

C. 邱天应承担补充赔偿责任

D. 费用应先从邱小童的个人财产中扣除

考点 安全保障义务

解析 本题中，邱小童不符合儿童蹦床的年龄、身高要求，但题目中的"邱天付费"表明邱小童进入儿童蹦床玩耍系经游乐园同意，因此，游乐园需对邱小童承担安全保障义务。但题目中的"身高不够"表明游乐场未尽此项义务。根据《民法典》第 1198 条第 1 款"宾馆、商场、银行、车站、机场、体育场馆、娱乐场所等经营场所、公共场所的经营者、管理者或者群众性活动的组织者，未尽到安全保障义务，造成他人损害的，应当承担侵权责任"之规定，游乐园应当承担侵权责任。故 A 项选。

　　因邱小童、邱天可以相信，既然游乐园允许邱小童上蹦床玩耍，邱小童的安全便是可以

得到保障的,所以二人无过错,无需自行承担民事责任。故 B、C、D 项不选。

答案 A

评论

本题只考查一个考点,为单一考查题。但是本题需要分析法律关系,具有一定的难度。

本题需要说明的是,邱天付费后,邱小童与游乐园之间还产生了合同关系。从合同关系来看,既然游乐园允许邱小童进入蹦床,就表明"限制年龄为 6 岁以上,身高为 1.2 米以上"的格式条款被协议变更,根据《民法典》第 577 条"当事人一方不履行合同义务或者履行合同义务不符合约定的,应当承担继续履行、采取补救措施或者赔偿损失等违约责任"之规定,游乐园仍需承担违约赔偿责任。由于邱天、邱小童没有过错,故而不能适用《民法典》第 592 条第 2 款"当事人一方违约造成对方损失,对方对损失的发生有过错的,可以减少相应的损失赔偿额"之规定。因此,从合同关系分析,本题依然选 A 项。

286. 桃源村为开放式景区,有大量杨梅树,景区未提供杨梅采摘业务,也未设立警示标志。游客乔某路过李某的杨梅园时,见杨梅熟透了,问路过村民吴某:"杨梅能摘吗?"吴某回答:"没人管。"于是乔某上树摘杨梅,坠落受伤。下列选项正确的是:(2021-回忆版-单)

A. 李某不承担安全保障义务
B. 吴某对乔某的损失承担民事赔偿责任
C. 桃源村应赔偿乔某的损失
D. 乔某自己承担损失

考点 安全保障义务

解析 本题中,桃源村是作为公共场所的开放

式景区的管理人,对景区承担安全保障义务。李某是作为开放式景区组成部分的杨梅园的管理人,对杨梅园承担安全保障义务。故 A 项不选。

吴某不是安全保障义务人,其"没人管"的表示对乔某不构成侵权,无需承担侵权责任。故 B 项不选。

桃源村作为安保义务人,只有在其有过错的情况下,才对乔某的损害承担赔偿责任。本题中并无桃源村有过错的表述。故 C 项不选。

李某作为安保义务人,同样没有过错。因此,乔某的损失由其自行承担。故 D 项选。

答案 D

评论

本题只有一个考点,属于单一考查题。尽管本题需要考生对法律关系进行分析,但局限在最基础的层次上,故较为简单。

287. 某村无偿提供场地用于旅游发展,管某和于某各自把自家的马牵出来让游客骑。单某从来没骑过马,在管某牵马的情况下骑了第一圈。第二圈时单某提出独自骑马,管某放手。第三圈时,由于单某无骑马技术,撞伤了进来管理马的于某。关于于某的损害,下列说法正确的有:(2021-回忆版-多)

A. 单某应承担侵权责任
B. 管某应承担相应的补充责任
C. 于某自己应分担部分损失
D. 某村应承担赔偿责任

考点 安全保障义务

解析 本题中,单某没有骑术却要求独自骑马,对于某的损害具有过错;管某对单某的骑马行为负安全保障义务,其放任单某独自骑马,也具有过错。根据《民法典》第 1198 条第 2 款的规定,因第三人的行为造成他人损害的,由第三人承担侵权责任;经营者、管理者或者组织者未尽到安全保障义务的,承担相应的补充责任。故 A、B 项选。

于某对自己的损害没有过错，不适用过错相抵原则。故 C 项不选。

某村只是免费将场地交管某、于某经营，其并非安保义务人，不负安全保障义务，进而对于某的损害没有赔偿责任。故 D 项不选。

答案 AB

评论

本题只考查一个考点，为单一考查题，但需要较为复杂的法律关系分析，故难度较大。

本题中，尽管是在村里的场地由"管某和于某各自把自家的马牵出来让游客骑"，但相对于游客的骑马行为而言，管某和于某依然是各自对自己的行为承担安全保障义务。故对单某的行为，于某并不承担安全保障义务。进而，单某骑马撞伤于某的后果与撞伤第三人的后果，并无区别。

九、网络侵权责任

288. 顾客甲在"美味不美味"饭店就餐后，在大众点评平台上发表差评："'美味不美味'饭店的菜品、环境都不好，建议大家以后都不要来。"饭店要求甲删除该差评，甲不同意。于是饭店要求大众点评平台进行删除，平台也没删。关于本案，下列哪一说法是正确的？（2023-回忆版-单）

A. 甲侵犯了饭店的名称权

B. 甲侵犯了饭店的名誉权

C. 大众点评平台和甲承担连带责任

D. 饭店无权要求平台删除差评

考点 名称侵权的构成、名誉侵权的构成、网络侵权责任

解析 名称侵权的构成要件是干涉、盗用、假冒或擅自使用他人名称营利。本题中，甲并无名称侵权的行为。A 项不选。

名誉侵权的构成要件是实施侮辱、诽谤等

有辱人格尊严的行为，导致受害人名誉贬损。本题中，甲在大众点评平台发表的"菜品、环境都不好，建议大家以后都不要来"的言论，并无"侮辱、诽谤等有辱人格尊严"的特征。B 项不选。

根据《民法典》第 1195 条第 2 款的规定，网络服务提供者收到请求删除、屏蔽的通知后，未及时采取必要措施的，对损害的扩大部分与侵权人承担连带责任。本题中，既然甲不对饭店构成侵权，大众点评平台自然没有连带责任。C 项不选。

既然甲不对饭店构成名誉侵权，那么饭店也就无权要求大众点评平台删除甲的言论。D 项选。

答案 D

评论

本题将三个考点合并考查，具有一定的综合性。但本题每个考点均采取直接考查的方式，难度不大。

本题的启迪意义在于，只有在甲在网络上对饭店构成侵权的前提下，饭店才有权请求网络平台采取删除等措施，否则追究网络平台的连带责任。反之，倘若甲在网络上并未对饭店构成侵权，饭店则不能享有上述权利。

十、产品责任

289. 某商场家电部一员工在布置展台时，一通电的取暖器石英管突然爆裂，致其受伤。后查明事故原因是由于厂家不慎将几台质检不合格商品包装出厂。该员工欲通过诉讼向商家索赔，但不知应以产品责任还是以产品质量瑕疵担保为由诉讼。下列关于二者区别的表述中哪些是正确的？（2002/3/34-多）

A. 前者需要有现实损害，后者不需要

B. 前者属于侵权行为，后者属于违约行为

C. 前者的责任承担形式主要是损害赔偿，后

者则主要为修理、更换

D. 前者可以直接向法院起诉，后者一般先向合同相对人要求补救或赔偿

【考点】"产品责任"与"产品质量瑕疵担保责任"的区别

【解析】"产品责任"，是指因产品缺陷致人损害的责任，其为侵权责任，需要以"损害事实"为构成要件，责任的形式为赔偿损失；"产品质量瑕疵担保责任"，则是指因合同债务人交付的标的物质量不符合约定所要承担的违约责任，其只需以"质量不符合约定"为要件，而无需造成现实损害，责任的形式包括修理、更换、降价等。故 A、B、C 项选。

上述两种责任的权利均为请求权，既可协商，也可诉讼。故 D 项不选。

【答案】ABC

【评论】

本题将两个考点合并考查，具有一定的综合性，且直接以法律概念的比较为考查对象，理论性较强，对考生知识掌握的精确性及其理解均有较高的要求。

十一、交通事故责任

290. 甲将车借给刚刚取得驾驶资格的乙，二人特别约定，只能在 A 市区域内使用该车，不得开上高速。后乙因工作需要驾车前往 B 市，在高速公路上发生交通事故，撞伤丙。随后，乙将该车送往汽车修理厂，但乙未支付丙的医疗费和汽车修理费。对此，下列说法正确的有哪些？（2023-回忆版-多）

A. 甲有权向汽车修理厂代为履行乙的债务，汽车修理厂不得拒绝

B. 该车系甲所有，丙可以请求甲赔偿

C. 该车系甲所有，汽车修理厂无权留置

D. 乙对甲构成违约，应承担损害赔偿责任

【考点】代为履行、交通事故侵权责任、留置权的成立条件、违约责任的构成

【解析】本题中，汽车修理厂所留置的汽车是甲的，故甲对乙的汽车修理费债务的履行具有"合法利益"，其"有权"代为履行，汽车修理厂不得拒绝。A 项选。

租借机动车发生交通事故的，租借者承担赔偿责任；所有权人有过错的，承担相应的责任。本题中，甲对交通事故的发生并无过错，故不对丙承担侵权责任。B 项不选。

法律关系具有同一性的，债权人享有留置权，不问动产是否归属于债务人。本题中，汽车修理厂的"返还汽车"义务与乙的"支付汽车修理费"义务之间具有同一性，故纵然该车不归属于乙，汽车修理厂也可留置该车。C 项不选。

甲、乙的借用合同明确约定，乙不得将该车开出 A 市。乙违反了该合同的约定，且造成了甲的汽车毁损的损失，自应承担违约赔偿责任。D 项选。

【答案】AD

【评论】

本题将四个考点合并考查，具有较强的综合性，对于考生知识的熟练掌握程度要求较高。但本题每个考点均采取直接考查的方式，无需分析案情及法律关系，故难度不大。

十二、医疗损害责任

291. 田某突发重病神志不清，田父将其送至医院，医院使用进口医疗器械实施手术，手术失败，田某死亡。田父认为医院在诊疗过程中存在一系列违规操作，应对田某的死亡承担赔偿责任。关于本案，下列哪一选项是正确的？（2016/3/23-单）

A. 医疗损害适用过错责任原则，由患方承担举证责任

B. 医院实施该手术，无法取得田某的同意，可自主决定

C. 如因医疗器械缺陷致损，患方只能向生产者主张赔偿

D. 医院有权拒绝提供相关病历，且不会因此承担不利后果

考点 医疗机构侵权责任

解析 《民法典》第1218条规定："患者在诊疗活动中受到损害，医疗机构或者其医务人员有过错的，由医疗机构承担赔偿责任。"可知，医疗机构侵权责任适用过错责任原则，由受害人承担过错证明责任。据此，A项正确，选。

《民法典》第1219条第1款规定："医务人员在诊疗活动中应当向患者说明病情和医疗措施。需要实施手术、特殊检查、特殊治疗的，医务人员应当及时向患者具体说明医疗风险、替代医疗方案等情况，并取得其明确同意；不能或者不宜向患者说明的，应当向患者的近亲属说明，并取得其明确同意。"据此，B项错误，不选。

《民法典》第1223条规定："因药品、消毒产品、医疗器械的缺陷，或者输入不合格的血液造成患者损害的，患者可以向药品上市许可持有人、生产者、血液提供机构请求赔偿，也可以向医疗机构请求赔偿。患者向医疗机构请求赔偿的，医疗机构赔偿后，有权向负有责任的药品上市许可持有人、生产者、血液提供机构追偿。"据此，C项错误，不选。

根据《民法典》第1222条第2、3项的规定，患者在诊疗活动中受到损害，医疗机构隐匿、拒绝提供、遗失、伪造、篡改、违法销毁病历资料的，推定其具有过错。据此，D项错误，不选。

答案 A

评论

　　本题将四个考点纳入同一题目加以考查，虽然具有一定的综合性，但是上述四个考点均属于同一法律制度，故难度不大。

　　本题中的A项具有启迪意义：《民法典》第1222条规定："患者在诊疗活动中受到损害，有下列情形之一的，推定医疗机构有过错：①违反法律、行政法规、规章以及其他有关诊疗规范的规定；②隐匿或者拒绝提供与纠纷有关的病历资料；③遗失、伪造、篡改或者违法销毁病历资料。"尽管该条文中使用了"推定"二字，但这并不意味着医疗机构的侵权责任为"过错推定责任"。事实上，上述条文所列举的事项依然需要由患者一方承担举证责任。故医疗机构的侵权责任，为最普通的过错责任。

结 婚 专题 **56**

292. 乙（女）经介绍和甲（男）同居，后来乙认为甲不适合结婚，于是提出分手。甲以有乙的隐私照（实际没有）相威胁，无奈之下，乙与甲结婚。关于本案的婚姻效力，下列哪一说法是正确的？（2020-回忆版-单）

A. 因胁迫而可撤销

B. 因欺诈而可撤销

C. 甲侵犯了乙的隐私权

D. 因乙并非出于真实意思表示，婚姻无效

考点 婚姻的效力

解析 根据《民法典》第 1052 条第 1 款、第 1053 条第 1 款的规定，婚姻的可撤销事由有二：①胁迫；②婚前重大疾病欺诈。本题中，甲对乙构成胁迫。故 A 项选，D 项不选。甲并无婚前重大疾病欺诈的事实。故 B 项不选。

根据《民法典》第 1032 条第 1 款的规定，隐私侵权的客观要件包括刺探、擅自公开、侵扰等情形。本题中，甲并无隐私侵权的事实。故 C 项不选。

答案 A

评论

本题将两个考点合并考查，具有一定的综合性，但考查内容均为基本考点，没有难度。

293. 大伟和小伟是双胞胎。大伟和芳芳打算在情人节当天领结婚证，但大伟不幸遭遇车祸。大伟为了不耽误情人节当天领证，遂让弟弟小伟顶替自己与芳芳去民政局领证。后大伟在住院期间与护士小冯互生情愫，遂向法院起诉，以非本人登记结婚为由，请求确认其与芳芳的婚姻关系无效。下列说法正确的是：（2018-回忆版-单）

A. 婚姻有效　　　　B. 婚姻无效

C. 婚姻可撤销　　　D. 婚姻效力待定

考点 婚姻的效力

解析 《民法典》第 1051 条规定："有下列情形之一的，婚姻无效：①重婚；②有禁止结婚的亲属关系；③未到法定婚龄。"根据《民法典》第 1052 条第 1 款、第 1053 条第 1 款的规定，婚姻的可撤销事由有二：①胁迫；②婚前重大疾病欺诈。本题中不存在婚姻无效或者可撤销的事由，因而婚姻有效。故 A 项选，B、C 项不选。

婚姻的效力，不存在"效力待定"的类型。故 D 项不选。

至于小伟冒充大伟与芳芳办理登记的事实，构成结婚登记的程序瑕疵。《婚姻家庭编解释（一）》第 17 条第 2 款规定："当事人以结婚登记程序存在瑕疵为由提起民事诉讼，主张撤

销结婚登记的，告知其可以依法申请行政复议或者提起行政诉讼。"由此可见，结婚登记的程序瑕疵并不导致婚姻的无效或者可撤销。

答案 A

评 论

本题只考查一个考点，为单一考查题，且采取直接考查的方式，较为简单。

57 专题 父母子女关系

294. 高甲患有精神病，其父高乙为监护人。2009年高甲与陈小美经人介绍认识，同年12月陈小美以其双胞胎妹妹陈小丽的名义与高甲登记结婚，2011年生育一子高小甲。2012年高乙得知儿媳的真实姓名为陈小美，遂向法院起诉。诉讼期间，陈小美将一直由其抚养的高小甲户口迁往自己原籍，并将高小甲改名为陈龙，高乙对此提出异议。下列哪一选项是正确的？（2017/3/17-单）

A. 高甲与陈小美的婚姻属无效婚姻

B. 高甲与陈小美的婚姻属可撤销婚姻

C. 陈小美为高小甲改名的行为侵害了高小甲的合法权益

D. 陈小美为高小甲改名的行为未侵害高甲的合法权益

考点 婚姻的效力瑕疵、子女姓名

解析《民法典》第1051条规定："有下列情形之一的，婚姻无效：①重婚；②有禁止结婚的亲属关系；③未到法定婚龄。"本题中没有无效事由。故A项错误，不选。

根据《民法典》第1052条第1款、第1053

条第1款的规定，婚姻的可撤销事由有二：①胁迫；②婚前重大疾病欺诈。本题中没有可撤销事由。故B项错误，不选。

根据《民法典》第1015条第1款的规定，自然人应当随父姓或者母姓。故C项错误，不选；D项正确，选。

答案 D

评 论

本题直接以法律规定的内容为考查对象。

本题的难点在于C、D两项，即女方擅自变更未成年子女的姓名，是否侵害了男方对其子女的姓名决定权？对于这一问题，本题中"高甲患有精神病"这一情节指明了思路：男方不具有决定其子女姓名的民事行为能力，且给子女起名字具有身份行为的性质，不得代理。因此，陈小美专享其子女的姓名决定权。可见，本题对于法律条文的考查依然立足于对法律关系的分析基础之上，并且要求考生具有判断命题人意图的答题技巧。

58 专题 夫妻财产关系

一、夫妻财产的归属

295. 胡某与黄某长期保持同性恋关系，胡某创作同性恋题材的小说发表。后胡某迫于

父母压力娶陈某为妻，结婚时陈某父母赠与一套房屋，登记在陈某和胡某名下。婚后，胡某收到出版社支付的小说版税10万元。此后，陈某得知胡某在婚前和婚后一直与黄某

保持同性恋关系，非常痛苦。下列哪一说法是正确的？（2015/3/20-单）

A. 胡某隐瞒同性恋重大事实，导致陈某结婚的意思表示不真实，陈某可请求撤销该婚姻

B. 陈某受欺诈而登记结婚，导致陈某父母赠与房屋意思表示不真实，陈某父母可撤销赠与

C. 该房屋不属于夫妻共同财产

D. 10 万元版税属于夫妻共同财产

考点 婚姻的效力、夫妻财产的归属、法律行为的撤销

解析 根据《民法典》第 1052 条第 1 款、第 1053 条第 1 款的规定，婚姻的可撤销事由有二：①胁迫；②婚前重大疾病欺诈。本题中没有可撤销事由。故 A 项不选。

相对于陈某父母的房屋赠与行为而言，"同性恋"事实构成赠与行为的背景。交易背景的欺骗不构成欺诈，所以胡某隐瞒"同性恋"事实不构成赠房行为的欺诈。故 B 项不选。

根据《民法典》第 1062 条第 1 款第 4 项的规定，夫妻在婚姻关系存续期间受赠的财产，为夫妻的共同财产，归夫妻共同所有，但赠与合同中确定只归一方的财产除外。故 C 项不选。

根据《婚姻家庭编解释（一）》第 24 条的规定，婚姻关系存续期间，一方实际取得或者已经明确可以取得的知识产权的财产性收益，归夫妻共同所有。故 D 项选。

答案 D

评论

本题将三个考点合并在同一题目中加以考查，且横跨《民法典》总则编与婚姻家庭编两大领域，具有一定的综合性。但是在考法上，本题采用直接考查的方法，无需分析法律关系，故难度不大。

296. 甲婚前有两套房，答应婚后赠与乙一套。后两人离婚。关于本案，下列说法正确

的是：（2019-回忆版-单）

A. 在办理房产登记前，甲可撤销赠与合同

B. 即使办理公证手续，甲仍可撤销赠与合同

C. 自约定达成之日，该房产归乙所有

D. 不存在赠与，该房屋属于婚后夫妻共同财产

考点 夫妻间的赠与

解析 根据《婚姻家庭编解释（一）》第 32 条的规定，夫妻间的赠与，适用赠与合同的一般规则。由此出发，根据《民法典》第 658 条第 1 款"赠与人任意撤销权"的规定，赠与财产的权利已经转移的，赠与人不得撤销；反之，则可撤销。故 A 项选。

根据《民法典》第 658 条第 2 款的规定，赠与合同事关公益、道德义务性质或者已经办理公证手续的，赠与人不得撤销。故 B 项不选。

房屋赠与引起物权变动的，采取强制公示模式，物权变动以过户登记手续为前提。故 C 项不选。

本题已经明确"甲婚前有两套房屋"，所以该房屋属于甲的婚前个人财产。故 D 项不选。

答案 A

评论

本题将两个考点合并考查，横跨《民法典》婚姻家庭编与物权编两大领域，具有一定的综合性，但考查内容为基本考点，无需分析法律关系，较为简单。

二、夫妻债务的归属

297. 甲与乙结婚后因无房居住，于 2000 年 8 月 1 日以个人名义向丙借 10 万元购房，约定 5 年后归还，未约定是否计算利息。后甲外出打工与人同居。2004 年 4 月 9 日，法院判决甲与乙离婚，家庭财产全部归乙。下列哪些说法是错误的？（2006/3/60-多）

A. 借期届满后，丙有权要求乙偿还 10 万元及利息

B. 借期届满后，丙只能要求甲偿还 10 万元

C. 借期届满后，丙只能要求甲和乙分别偿还5万元

D. 借期届满后，丙有权要求甲和乙连带清偿10万元及利息

[考点] 夫妻债务的归属、自然人借贷的利息

[解析]《民法典》第680条第2款规定："借款合同对支付利息没有约定的，视为没有利息。"据此，本题中的借贷关系为无息借贷。故A、D项错误，选。

《民法典》第1064条第2款规定："夫妻一方在婚姻关系存续期间以个人名义超出家庭日常生活需要所负的债务，不属于夫妻共同债务；但是，债权人能够证明该债务用于夫妻共同生活、共同生产经营或者基于夫妻双方共同意思表示的除外。"本题中，"甲与乙结婚后因无房居住"的表述表明甲从丙处借贷的目的在于夫妻共同生活，因而此借贷为共同债务，甲、乙承担连带责任。故B、C项错误，选。

[答案] ABCD

[评论] 本题将两个考点合并考查，具有综合性，且贯通《民法典》合同编与婚姻家庭编，跨度较大。本题采取直接考查的方式，问题直观清楚，回答难度不大。

三、婚内的共有财产分割

298. 甲（男）、乙（女）结婚后，甲承诺，在子女出生后，将其婚前所有的一间门面房，变更登记为夫妻共同财产。后女儿丙出生，但甲不愿兑现承诺，导致夫妻感情破裂离婚，女儿丙随乙一起生活。后甲又与丁（女）结婚。未成年的丙因生重病住院急需医疗费20万元，甲与丁签订借款协议从夫妻共同财产中支取该20万元。下列哪一表述是错误的？（2014/3/23-单）

A. 甲与乙离婚时，乙无权请求将门面房作为夫妻共同财产分割

B. 甲与丁的协议应视为双方约定处分共同财产

C. 如甲、丁离婚，有关医疗费按借款协议约定处理

D. 如丁不同意甲支付医疗费，甲无权要求分割共有财产

[考点] 夫妻共同财产

[解析] 夫妻间的赠与，适用赠与合同的一般规则。根据《民法典》第658条的规定，在赠与财产的权利转移之前，对不涉及公益、道德且未办公证的赠与合同，赠与人享有任意撤销权。本题中，甲在办理过户登记之前，可以撤销赠与，所以门面房并非夫妻共同财产。故A项正确，不选。

《婚姻家庭编解释（一）》第82条规定："夫妻之间订立借款协议，以夫妻共同财产出借给一方从事个人经营活动或者用于其他个人事务的，应视为双方约定处分夫妻共同财产的行为，离婚时可以按照借款协议的约定处理。"故B、C项正确，不选。

根据《民法典》第1066条第2项的规定，婚姻关系存续期间，一方负有法定扶养义务的人患重大疾病需要医治，另一方不同意支付相关医疗费用的，夫妻一方可以向人民法院请求分割共同财产。故D项错误，选。

[答案] D

[评论] 本题将两个考点合并考查，具有综合性，但每一考点均采用直接考查的方式，故难度不大。

四、彩礼

299. 刘男按当地习俗向戴女支付了结婚彩礼现金10万元及金银首饰数件，婚后不久刘男即主张离婚并要求返还彩礼。关于该彩礼的返还，下列哪一选项是正确的？（2017/3/18-单）

A. 因双方已办理结婚登记，故不能主张返还

B. 刘男主张彩礼返还，不以双方离婚为条件

C. 已办理结婚登记，未共同生活的，可主张返还

D. 已办理结婚登记，并已共同生活的，仍可主张返还

考点 彩礼的返还条件

解析 《婚姻家庭编解释（一）》第 5 条规定："当事人请求返还按照习俗给付的彩礼的，如果查明属于以下情形，人民法院应当予以支持：

①双方未办理结婚登记手续；②双方办理结婚登记手续但确未共同生活；③婚前给付并导致给付人生活困难。适用前款第 2 项、第 3 项的规定，应当以双方离婚为条件。"故 C 项选，其他项不选。

答案 C

评论

本题为单纯的条文考查题，无需分析法律关系，较为简单。

离婚 专题 59

一、协议离婚冷静期

（一）离婚财产分割协议

300. 凌某和李某分居多年，于 2021 年 9 月签订离婚协议书。双方对婚后设立的多家公司的股权、名下的多套房产以及其他财产、债务进行了分割，并且变更了部分公司的股权登记和部分房产登记，其余则尚未变更。2023 年，李某到法院提起离婚诉讼。对此，下列哪些选项是正确的？（2023-回忆版-多）

A. 协议尚未生效，法院应依法分割财产和债务

B. 未变更的其他股权和房产按照协议处理

C. 已登记变更的，变更时起成为一方的个人财产

D. 如财产分割无法达成一致，法院应判决不准离婚

考点 离婚财产分割协议的认定与效力

解析 离婚财产分割协议为附停止条件的法律行为，以"已经离婚"为生效要件。故在离婚之前，该协议尚未生效。进而，在双方达成离婚财产分割协议后诉讼离婚，一方反悔的，法院应依法对夫妻财产进行分割。A 项选，B、D

项不选。

双方在离婚之前，已经对夫妻共同财产进行分割的，视为对夫妻共同财产的约定变更。因此，已经分割的财产属于脱离离婚财产分割协议所约定的应予分割的财产范围，不受离婚财产分割协议未生效的影响，故一经变更登记，即归属于一方所有。C 项选。

答案 AC

评论

本题所设计的达成离婚财产分割协议后，在离婚之前，部分财产已经分割的案情，使本题具有了一定的难度，要求考生去思辨离婚前部分财产已经分割的法律性质。在这里，思辨的逻辑就是：既然离婚财产分割协议以"若离婚，夫妻共同财产如何分割"为内容，那么离婚前已经分割的财产便不再属于该协议约定分割的范围。

（二）协议离婚的冷静期

301. 甲、乙婚后感情不和，双方达成协议，向民政部门提出了离婚申请。民政部门受理申请后，告知两人回家冷静冷静。关于本案，下列哪一说法是正确的？（2022-回忆版-单）

A. 冷静期内，甲、乙都不可以单方撤销离婚申请

B. 冷静期自民政部门收到甲、乙申请时开始计算

C. 冷静期满后，甲、乙都有权申请发给离婚证，此时，民政部门应发给离婚证

D. 冷静期满后，甲、乙的婚姻关系解除

考点 协议离婚的冷静期

解析《民法典》第1077条规定："自婚姻登记机关收到离婚登记申请之日起30日内，任何一方不愿意离婚的，可以向婚姻登记机关撤回离婚登记申请。前款规定期限届满后30日内，双方应当亲自到婚姻登记机关申请发给离婚证；未申请的，视为撤回离婚登记申请。"

在离婚冷静期内，任何一方反悔的，均可单方撤回离婚登记申请。A项不选。

30日冷静期的起算点为"婚姻登记机关（民政部门）收到离婚登记申请之日"。B项选。

离婚冷静期届满后，夫妻双方需在30日内共同到婚姻登记机关办理离婚手续。C、D项不选。

答案 B

评论

本题只有一个考点，为单一考查题，且不涉及法律关系的分析，较为简单。

本题的启迪意义在于，在《民法典》第1077条的离婚冷静期制度中规定了两个"30日"，但只有第一个"30日"被称为"冷静期"。

二、离婚财产补偿、帮助

302. 王某与周某结婚时签订书面协议，约定婚后所得财产归各自所有。周某婚后即辞去工作在家奉养公婆，照顾小孩。王某长期在外地工作，后与李某同居，周某得知后向法院起诉要求离婚。周某的下列哪些请求可以得到法院的支持？（2004/3/61-多）

A. 由于自己为家庭生活付出较多义务，请求王某予以补偿

B. 由于自己专门为家庭生活操持，未参加工作，请求法院判决确认双方约定婚后所得归各自所有的协议显失公平，归于无效

C. 由于离婚后生活困难，请求王某给予适当帮助

D. 由于王某与他人同居导致双方离婚，请求王某给予损害赔偿

考点 离婚的财产后果

解析《民法典》第1088条规定："夫妻一方因抚育子女、照料老年人、协助另一方工作等负担较多义务的，离婚时有权向另一方请求补偿，另一方应当给予补偿。"据此，A项选。

本题中并不存在当事人婚前财产约定无效的事由。据此，B项不选。

《民法典》第1090条规定："离婚时，如果一方生活困难，有负担能力的另一方应当给予适当帮助。"据此，C项选。

《民法典》第1091条规定："有下列情形之一，导致离婚的，无过错方有权请求损害赔偿：①重婚；②与他人同居；③实施家庭暴力；④虐待、遗弃家庭成员；⑤有其他重大过错。"据此，D项选。

答案 ACD

评论

本题将三个考点合并考查，具有一定的综合性，但是跨度不大。本题采用直接考查的方式，较为简单。

本题需要说明的是，原《婚姻法》第40条规定："夫妻书面约定婚姻关系存续期间所得的财产归各自所有，一方因抚育子女、照料老人、协助另一方工作等付出较多义务的，离婚时有权向另一方请求补偿，另一方应当予以补偿。"与原《婚姻法》第40条相比较，在离婚补偿的构成要件上，《民法典》第1088条删除了"财产归各自所有协议"这一要件。

三、离婚损害赔偿

303. 乙女与甲男婚后多年未生育，后甲男发现乙女因不愿生育曾数次擅自中止妊娠，为此甲男多次殴打乙女。乙女在被打住院后诉至法院要求离婚并请求损害赔偿，甲男以生育权被侵害为由提起反诉，请求乙女赔偿其精神损害。法院经调解无效，拟判决双方离婚。下列哪些选项是正确的？（2017/3/65-多）

A. 法院应支持乙女的赔偿请求

B. 乙女侵害了甲男的生育权

C. 乙女侵害了甲男的人格尊严

D. 法院不应支持甲男的赔偿请求

考点 离婚损害赔偿

解析 《民法典》第 1091 条规定："有下列情形之一，导致离婚的，无过错方有权请求损害赔偿：①重婚；②与他人同居；③实施家庭暴力；④虐待、遗弃家庭成员；⑤有其他重大过错。"据此，本题中，甲男多次殴打乙女，构成家庭暴力，乙女有权主张离婚损害赔偿。故 A 项正确，选。

我国民法中未曾规定"生育权"这项人格权，也未将女方擅自中止妊娠界定为侵害男方的人格尊严。故 B、C 项错误，不选。

《婚姻家庭编解释（一）》第 23 条规定："夫以妻擅自中止妊娠侵犯其生育权为由请求损害赔偿的，人民法院不予支持；……"故 D 项正确，选。

答案 AD

评论
　　本题以法律、司法解释的条文内容为考查对象，采用直接考查的方式，不需要分析法律关系，较为简单。

304. 钟某性情暴躁，常殴打妻子柳某，柳某经常找同村未婚男青年杜某诉苦排遣，日久生情。现柳某起诉离婚，关于钟、柳二人的离婚财产处理事宜，下列哪一选项是正确的？（2016/3/19-单）

A. 针对钟某家庭暴力，柳某不能向其主张损害赔偿

B. 针对钟某家庭暴力，柳某不能向其主张精神损害赔偿

C. 如柳某婚内与杜某同居，则柳某不能向钟某主张损害赔偿

D. 如柳某婚内与杜某同居，则钟某可以向柳某主张损害赔偿

考点 离婚损害赔偿

解析 《民法典》第 1091 条规定："有下列情形之一，导致离婚的，无过错方有权请求损害赔偿：①重婚；②与他人同居；③实施家庭暴力；④虐待、遗弃家庭成员；⑤有其他重大过错。"在此基础上，《婚姻家庭编解释（一）》第 86 条规定，《民法典》第 1091 条规定的"损害赔偿"，包括物质损害赔偿和精神损害赔偿。据此，A、B 项错误，不选。

根据《婚姻家庭编解释（一）》第 87 条第 1 款的规定，只有"无过错方"才能提起离婚损害赔偿请求。据此，C 项正确，选；D 项错误，不选。

答案 C

评论
　　本题所考条文涉及法律和司法解释两方面，要求考生将法律和司法解释的规定形成体系。
　　本题的启迪意义在于，"日久生情"并非《民法典》第 1091 条所规定的"其他重大过错"。

四、子女的抚养费

305. 张某（男）和王某（女）是夫妻，育有一子张小孩。张某和王某离婚时约定，张小孩和王某生活，张某付抚养费。后来张小

孩因上私立中学，要求张某增加抚养费，此时张某发现张小孩已被改姓。下列说法正确的是：(2021-回忆版-单)

A. 张某有权以张小孩改姓为由拒绝支付抚养费

B. 张小孩可以要求增加抚养费

C. 张某可以申请重判抚养关系

D. 法院应责令王某恢复张小孩姓氏

考点 夫妻离婚后对子女的抚养

解析 根据《婚姻家庭编解释（一）》第59条的规定，父母不得因子女变更姓氏而拒付子女抚养费。故 A 项不选。

根据《婚姻家庭编解释（一）》第58条第2项的规定，因子女患病、上学，实际需要已超过原定数额，子女要求有负担能力的父或者母增加抚养费的，人民法院应予支持。故 B 项选。

根据《婚姻家庭编解释（一）》第56条的规定，法院依法变更子女抚养关系的事由包括：①与子女共同生活的一方因患严重疾病或者因伤残无力继续抚养子女；②与子女共同生活的一方不尽抚养义务或有虐待子女行为，或者其与子女共同生活对子女身心健康确有不利影响；③已满8周岁的子女，愿随另一方生活，该方又有抚养能力；④有其他正当理由需要变更。本题中，上述事由均不存在。故 C 项不选。

根据《婚姻家庭编解释（一）》第59条的规定，父或者母擅自将子女姓氏改为继母或继父姓氏而引起纠纷的，应当责令恢复原姓氏。据此可知，"责令恢复原姓氏"的规定以"父或者母擅自将子女姓氏改为继母或继父姓氏"为前提。本题中，这一前提并不存在。故 D 项不选。

答案 B

评论

本题考查对象较为单一，且考生知道考点即可作答，无需分析法律关系，较为简单。

收 养 法 第20讲

收养的成立与解除

一、收养的条件

306. 沈（男，29 周岁）和邱（女，31 周岁）再婚，沈有一子 3 周岁、一女 5 周岁，邱有女一 5 周岁、女二 7 周岁。经沈前妻、邱前夫同意，二人决定收养对方的子女，组成六人家庭。下列选项正确的有：(2022-回忆版-多)

A. 即使沈前妻、邱前夫没有特殊困难，沈和邱也能收养继子女

B. 沈只能收养邱女一或邱女二中的一个

C. 邱已满 30 周岁，可以收养沈子或沈女

D. 沈未满 30 周岁，不能收养邱女一和邱女二

考点 收养的条件

解析 根据《民法典》第 1103 条的规定，继父或者继母经继子女的生父母同意，可以收养继子女，并可以不受《民法典》第 1094 条第 3 项（"有特殊困难无力抚养子女的生父母"，方可作为送养人）规定的限制。据此，A 项选。

根据《民法典》第 1103 条的规定，继父或者继母经继子女的生父母同意，可以收养继子女，并可以不受《民法典》第 1098 条（第 1 项为"无子女或者只有 1 名子女"）和第 1100 条第 1 款（"无子女的收养人可以收养 2 名子

女；有子女的收养人只能收养 1 名子女"）规定的限制。据此，B 项不选。

根据《民法典》第 1103 条的规定，继父或者继母经继子女的生父母同意，可以收养继子女，并可以不受《民法典》第 1098 条（第 5 项为"年满 30 周岁"）规定的限制。据此，C 项选，D 项不选。

答案 AC

✎ 评 论

> 本题只有一个考点，为单一考查题，且不涉及法律关系的分析，较为简单。
>
> 本题的启迪意义在于，继父或者继母经继子女的生父母同意，收养继子女的，所受到的限制仅在于"收养能力"上，包括有抚养、教育和保护被收养人的能力，未患有在医学上认为不应当收养子女的疾病，以及无不利于被收养人健康成长的违法犯罪记录；除此之外，不存在其他限制。

二、收养的解除

307. 甲、乙为夫妻，两人收养了丙，并将丙抚养成人。甲去世后，留有个人所有的房屋一套。现丙对乙不履行赡养义务，还把乙赶了出去。乙想卖掉房屋，丙不同意。下列

说法正确的是：（2020-回忆版-单）

A. 丙不得继承该房屋

B. 乙可解除收养关系，但不得请求丙支付抚养费

C. 乙可解除收养关系，并可请求丙支付抚养费

D. 若乙解除收养关系，则丙与其生父母的父母子女关系自行恢复

考点 继承权的丧失、收养关系的解除

解析 根据《民法典》第1125条第1款第3项的规定，继承人遗弃被继承人，或者虐待被继承人情节严重的，丧失继承权。据此，本题中，房屋为甲的遗产，丙并未遗弃甲，所以不丧失继承权。故A项不选。

根据《民法典》第1118条第1款的规定，因养子女成年后虐待、遗弃养父母而解除收养关系的，养父母可以要求养子女补偿收养期间支出的抚养费。据此，本题中，丙对乙构成遗弃，乙有权解除收养关系，并请求丙支付抚养费。故B项不选，C项选。

根据《民法典》第1117条的规定，收养关系解除后，成年养子女与生父母以及其他近亲属间的权利义务关系是否恢复，可以协商确定。由此可知，养子女成年的，收养关系解除后，养子女与其生父母间的父母子女关系并非自行恢复。故D项不选。

答案 C

✑ 评 论

本题将三个考点合并考查，具有一定的综合性，但跨度不大，且均为基本考点，故难度不大。

继 承 权 专题 61

308. 钱某与胡某婚后生有子女甲和乙，后钱某与胡某离婚，甲、乙归胡某抚养。胡某与吴某结婚，当时甲已参加工作而乙尚未成年，乙跟随胡某与吴某居住，后胡某与吴某生下一女丙，吴某与前妻生有一子丁。钱某和吴某先后去世，下列哪些说法是正确的？(2009/3/68-多)

A. 胡某、甲、乙可以继承钱某的遗产
B. 甲和乙可以继承吴某的遗产
C. 胡某和丙可以继承吴某的遗产
D. 乙和丁可以继承吴某的遗产

[考点] 继承人的范围

[解析] 根据《民法典》第1127条第1款第1项的规定，配偶享有继承权。在这里，被继承人的"配偶"，是指被继承人死亡时的配偶。本题中，钱某死亡时，胡某已经不再是其配偶，不享有钱某的继承权。故 A 项不选。

根据《民法典》第1127条第1、3款的规定，形成扶养关系的继子女享有继父母的继承权。本题中，甲未与吴某形成扶养关系，不享有吴某的继承权。故 B 项不选。

吴某死亡时，胡某为其配偶，丙为其生子女，均享有吴某的继承权。故 C 项选。

乙为与吴某形成扶养关系的继子女，丁为吴某的生子女，均享有吴某的继承权。故 D 项选。

[答案] CD

[评论] 本题将四个考点合并考查，具有一定的综合性，但是跨度不大，且采取直接考查的方式，故较为简单。

309. 华某经常资助前夫的孩子小华，丈夫祝某知道后，考虑到自己的女儿小祝还在上学，遂一再隐忍，刻意控制支出。后祝某去世，留下一套属于婚前个人财产的房屋和婚后财产现金 200 万元。关于祝某的遗产继承，下列说法正确的有：(2020-回忆版-多)

A. 华某继承婚后财产后可赠与小华 50 万元
B. 小祝可继承现金 100 万元
C. 华某不得继承全部遗产
D. 小祝继承全部房产

[考点] 继承权的丧失、遗产的范围

[解析] 根据《民法典》第1125条第1款的规定，继承人丧失继承权的事由有五：①故意杀害被继承人；②为争夺遗产而杀害其他继承人；③遗弃被继承人，或者虐待被继承人情节严重；④伪造、篡改、隐匿或者销毁遗嘱，情节严重；⑤以欺诈、胁迫手段迫使或者妨碍被继承人设立、变更或者撤回遗嘱，情节严重。本题中，华某资助前夫的孩子小华的行为并不构成丧失

继承权的事由,所以华某对祝某的遗产享有继承权。在此基础上,祝某留下的婚后财产现金200万元是夫妻共同财产。华某分割100万元后,剩余100万元为祝某遗产,由华某和小祝继承,原则上各得50万元。故 A 项选,B 项不选。

祝某留下的个人房产为祝某遗产,由华某和小祝继承。故 D 项不选。

综上,祝某的遗产并非全部由华某继承。故 C 项选。

答案 AC

📝 评 论

本题将两个考点合并考查,具有一定的综合性。本题将"资助前夫的孩子"作为干扰事实,对于考生对丧失继承权的事由的掌握要求较高。

本题需要总结的知识点在于,倘若将"资助前夫的孩子"解读为转移夫妻共同财产的话,那么该项事实就是离婚时少分或不分的事由,而非丧失继承权的事由。

---

62 专题 **法定继承**

一、继承权的丧失与放弃

310. 老甲有三个儿子:乙、丙、丁。乙曾因老甲责骂而殴打老甲;丙为了争夺遗产曾设计谋杀乙;丁一直表示自己不要遗产。老甲见乙、丙悔过,没有取消他们的继承资格,也未立遗嘱。后老甲死亡,在继承开始前丁还是说不要遗产。关于本案,下列哪些选项是正确的?(2023-回忆版-多)

A. 丁没有放弃继承权

B. 丁放弃了继承权

C. 乙没有丧失继承权

D. 丙没有丧失继承权

考点 继承权的丧失与放弃

解析 放弃继承权的意思表示应当采取书面形式,且在继承开始后、遗产分割前向遗产管理人或其他继承人作出。本题中,丁所作出的放弃继承权的意思表示并未采取书面形式,而且是在继承开始前作出的,故丁并未放弃继承权。A 项选,B 项不选。

继承人虐待被继承人情节严重的,丧失继承权,但被继承人表示宽宥,或者事后在遗嘱中将其列为继承人的除外。本案中,乙虽殴打过老甲,但老甲表示了原谅,故乙不丧失继承

权。C 项选。

为争夺被继承人的遗产而杀害其他继承人的,丧失继承权,没有例外。因此,虽然老甲对丙表示了原谅,但丙的继承权依然丧失。D 项不选。

答案 AC

📝 评 论

本题将两个考点合并考查,具有一定的综合性,但考法较为直接,故较为简单。

本题的启迪意义在于,"故意杀害被继承人"与"为争夺被继承人遗产杀害其他继承人"这两种绝对丧失继承权的情形,不以故意杀人"既遂"为条件。

二、遗嘱继承人先于被继承人死亡

311. 贡某立公证遗嘱:死后财产全部归长子贡文所有。贡文知悉后,自书遗嘱:贡某全部遗产归弟弟贡武,自己全部遗产归儿子贡小文。贡某随后在贡文遗嘱上书写:同意,但还是留 10 万元给贡小文。其后,贡文先于贡某死亡。关于遗嘱的效力,下列哪一选项是正确的?(2016/3/21-单)

A. 贡某遗嘱已被其通过书面方式变更

B. 贡某遗嘱因贡文先死亡而不生效力

C. 贡文遗嘱被贡某修改的部分合法有效

D. 贡文遗嘱涉及处分贡某财产的部分有效

考点 遗嘱的订立、变更、失效

解析 本题中，贡某在贡文遗嘱上的修改系以修改贡文的遗嘱为内容，而非修改自己的遗嘱。故 A 项不选。

遗嘱行为是不得代理的民事法律行为，遗嘱的修改亦不得代理，所以贡某无权修改贡文的遗嘱。故 C 项不选。

遗嘱继承人先于被继承人死亡的，遗嘱中指定该继承人取得遗产的部分失效。故 B 项选。

遗嘱继承人先于被继承人死亡的，该遗嘱继承人基于遗嘱可继承的份额适用法定继承。据此，本题中，因贡文先于贡某死亡，所以贡文基于遗嘱可得的遗产（贡某遗产的全部）适用法定继承：贡武可得一半，另一半由贡小文代位继承。因此，本题不可能适用贡文遗嘱所界定的继承方式。故 D 项不选。

答案 B

评论

本题是逻辑分析题，所涉及的问题有二：

(1) 父亲在儿子的遗嘱上进行批注，效力如何？算是修改了父亲自己的遗嘱，还是修改了儿子的遗嘱？

(2) 遗嘱继承人先于立遗嘱人死亡时如何继承？

本题在上述逻辑分析的基础上考查了遗嘱的订立、变更、失效等问题，要求考生不仅要具备法律知识，还要具备法律思维能力，具有较高的难度。

三、代位继承与转继承

312. 老黄有子黄伟和女黄美，黄美和前夫有一女儿黄小美。后黄美与老卢结婚，老卢和前妻有一子卢小东。黄美于 1 月因车祸死

亡，老黄于 3 月死亡。下列哪些人可以继承老黄的遗产？（2021-回忆版-多）

A. 黄小美　　　　B. 黄伟

C. 老卢　　　　　D. 卢小东

考点 代位继承

解析《民法典》第 1128 条第 1 款规定："被继承人的子女先于被继承人死亡的，由被继承人的子女的直系晚辈血亲代位继承。"该条文表明代位继承人需为被继承人的子女的"直系晚辈血亲"，包括生子女、养子女（拟制血亲），但不包括继子女（姻亲）。由此，黄美作为老黄的女儿，其"直系晚辈血亲"为黄小美，在黄美先于老黄死亡的情况下，黄小美可代位继承老黄的遗产。故 A 项选。

根据《民法典》第 1127 条第 1 款第 1 项的规定，被继承人的子女为法定继承人。因此，黄伟作为老黄的儿子，有权继承老黄的遗产。故 B 项选。

老卢为老黄的女婿，只有在黄美死亡后，对老黄尽了主要赡养义务，才可依据《民法典》第 1129 条之规定，作为第一顺序法定继承人继承老黄的遗产，而本题并无这一情节。故 C 项不选。

卢小东为黄美的继子女，并非"直系晚辈血亲"，不享有对老黄遗产的代位继承权。故 D 项不选。

答案 AB

评论

本题考查法定继承人的范围及代位继承的要件，具有一定的复合性，有一定难度。

本题的难度在于，要求考生掌握代位继承人需为被继承人的子女的"直系晚辈血亲"，且精准掌握"直系晚辈血亲"的范围。

313. 姚某死亡后，其配偶田某照顾姚某年迈多病的父亲老姚长达 15 年。3 年前，田某

与丁某结婚,并生育一子小丁,但田某仍然与老姚一起生活。后田某死亡,老姚半年后也因病去世。关于小丁对老姚的遗产继承,下列表述正确的是:(2019-回忆版-单)

A. 可代位继承

B. 可转继承

C. 无继承权

D. 可适当获得遗产

考点 代位继承、转继承

解析 根据《民法典》第1129条的规定,丧偶儿媳对公婆,丧偶女婿对岳父母,尽了主要赡养义务的,作为第一顺序继承人。本题中,田某作为对公婆尽了主要赡养义务的丧偶儿媳,对老姚的遗产享有第一顺序继承权。但是,在田某先死亡、老姚后死亡的情况下,根据《民法典》第1128条第1、2款的规定,被代位继承人需为被继承人的子女或兄弟姐妹,而田某系老姚儿媳,不符合代位继承的条件,小丁对老姚的遗产不能代位继承。故A项不选。

根据《民法典》第1152条的规定,转继承需要以被继承人先死亡、被转继承人后死亡为条件。本题中,田某先于老姚死亡,所以小丁不得转继承。故B项不选。

根据《民法典》第1131条的规定,可以分给适当遗产的非继承人包括:①依靠被继承人扶养的人;②对被继承人扶养较多的人。本题中,小丁不符合"适当分予"的条件。故D项不选,C项选。

答案 C

评论

本题将两个考点合并考查,贯通《民法典》物权编与继承编两大领域,综合性较强。本题采取直接考查的方式,考点清楚直观,难度不大。

本题需要总结的知识点在于,代位继承的发生,先于被继承人死亡的被代位继承人(被继承人的子女或兄弟姐妹)享有继承权,即"有位可代",是不可或缺的条件。

---

63 专题 遗嘱、遗嘱继承、遗赠、遗赠扶养协议

一、遗嘱的形式

314. 甲有乙、丙和丁三个女儿。甲于2013年1月1日亲笔书写一份遗嘱,写明其全部遗产由乙继承,并签名和注明年月日。同年3月2日,甲又请张律师代书一份遗嘱,写明其全部遗产由丙继承。同年5月3日,甲因病被丁送至医院急救,甲又立口头遗嘱一份,内容是其全部遗产由丁继承,在场的赵医生和李护士见证。甲病好转后出院休养,未立新遗嘱。如甲死亡,下列哪一选项是甲遗产的继承权人?(2014/3/24-单)

A. 乙   B. 丙

C. 丁   D. 乙、丙、丁

考点 遗嘱的形式

解析《民法典》第1134条规定:"自书遗嘱由遗嘱人亲笔书写,签名,注明年、月、日。"据此,甲于2013年1月1日订立的自书遗嘱有效。《民法典》第1135条规定:"代书遗嘱应当有2个以上见证人在场见证,由其中一人代书,并由遗嘱人、代书人和其他见证人签名,注明年、月、日。"据此,甲于2013年3月2日订立的代书遗嘱,因欠缺见证人而不成立。《民法典》第1138条规定:"遗嘱人在危急情况下,可以立口头遗嘱。口头遗嘱应当有2个以上见证人在场见证。危急情况消除后,遗嘱人能够以书面或者录音录像形式立遗嘱的,所立的口头遗嘱无效。"据此,甲于2013年5月3日订立的口头遗嘱,因危急情况消除而无效。

综上，根据甲于 2013 年 1 月 1 日订立的自书遗嘱，乙享有继承权。故 A 项正确，选；B、C、D 项错误，不选。

答案 A

评论

本题只考查一个考点，且为直接考查，较为简单。

二、遗嘱的效力

315. 甲与乙结婚，女儿丙 3 岁时，甲因医疗事故死亡，获得 60 万元赔款。甲生前留有遗书，载明其死亡后的全部财产由其母丁继承。经查，甲与乙婚后除共同购买了一套住房外，另有 20 万元存款。下列哪一说法是正确的？（2013/3/24-单）

A. 60 万元赔款属于遗产

B. 甲的遗嘱未保留丙的遗产份额，遗嘱全部无效

C. 住房和存款的各一半属于遗产

D. 乙有权继承甲的遗产

考点 遗嘱的效力、死者近亲属的损害赔偿请求权

解析 本题中，60 万元赔款是直接赔给近亲属的，而非近亲属基于继承死者的损害赔偿请求权获得的，所以其并非遗产。故 A 项错误，不选。

《继承编解释（一）》第 25 条第 1 款规定："遗嘱人未保留缺乏劳动能力又没有生活来源的继承人的遗产份额，遗产处理时，应当为该继承人留下必要的遗产，所剩余的部分，才可参照遗嘱确定的分配原则处理。"据此，本题中，甲所订立的遗嘱部分无效，并不适用法定继承。故 B、D 项错误，不选。

《民法典》第 1153 条第 1 款规定："夫妻共同所有的财产，除有约定的外，遗产分割时，应当先将共同所有的财产的一半分出为配偶所有，其余的为被继承人的遗产。"故 C 项正

确，选。

答案 C

评论

本题将三个考点合并考查，且横跨《民法典》侵权责任编与继承编两大领域，综合性较强。但是本题对每一考点的考查，均采用直接考查的方式，故难度不大。

本题的启迪意义有二：

（1）如 A 项所示，死者近亲属的损害赔偿请求权可以区分为"自己的"和"继承死者的"两种类型。区分的标准是：①死者遭受侵害时并未死亡的，其享有损害赔偿请求权。死者后来死亡的，死者的损害赔偿请求权由其近亲属继承。②直接侵害致死，或死者死后遭受侵害的，近亲属享有"自己的"损害赔偿请求权。需要注意近亲属自己的损害赔偿请求权的行使，区分"配偶、父母、子女——其他近亲属"两个顺序。在此基础上，近亲属基于"继承死者的"损害赔偿请求权获得的赔偿金，性质上为遗产；近亲属基于"自己的"损害赔偿请求权获得的赔偿金，性质上并非遗产。

（2）剥夺"两无"（无劳动能力、无生活来源）继承人份额、处分他人财产的遗嘱，部分无效，不适用法定继承。

316. 老人生病，由子女照顾。儿子照顾老人期间威胁老人，如不将遗产全部给他即停药，无奈的老人手写了遗嘱 X，儿子誊写遗嘱 Y 并仿照老人签字。女儿照顾老人期间谎称该病无药可治，老人遂手写遗嘱 Z。后老人痊愈，但 3 个月后因车祸死亡。下列哪些说法是正确的？（2019-回忆版-多）

A. 遗嘱 X 无效

B. 遗嘱 Y 不成立

C. 遗嘱 Y 无效

D. 遗嘱 Z 有效

考点 遗嘱的形式与效力

解析 根据《民法典》第 1143 条第 2 款的规定，遗嘱必须表示遗嘱人的真实意思，受欺诈、胁迫所立的遗嘱无效。据此，本题中，遗嘱 X 基于被胁迫而订立，无效。故 A 项选。遗嘱 Z 基于被欺诈而订立，无效。故 D 项不选。

遗嘱 Y 是儿子誊写并假冒老人签字的，其并不具备自书遗嘱或代书遗嘱的形式要件。因遗嘱是法定的要式民事法律行为，形式要件不具备的，民事法律行为不成立。故 B 项选，C 项不选。

答案 AB

评论

本题将两个考点合并考查，具有一定的综合性，但是跨度不大。本题需要对法律关系进行分析，对于考生的分析能力和考点掌握的精确度均有较高要求。

本题的启迪意义在于，"遗嘱不成立"与"遗嘱无效"两个概念应予区分。在《民法典》上，要式法律行为的形式要件不具备的，该法律行为不成立。例如，《民法典》第 490 条第 1 款规定："当事人采用合同书形式订立合同的，自当事人均签名、盖章或者按指印时合同成立。在签名、盖章或者按指印之前，当事人一方已经履行主要义务，对方接受时，该合同成立。"据此，遗嘱不具备法定的形式要件，其后果是"遗嘱不成立"，而非"遗嘱无效"。

317. 甲有婚生子乙、婚生女丙，在婚姻存续期间与另一女子戊交往，戊怀孕后与甲分手，生一子己，但甲并不知晓己的存在。后甲立一自书遗嘱，内容为："我的所有财产归儿子所有。"甲死亡后，关于其遗产的继承的说法，下列哪些选项是正确的？（2020-回忆

版-多）

A. 遗嘱内容不明确，无效

B. 遗嘱有效

C. 财产由乙继承

D. 己可继承部分遗产

考点 遗嘱的解释

解析 根据《民法典》第 1138、1143 条的规定，遗嘱的无效情形包括：①无民事行为能力人或者限制民事行为能力人所立的遗嘱无效；②受欺诈、胁迫所立的遗嘱无效；③伪造的遗嘱无效；④遗嘱被篡改的，篡改的内容无效；⑤危急情况消除后，遗嘱人能够以书面或者录音录像形式立遗嘱的，所立的口头遗嘱无效。本题中，遗嘱没有无效事由。故 A 项不选，B 项选。

本题中，甲并不知晓己的存在，因此，遗嘱中所说的"儿子"是指乙。故 C 项选。

尽管己享有甲的法定继承权，但甲在遗嘱中未将己列为遗嘱继承人，所以己无权继承甲的遗产。故 D 项不选。

答案 BC

评论

本题对于考生对法律行为解释原理的掌握程度要求较高。

法律行为的解释，即意思表示的解释，其解释方法首先立足于行为人的意思，不能寻求行为人意思的，再按照行为人的表示来解释。本题中，既然明确了"甲并不知晓己的存在"，那么从甲的意思出发，甲的遗嘱中所说的"儿子"即不包括己。

三、遗嘱的变更、撤回

318. 张甲生张乙、张丙。2020 年 8 月，张甲立下公证遗嘱：自己所有的 X、Y 两套房由张乙继承。2021 年 3 月，张甲将 X 房赠与张丙，并办理了过户登记手续。张乙不满，

对张甲言语不敬，并指桑骂槐。张甲失望，随后立下自书遗嘱，将Y房赠与侄子张丁。2021年8月，张甲去世。张乙、张丙、张丁因X、Y房的归属发生纠纷。下列说法正确的有：（2021-回忆版-多）

A. 张丙可取得X房

B. 张丁可取得Y房

C. 张甲将X房赠与张丙，构成无权处分

D. 张乙并未因其对张甲言语不敬而丧失继承权

考点 遗嘱的变更、继承权的丧失

解析 根据《民法典》第1142条第2、3款之规定，遗嘱的变更、撤回方式有二：①生前处分财产；②重新订立遗嘱。本题中，张甲将X房赠与张丙，属于第一种方式，完成登记后，张丙可取得X房的所有权。故A项选。

张甲重新订立遗嘱，将Y房赠与侄子张丁，性质是遗赠。张甲死亡后，张丁可基于受遗赠而取得Y房的所有权。故B项选。

张甲生前是X、Y房的所有权人，其对房屋的处置均为有权处分。故C项不选。

根据《民法典》第1125条第1款第3项之规定，继承人虐待被继承人"情节严重"的，方才丧失继承权。本题中，"言语不敬"不构成情节严重。故D项选。

答案 ABD

评论

　　本题将两个考点合并考查，但跨度不大，且考点简单，无需分析法律关系，故难度不大。

四、遗赠

319. 甲死后留有房屋1套、存款3万元和古画1幅。甲生前立有遗嘱，将房屋分给儿子乙，存款分给女儿丙，古画赠与好友丁，并要求丁帮丙找份工作。下列哪种说法是正确的？（2006/3/21-单）

A. 甲的遗嘱部分无效

B. 若丁在知道受遗赠后2个月内没有作出接受的意思表示，则视为接受遗赠

C. 如古画在交付丁前由乙代为保管，若意外灭失，丁无权要求乙赔偿

D. 如丁在作出了接受遗赠的意思表示后死亡，则其接受遗赠的权利归于消灭

考点 继承权和受遗赠权的接受与放弃、受遗赠权的继承

解析 本题中，甲所订立的遗嘱并无无效事由，应属有效。故A项不选。

《民法典》第1124条第2款规定："受遗赠人应当在知道受遗赠后60日内，作出接受或者放弃受遗赠的表示；到期没有表示的，视为放弃受遗赠。"故B项不选。

《民法典》第1148条规定："遗产管理人应当依法履行职责，因故意或者重大过失造成继承人、受遗赠人、债权人损害的，应当承担民事责任。"据此，遗产管理人只有在其具有故意、重大过失时，才对遗产的毁损负赔偿责任。故C项选。

《继承编解释（一）》第38条规定："继承开始后，受遗赠人表示接受遗赠，并于遗产分割前死亡的，其接受遗赠的权利转移给他的继承人。"故D项不选。

答案 C

评论

　　本题将四个考点合并考查，具有综合性。但是本题依然采用直接考查的方式，根据考点进行案情设计，问题直观明确，难度不大。

五、非继承人的适当分予权

320. 甲和乙结婚后育有一子小明。后甲、乙离婚，小明随乙在国外生活。后甲与丙再婚，丙与其前夫丁育有一女小娜，丙、丁离婚后，小娜由丙抚养。丙与甲再婚后，小娜

与其共同生活。后甲、丙离婚。甲老年时由其侄子小志一直照顾，直至去世，死前未留下遗嘱。下列哪些选项是正确的？（2023-回忆版-多）

A. 小娜对甲的遗产有法定继承权

B. 小志可以适当分予甲的部分遗产

C. 小明对甲的遗产有法定继承权

D. 小志对甲的遗产有法定继承权

考点 继承人的法定继承权、非继承人的适当分予权

解析 与继父母形成扶养关系的继子女，享有继父母的法定继承权。本题中，在甲、丙婚后，小娜作为甲的继子女，与甲共同生活，本可享有甲的法定继承权。但是，在甲死亡前，甲、丙离婚，小娜与甲之间的继父母子女关系消灭。故甲死亡时，小娜已不再具有甲的继子女身份，不得享有法定继承权。A项不选。

非继承人对被继承人扶养较多，或依赖被继承人生活的，享有对被继承人遗产的适当分予权。本题中，小志作为甲的侄子，对甲尽了较多扶养义务，享有适当分予权。B项选，D项不选。

被继承人的生子女享有法定继承权。小明为甲的生子女，对甲的遗产享有法定继承权。C项选。

答案 BC

✍ 评论

　　本题将三个考点合并考查，具有一定的综合性，但考查的案情简单，难度不大。

　　本题的启迪意义有二：

　　（1）生子女对生父母的法定继承权，不以与生父母共同生活为条件；

　　（2）生父母与继父母离婚的，继父母子女关系即告消灭。

321. 甲与保姆乙约定：甲生前由乙照料，死后遗产全部归乙。乙一直细心照料甲。后甲女儿丙回国，与乙一起照料甲，半年后甲去世。丙认为自己是第一顺序继承人，且尽了义务，主张甲、乙约定无效。下列哪一表述是正确的？（2012/3/24-单）

A. 遗赠扶养协议有效

B. 协议部分无效，丙可以继承甲的一半遗产

C. 协议无效，应按法定继承处理

D. 协议有效，应按遗嘱继承处理

考点 遗赠扶养协议的效力

解析 本题中，甲与乙订立的遗赠扶养协议并不存在无效事由，所以有效。故A项选，C项不选。

根据《继承编解释（一）》第3条的规定，遗赠扶养协议具有优先于继承、遗赠的效力。故B项不选。

甲、乙之间的协议为遗赠扶养协议而非遗嘱，所以不适用遗嘱继承。故D项不选。

答案 A

✍ 评论

　　本题只考查一个考点，为单一考查题，且采用直接考查的方式，较为简单。

　　本题需要总结的知识点在于，倘若甲允诺死亡后将遗产给予保姆乙，但后来又通过遗嘱将遗产给予子女丙，其中两个模式必须加以区分：

　　（1）如果"被继承人与保姆约定，后者生养死葬，前者给付遗产"，此为遗赠扶养协议，不可以通过后来的遗嘱加以变更；

　　（2）如果"被继承人订立遗嘱，指定其死亡后遗产归属于保姆"，此为遗赠，可以通过后来的遗嘱加以变更。

遗产的处理 专题 64

一、死亡顺序的推定

322. 王某与李某系夫妻，二人带女儿外出旅游，发生车祸全部遇难，但无法确定死亡的先后时间。下列哪些选项是正确的？（2008/3/60-多）

A. 推定王某和李某先于女儿死亡

B. 推定王某和李某同时死亡

C. 王某和李某互不继承

D. 女儿作为第一顺序继承人继承王某和李某的遗产

考点 有继承关系的数人在同一事件中死亡的时间推定

解析《民法典》第 1121 条第 2 款规定，相互有继承关系的数人在同一事件中死亡，难以确定死亡时间的，推定没有其他继承人的人先死亡。都有其他继承人，辈份不同的，推定长辈先死亡；辈份相同的，推定同时死亡，相互不发生继承。

本题中，王某、李某和女儿死亡，但是未知上述三人还有哪些"活着的"继承人。在这种情况下，只能推定其均有"活着的"继承人。由此出发，王某和李某作为女儿的长辈，推定其先于女儿死亡。故 A 项正确，选。

王某和李某辈份相同，推定其同时死亡，彼此不发生继承。故 B、C 项正确，选。

由于在逻辑上，王某、李某死亡时，女儿尚未死亡，所以王某、李某的遗产由女儿继承。故 D 项正确，选。

答案 ABCD

评论

本题只考查一个考点，为单一考查题，较为简单。

二、遗产的确定

323. 薛某沉溺网络游戏，练成装备开天辟地斧（市价约 1 万元），后达成买卖协议，以 1.2 万元的价格卖给贾某，约定先付款后交货。薛某收到货款后因兴奋过度死亡，其有一子薛小小，继承了薛某的全部遗产。关于本案，下列说法正确的有：（2020-回忆版-多）

A. 因薛某死亡，买卖协议无效

B. 游戏装备为网络虚拟财产，薛小小有权继承

C. 薛小小可以不交付该装备

D. 贾某有权要求薛小小交付该装备

考点 遗产的范围

解析 网络虚拟财产也是财产，可以成为买卖的标的，也可以成为遗产。故 B 项选。

本题中，薛某是在与贾某订立买卖合同后死亡，因此，其权利、义务由薛小小继承，买卖合同依然有效。故 A 项不选。

薛某死亡前，依据买卖合同承担交付开天辟地斧的义务，因此，薛小小基于继承，也需承担该项义务。故 C 项不选，D 项选。

答案 BD

评论

本题只考查一个考点，为单一考查题，且考查内容为基本考点，法律关系的分析也较为简单，难度不大。

324. 马俊 1991 年去世，其妻张桦 1999 年去世，遗有夫妻共有房屋 5 间。5 间房屋于 2001 年 11 月被拆迁，继承人与拆迁单位签订《危旧房改造货币补偿协议书》，领取作价补偿款、提前搬家奖励款、搬迁补助费、货币

安置奖励费、使用权补偿款共计 25 万元。下列各项中何者属于遗产？（2005/3/81-多，缩写）

A. 提前搬家奖励款

B. 搬迁补助费

C. 货币安置奖励费

D. 使用权补偿款

考点 遗产的范围

解析 本题的解题思路是，既然房屋及其占用土地使用权为遗产，那么房屋、土地使用权的价值变现即为遗产。由此出发：

提前搬家奖励款是拆迁人对被拆迁人提前搬家的奖励，与房、地价值无关，不是遗产。故 A 项不选。

搬迁补助费是拆迁人对被拆迁人搬迁行为的补偿，也与房、地价值无关，不是遗产。故 B 项不选。

货币安置奖励费是拆迁人对被拆迁人选择"货币补偿"（而非"所有权调换"）安置补偿方式的奖励，构成房屋价值的组成部分，属于遗产。故 C 项选。

使用权补偿款是私房占用土地使用权的价值体现，属于遗产。故 D 项选。

答案 CD

✎ 评 论

本题为考查法律思维方法的题，其启迪意义在于，遗产的价值代位物也是遗产。

三、被继承人生前债务的清偿

325. 徐某死后留有遗产 100 万元。徐某立有遗嘱，将价值 50 万元的房产留给女儿，将价值 10 万元的汽车留给侄子。遗嘱未处分的剩余 40 万元存款由妻子刘某与女儿按照法定继承各分得一半。遗产处理完毕后，张某通知刘某等人，徐某死亡前 1 年向其借款，本息累计 70 万元至今未还。经查，张某所言属实，此借款系徐某个人债务。女儿应向张某

偿还多少钱？（2008 延/3/15-单）

A. 20 万元　　　　　B. 40 万元

C. 49 万元　　　　　D. 50 万元

考点 被继承人生前债务的清偿

解析 本题中，各继承人、受遗赠人取得遗产的份额是：①根据遗嘱，女儿遗嘱继承 50 万元的房产，侄子受遗赠取得 10 万元的汽车；②未处分的 40 万元存款，女儿和妻子刘某法定继承，各得 20 万元。在此基础上，对于徐某所欠的 70 万元债务，《民法典》第 1163 条规定："既有法定继承又有遗嘱继承、遗赠的，由法定继承人清偿被继承人依法应当缴纳的税款和债务；超过法定继承遗产实际价值部分，由遗嘱继承人和受遗赠人按比例以所得遗产清偿。"据此，女儿、妻子法定继承的 40 万元先行偿还，其中女儿偿还了 20 万元。尚未偿还的 30 万元，女儿和侄子按照 5：1 的比例继续偿还，其中女儿应偿还 25 万元（30 万元×5/6＝25 万元）。综上，女儿应偿还的数额为 45 万元。故 A、B、C、D 项均不选。

答案 无

✎ 评 论

本题只考查一个考点，为单一考查题，且采取直接考查的方式，考点直观明确，但是对于考生的数学运算能力有较高要求。

326. 甲公司将 1 台挖掘机出租给乙公司之后，将挖掘机以 48 万元的价格出卖给王某，约定由乙公司直接将挖掘机交付给王某，王某首期付款 20 万元，尾款 28 万元待收到挖掘机后支付。此事，甲公司通知了乙公司。王某未及取得挖掘机便死亡。王某临终立遗嘱，其遗产由其子大王和小王继承，遗嘱还指定小王为遗嘱执行人。王某死后，关于甲公司与王某的买卖合同，下列表述错误的是：（2012/3/90-任，缩写）

A. 甲公司有权解除该买卖合同

B. 大王和小王有权解除该买卖合同

C. 大王和小王对该买卖合同原王某承担的债务负连带责任

D. 大王和小王对该买卖合同原王某承担的债务按其继承份额负按份责任

【考点】被继承人生前债务的清偿

【解析】买受人死亡，并非出卖人或买受人的继承人产生合同解除权的事由。故 A、B 项错误，选。

甲公司将挖掘机出卖给王某后，通知了承租人乙公司，表明甲公司通过指示交付将挖掘机的所有权移转给了王某，进而在王某死亡后，该挖掘机归大王、小王共有。相应地，挖掘机上的欠付价金，即为共有物所产生的债务。根据《民法典》第 307 条的规定，因共有的不动产或者动产产生的债权债务，在对外关系上，共有人享有连带债权、承担连带债务，但是法律另有规定或者第三人知道共有人不具有连带债权债务关系的除外。据此，大王、小王应对该笔债务承担连带清偿责任。故 C 项正确，不选；D 项错误，选。

【答案】ABD

【评论】

　　本题将两个考点合并考查，贯通《民法典》物权编与继承编两大领域，具有综合性，但考查内容均为基本考点，难度不大。

答案速查表

题号	答案	题号	答案	题号	答案
1	D	26	BCD	51	D
2	AC	27	C	52	D
3	D	28	A	53	C
4	ABD	29	D	54	C
5	ABC	30	D	55	AB
6	BCD	31	BCD[1]	56	ABCD
7	C	32	A	57	ABD
8	ACD	33	A	58	D
9	D	34	BD	59	D
10	C	35	B	60	BD
11	BD	36	C	61	B
12	AC	37	C	62	BD
13	B	38	D	63	B
14	D	39	ABCD	64	ACD
15	A	40	D	65	BC
16	D	41	B	66	AC
17	CD	42	D	67	D
18	A	43	A	68	ABD
19	B	44	BD	69	B
20	ABC	45	A	70	B
21	ABC	46	D	71	ABC
22	D	47	D	72	ABC
23	D	48	D	73	D
24	D	49	C	74	D
25	D	50	B	75	C

---

〔1〕 司法部答案为 ABCD。

题号	答案	题号	答案	题号	答案
76	BCD	105	AD	134	C
77	B	106	ABCD	135	ABC
78	B	107	AB	136	BCD[1]
79	B	108	A	137	BC
80	ABCD	109	D	138	ABC
81	A	110	B	139	ABC
82	B	111	D	140	A
83	BD	112	D	141	A
84	D	113	BD	142	AC
85	BD	114	AC	143	AC
86	BD	115	AC	144	ACD
87	B	116	B	145	A
88	B	117	AD	146	A
89	B	118	BCD	147	AB
90	BC	119	C	148	B
91	B	120	B	149	A
92	A	121	AB	150	BCD
93	C	122	BC	151	D
94	A	123	AB	152	AB
95	ABD	124	D	153	B
96	BD	125	C	154	D
97	AB	126	D	155	C
98	C	127	B	156	BCD
99	A	128	CD	157	A
100	D	129	AB	158	A
101	A	130	D	159	AC
102	BC	131	C	160	ABCD
103	BC	132	ABD	161 (1)	AC
104	B	133	ABD	161 (2)	无[2]

〔1〕 原答案为 BD。
〔2〕 司法部答案为 A。

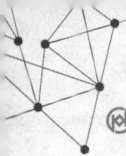

题号	答案	题号	答案	题号	答案
161（3）	A	190	AC	219	ABD
162	B	191	ABD	220	AB
163	C	192	CD	221	ABCD
164	D	193	AC	222（1）	BC
165	B	194	ACD	222（2）	C
166	D	195	D	223	A
167	A	196	BD	224	无[2]
168	BC	197	B	225	D
169	A	198	BC	226	BCD
170	D	199	ACD	227	ABC
171	C	200	ACD	228	A
172	CD	201	B	229	C
173	ACD	202	ABD	230	C
174	B	203	BCD	231	D
175	A	204	BC[1]	232	ACD
176	AC	205	C	233	BCD
177	D	206	ABC	234	C
178	BC	207	BCD	235	ABD
179	ABCD	208	BCD	236	D
180	ACD	209	BCD	237	D
181	CD	210	BD	238	BC
182	ABCD	211	C	239	BD
183	AD	212	CD	240	AD
184	C	213	C	241	C
185	B	214	ABD	242	BC
186	BD	215	BD	243	AC
187	ABC	216	AD	244	AC
188	BCD	217	B	245	A
189	AB	218	AC	246	A

[1] 司法部答案为 BD。
[2] 司法部答案为 AD。

题号	答案	题号	答案	题号	答案
247	B	274	B	301	B
248	C	275	A	302	ACD
249	B	276	AC	303	AD
250	BD	277	A	304	C
251	AD	278	BD	305	B
252	A	279	ACD	306	AC
253	D	280	B	307	C
254	CD	281	ACD	308	CD
255	A	282	A	309	AC
256	D	283	B	310	AC
257	D	284	D	311	B
258	A	285	A	312	AB
259	C	286	D	313	C
260	ABD	287	AB	314	A
261	B	288	D	315	C
262	BC	289	ABC	316	AB
263	AC	290	AD	317	BC
264	BC	291	A	318	ABD
265	B	292	A	319	C
266	A	293	A	320	BC
267	ABCD	294	D	321	A
268	BC	295	D	322	ABCD
269	C[1]	296	A	323	BD
270	B	297	ABCD	324	CD
271	BD	298	D	325	无[2]
272	AD	299	C	326	ABD
273	D	300	AC		

[1] 司法部答案为 AC。
[2] 司法部答案为 C。

图书在版编目（ＣＩＰ）数据

真题卷.民法326题/张翔编著.—北京：中国政法大学出版社，2024.2
ISBN 978-7-5764-1238-3

Ⅰ.①真… Ⅱ.①张… Ⅲ.①民法－中国－资格考试－习题集 Ⅳ.①D92-44

中国国家版本馆CIP数据核字(2024)第002694号

出　版　者	中国政法大学出版社
地　　　址	北京市海淀区西土城路25号
邮寄地址	北京100088信箱8034分箱　邮编100088
网　　　址	http://www.cuplpress.com(网络实名：中国政法大学出版社)
电　　　话	010-58908285(总编室) 58908433（编辑部） 58908334(邮购部)
承　　印	三河市华润印刷有限公司
开　　本	787mm×1092mm　1/16
印　　张	13.5
字　　数	405千字
版　　次	2024年2月第1版
印　　次	2024年2月第1次印刷
定　　价	51.00元

厚大法考（北京）2024年客观题面授教学计划

班次名称		授课时间	标准学费（元）	阶段优惠(元)				备注
				11.10前	12.10前	1.10前	2.10前	
尊享系列	九五至尊班	3.21~主观题	168000	主客一体，协议保障，终身免费重读。私人订制，建立学习档案，专属辅导，高强度、多轮次、高效率系统学习；强力打造学习氛围，定期家访，联合督学，备考无忧。				本班次配套图书及随堂内部讲义
	尊享荣耀班	3.21~主观题	69800	主客一体，协议保障。全程享受VIP高端服务，量身打造个性化学习方案，让备考更科学、复习更高效、提分更轻松，全方位"轰炸式"学习，环环相扣不留死角。2024年客观题成绩合格，凭成绩单读主观题短训班；2024年客观题未通过，退费30000元；2024年主观题未通过，退费20000元。				
高端系列	大成VIP主客一体班	3.21~主观题	39800	主客一体，无优惠。定期纠偏、抽背，布置课后作业。2024年客观题成绩合格，凭成绩单读主观题短训班；2024年客观题未通过，退费20000元。				
	大成VIP班	3.21~8.31	39800	26800	27800	28800	29800	
	大成特训主客一体班	4.9~主观题	35800	主客一体，无优惠。定期纠偏、抽背，布置课后作业。2024年客观题成绩合格，凭成绩单读主观题短训班；2024年客观题未通过，退费18000元。				
	大成特训班	4.9~8.31	35800	22800	23800	24800	25800	
	大成集训主客一体班	5.8~主观题	29800	主客一体，无优惠。定期纠偏、抽背，布置课后作业。2024年客观题成绩合格，凭成绩单读主观题短训班；2024年客观题未通过，退费15000元。				
	大成集训班	5.8~8.31	29800	16800	17800	18800	19800	
暑期系列	暑期主客一体班	7.5~主观题	15800	主客一体，无优惠。2024年客观题成绩合格，凭成绩单读主观题短训班；2024年客观题未通过，全额退费。				
	暑期全程班	7.5~8.31	13800	7300	7800	8300	8800	
冲刺系列	考前密训班A班	8.12~8.31	8800	2024年客观题成绩合格，凭成绩单读主观题密训班；2024年客观题未通过，退8000元。				
	考前密训班B班	8.12~8.31	6980		4300		4500	

其他优惠：

1. 多人报名可在优惠价格基础上再享团报优惠：2人（含）以上报名，每人优惠200元；3人（含）以上报名，每人优惠300元。

2. 厚大老学员在阶段优惠基础上再优惠500元，不再享受其他优惠，密训班和协议班除外。

【总部及北京分校】北京市海淀区花园东路15号旷怡大厦10层　　免费咨询电话：4009-900-600-1-1

厚大法考（上海）2024年客观题面授教学计划

班次名称		授课时间	标准学费（元）	阶段优惠（元）11.10前	12.10前	1.10前	备注
至尊系列	至尊私塾班	全年招生，随报随学	199000	自报名之日至通关之时，报名后专业讲师一对一私教，学员全程、全方位享受厚大专业服务，导师全程规划、私人定制、小组辅导、大班面授、专属自习室，多轮次、高效率系统学习，主客一体，签订协议，让你法考无忧。			专属10人自习室，小组辅导，量身打造个性化学习方案
	至尊主客一体班	3.22~主观题考前	69800	主客一体，签订协议，无优惠。2024年客观成绩合格，凭客观成绩单上2024年主观决胜VIP班；2024年客观题意外未通过，退30000元；2024年主观题意外未通过，退20000元。			
	至尊班	3.22~9.5	59800	40000		45000	
大成系列	大成长训主客一体班	3.22~主观题考前	32800	主客一体，签订协议，无优惠。2024年客观成绩合格，凭客观成绩单上2024年主观题决胜班；2024年客观题意外未通过，退10000元。			本班配套图书及内部资料
	大成长训班	3.22~9.5	32800	23800	24800	25800	
	大成特训班	4.18~9.5	28800	18800	19800	20800	
	大成集训主客一体班	5.15~主观题考前	25800	主客一体，签订协议，无优惠。2024年客观成绩合格，凭客观成绩单上2024年主观题决胜班；2024年客观题意外未通过，退15000元。			
	大成集训班	5.15~9.5	25800	15800	16800	17800	
	轩成集训班	6.10~9.5	18800	12800	13800	14800	
暑期系列	暑期主客一体尊享班	7.9~主观题考前	18800	主客一体，签订协议，无优惠。专业班主任跟踪辅导，个性学习规划。2024年客观成绩合格，凭客观成绩单上2024年主观题决胜班(赠送专属辅导，一对一批阅)；2024年客观题意外未通过，退10000元。			
	暑期主客一体班	7.9~主观题考前	13800	主客一体，签订协议，无优惠。2024年客观成绩合格，凭客观成绩单上2024年主观题决胜班；2024年客观题意外未通过，退8000元。			
	暑期全程班	7.9~9.5	11800	6480	6980	7480	
	暑期特训班	8.11~9.5	7980	4980	5480	5980	
	大二长训班	7.9~9.5(2024年) / 7.9~9.5(2025年)	15800	7480	7980	8480	一年学费读2年，本班次只针对在校法本大二学生
周末系列	周末主客一体班	3.16~主观题考前	13800	主客一体，签订协议，无优惠。2024年客观成绩合格，凭客观成绩单上2024年主观题决胜班；2024年客观题意外未通过，退6000元。			本班配套图书及内部资料
	周末VIP班	3.16~9.5	16800	VIP模式无优惠，座位前三排，专业班主任跟踪辅导，个性学习规划。			
	周末全程班	3.16~9.5	11800	6480	6980	7480	
	周末精英班	3.16~8.18	7980	4980	5480	5980	
	周末强化班	3.16~6.16	5980	3280	3580	3880	
	周末特训班	6.24~9.5	7980	4180	4580	4980	
	周末长训班	3.16~6.16(周末) / 7.9~9.5(脱产)	15800	7980	8480	8980	
冲刺系列	点睛冲刺班	8.26~9.5	4580	2980			本班内部资料

其他优惠：

1. 多人报名可在优惠价格基础上再享团报优惠（协议班次除外）：3人（含）以上报名，每人优惠200元；5人（含）以上报名，每人优惠300元；8人（含）以上报名，每人优惠500元。
2. 厚大面授老学员报名（2024年3月10日前）再享9折优惠（VIP班次和协议班次除外）。

备注：面授教室按照学员报名先后顺序安排座位。部分面授班次时间将根据2024年司法部公布的考试时间进行微调。

【松江教学基地】上海市松江大学城文汇路1128弄双创集聚区三楼301室　咨询热线：021-67663517

【市区办公室】上海市静安区汉中路158号汉中广场1204室　咨询热线：021-60730859

厚大法考APP

厚大法考官博

上海厚大法考官博

上海厚大法考官微

厚大法考（广州、深圳）2024 年客观题面授教学计划

班次名称		授课时间	标准学费（元）	阶段优惠（元）					配套资料
				11.10 前	12.10 前	1.10 前	2.10 前	3.10 前	
至尊系列（全日制）	主客一体至尊私塾班	随报随学直至通关	177000	协议班次，无优惠；自报名之日至通关之时，学员全程、全方位享受厚大专业服务，私人定制、讲师私教、课前一对一专属辅导课、大班面授；多轮次、高效率系统学习，主客一体；送住宿二人间；当年通过法考，奖励 2 万元。					理论卷 8 本 真题卷 8 本 法考特训集 随堂讲义等
	主客一体至尊 VIP 班	4.10~9.1	157000	协议班次，无优惠；享至尊班专属辅导。若未通过 2024 年客观题，学费全退；若未通过 2024 年主观题，学费退一半。					
	至尊班	4.10~9.1	76800		50000		55000	60000	
				若未通过 2024 年客观题，免学费重读第二年客观题大成长训班；若通过 2024 年客观题，赠送 2024 年主观题短训班。					
大成系列（全日制）	大成长训班	4.10~9.1	38800	24800	25800	26800	28800	30800	理论卷 8 本 真题卷 8 本 随堂讲义
	主客一体长训班	4.10~9.1	38800	若未通过 2024 年客观题，免学费重读 2025 年客观题大成集训班；若通过 2024 年客观题，赠送 2024 年主观题短训班。					
	大成集训班	5.18~9.1	28800	17800	18800	19800	20800	21800	
	主客一体集训班	5.18~9.1	28800	若未通过 2024 年客观题，免学费重读 2025 年客观题大成集训班；若通过 2024 年客观题，赠送 2024 年主观题衔接班。					
暑期系列	大三先锋班	3.25~6.30	15800	3~6 月每周一至周五，晚上线上授课，厚大内部精品课程，内部讲义。					
		7.8~9.1		8200	8500	8800	9300	9800	
	暑期全程班	7.8~9.1	13800	7500	7700	8000	8300	8500	
	暑期主客一体冲关班	7.8~9.1	16800	若未通过 2024 年客观题，免学费重读 2025 年客观题暑期全程班；若通过 2024 年客观题，赠送 2024 年主观题密训营。					
				14300	14800	15300	15800	16300	
	私塾班	3.16~6.30	18800						
		7.8~9.1		13000	13300	13500	13800	14000	
周末系列	周末精英班	3.16~8.18	8980	7580	7880	8180	8580	8780	
	周末精英班（深圳）	3.30~8.18	7980	6580	6880	7180	7580	7880	
	周末全程班	3.16~9.1	15800	9300	9600	9800	10200	10500	
	周末全程班（深圳）	3.30~9.5	14800	8300	8600	8800	9300	9800	
	周末主客一体冲关班	3.16~9.1	16800	若未通过 2024 年客观题，免学费重读 2025 年客观题周末精英班；若通过 2024 年客观题，赠送 2024 年主观题密训营。					
冲刺系列	点睛冲刺班	8.24~9.1	4980	4080					随堂讲义

其他优惠： 详询工作人员

【广州分校】广东省广州市海珠区新港东路 1088 号中洲交易中心六元素体验天地 1207 室
　　　　　咨询热线：020-87595663／020-85588201

【深圳分校】广东省深圳市罗湖区滨河路 1011 号深城投中心 7 楼 717 室　　　咨询热线：0755-22231961

厚大法考 APP　　　　厚大法考官博　　　　广州厚大法考官微　　　　深圳厚大法考官微

厚大法考 2024 年 "客观题学习包" 免费网络课堂课程安排

系统强化阶段
(☆夯实基础——主讲各科主要内容，全面学习和掌握各科知识点)

教学内容： 系统讲解各科的考试主要内容及核心内容。围绕各学科内容的框架体系，将基本理论进行详细讲解，结合案例分析帮助大家理解并掌握知识。

教学目标： 让学生领悟各学科内容的精髓，掌握重点难点，具备应试能力。

课程安排						配套资料	上传时间
部门法	授课教师	课时	部门法	授课教师	课时		
民法	张翔	8天	民诉法	刘鹏飞	4天	理论卷	2023年10月底开始陆续上传
刑法	罗翔	6天	刑诉法	向高甲	5天		
行政法	魏建新	5天	三国法	殷敏	4天		
商经知	郄梦莹	6天	理论法	白斌	5天		

真题破译阶段
(☆重者恒重，通过剖析真题来掌握怎么考，考观题真谛)

教学内容： 对历年经典真题进行归类讲解，归纳考试重点，剖析命题脉络，掌握法考方向。

教学目标： 带学生深刻领悟法考考什么、怎么考，培养法考真题解题技巧，领悟法考真谛。

课程安排						配套资料	上传时间
部门法	授课教师	课时	部门法	授课教师	课时		
民法	张翔	3天	民诉法	刘鹏飞	2天	真题卷	2024年5月初开始陆续上传
刑法	罗翔	2天	刑诉法	向高甲	2天		
行政法	魏建新	2天	三国法	殷敏	2天		
商经知	郄梦莹	2天	理论法	白斌	2天		

119 必背阶段
(☆浓缩精华——客观题考前必背的精华提炼总结)

教学内容： 临考之前，将各科精华总结，提炼各科核心，将"重中之重"2024年浓缩版必背考点进行总结提炼与讲授。

教学目标： 在客观题临考之前，帮学生归纳总结，去粗取精，提高核心内容学习效果，提升应试能力。

课程安排						配套资料	上传时间
部门法	授课教师	课时	部门法	授课教师	课时		
民法	张翔	4天	民诉法	刘鹏飞	3天	背诵卷	2024年7月初开始陆续上传
刑法	罗翔	4天	刑诉法	向高甲	3天		
行政法	魏建新	3天	三国法	殷敏	3天		
商经知	郄梦莹	4天	理论法	白斌	3天		

冲刺100题阶段
(☆模拟训练——考前冲刺，轻松应战客观题)

教学内容： 带领学生进行高仿真模拟训练，以题带点，以点带面，适应考查命题趋势，提升客观题应试能力。

教学目标： 迅速对知识查漏补缺，提升做题应试能力。

课程安排						配套资料	上传时间
部门法	授课教师	课时	部门法	授课教师	课时		
民法	张翔	2天	民诉法	刘鹏飞	1.5天	金题卷	2024年8月上旬开始陆续上传
刑法	罗翔	2天	刑诉法	向高甲	1.5天		
行政法	魏建新	1.5天	三国法	殷敏	1.5天		
商经知	郄梦莹	1.5天	理论法	白斌	1.5天		

2024厚大法考客观题学习包

专属学习平台
学习中心——学情监控,记录你的学习进度

全名师阵容
厚大学院派名师领衔授课,凝聚智慧力量,倾情传授知识

32册图书700+课时
独家精编图书覆盖全程,免费高清视频,教学精准减负,营养增效

专业答疑服务
高分导学师,专业答疑解惑

更多过关学员选择
备受法考小白零基础及在校/在职考生信赖

贴心带学服务
学习包学员专享,全程带学,不负每一位学员

八大名师

民法|张翔

刑法|罗翔

民诉|刘鹏飞

刑诉|向高甲

行政|魏建新

商经|鄢梦萱

三国|殷敏

理论|白斌

全套图书

《理论卷》
8本

《真题卷》
8本

《背诵卷》
8本

《金题卷》
8本

请打开手机淘宝扫一扫
厚大教育旗舰店

扫码下载官方APP
即可立即听课